U0630024

国家社会科学基金课题"当代美国边缘群体教育史研究的理论与方法"
（课题批准号：BOA170041）研究成果

当代美国边缘群体教育史

理论·方法·实践

杨　捷　吴路珂◎著

科学出版社

北　京

内 容 简 介

美国边缘群体教育史聚焦跨国移民、少数族裔、女性等群体的教育经历和独特体验，探寻被主流历史叙事湮没的话语和史实，是推动当代美国教育史学延展的重要力量。本书聚焦"跨国主义""种族批判理论""交叠性""数字人文"四种理论与方法，运用典型研究实例梳理当代美国边缘群体教育史研究路径和发展动态，评析其跨学科研究的特征及局限。

本书可供历史学、教育史领域的学者和研究人员，以及高校相关专业学生参考，也可供对跨学科研究的理论与方法感兴趣的读者参阅。

图书在版编目（CIP）数据

当代美国边缘群体教育史：理论·方法·实践/杨捷，吴路珂著. —北京：科学出版社，2024.3

ISBN 978-7-03-078289-2

Ⅰ.①当… Ⅱ.①杨… ②吴… Ⅲ.①弱势群体–高等教育–研究–美国 Ⅳ.①G649.712

中国国家版本馆 CIP 数据核字（2024）第 073642 号

责任编辑：朱丽娜　高丽丽 / 责任校对：贾伟娟
责任印制：赵　博 / 封面设计：润一文化

科学出版社 出版

北京东黄城根北街 16 号
邮政编码：100717
http:// www.sciencep.com

三河市春园印刷有限公司印刷
科学出版社发行　各地新华书店经销

*

2024 年 3 月第 一 版　开本：720×1000　1/16
2025 年 2 月第三次印刷　印张：16 3/4
字数：291 000

定价：99.00 元
（如有印装质量问题，我社负责调换）

目　　录

一、研究背景

20 世纪 80 年代以来，在后现代主义、西方马克思主义、女性主义和多元文化主义等思潮的影响下，新的研究主题、研究对象、研究视角不断涌现，丰富了美国教育史学的研究内容。更为多样、复合的研究理论和研究方法也随之吸引了美国教育史学界的注意，成为应对教育史学科危机的重要突破口。其中，美国教育史上的少数族裔、土著群体、移民群体、女性群体、同性恋和残疾人等边缘或弱势人群的特殊教育经历成为重要的研究对象。尤其是 2000 年以来，围绕这些特殊群体，许多历史学家和教育史学家采用了新的理论框架与研究方法，重新考察了性别、阶级、儿童、青少年等认识范畴与教育的互动关系。

首先，管窥近 20 年来美国教育史学的发展态势，美国边缘群体教育史跨学科理论、方法与实践是题中应有之义。概括来讲，美国教育史学从对美国公立学校制度的一元颂歌模式发展成为当前的多元化阐释模式。最近几十年是美国教育史学受到新文化史、新社会史深刻影响的阶段，主要表现在以下两个方面：一是研究视角的丰富产生新的问题域；二是研究方法的多样带来新的研究动力。从研究视角看，尽管许多微观个体存在于历史时空，且具有独特的历史意义，但在克伯莱时代①，诸如美国女性、移民家庭和少数族裔却一度游离于美国教育史研究的边缘，罕有人问津。与其相关的教育问题或湮没于"大写"的历史之中，或成为"公立学校运动""某些教育思想"的陪衬。究其原因，除了这些群体本身在美国近现代社会处于"被剥削、被压迫、被排斥"的不利地位之外，另一重要原因还在于研究范式的束缚。由男性主导的美国教育史学充斥着"瓦斯普式"的价值观②，难以提供多维解构的空间，传统的美国教育史学只关心美国特权阶层的教育经历，留下的不过是公立学校的进化记忆。因而，美国边缘群体教育史学的勃兴并非偶然，它符合美国教育史学的内在发展规律，反映了美国教育史学的沿革轨迹和转型趋势。要想准确把握当前美国教育史学的发展动态，我们有必要考察边缘群体教育史研究体系中跨学科理论和方法这一环。

其次，聚焦当代美国边缘群体教育史跨学科理论、方法与实践，有益于探索我国外国教育史学科守正创新的有效途径。美国边缘群体教育史研究从进入学术重镇之日，就带有明显的跨学科特点。跨学科理论方法的运用不仅帮助美国教育史学走出了发展困境，同时也展现了当代美国边缘群体教育史学的发展动向和特质。对于美国边缘群体教育史研究中的跨学科理论与方法的阐释，有助于我们更加系统地把握当代教育史学的整体发展脉络，树立全面的教育历史观，诠释教育公平与公正的真谛，探究当代美国社会种族歧视、社会撕裂的根源。

当前，我国社会发展进入新时代，前所未有的全球性大变局势必对我国外国教育史学科发展提出新的挑战。教育领域的新思想、新变革和新问题要求教育史学科做出应答。外国教育史研究尤其应该在巩固自身发展优势的基础上，勇于开拓创新，积极从更多知识领域吸取养分，提升自身的独立思考和批判反思能力，积极构建具有中国学术气派和现实影响力的学术体系。我们既要善于运用马克思主义的立场观点和方法，识察各种方法论背后的意识形态，也要能够理解理论方法的工具属性和历史特性，以具体研究的教育史问题为导向，灵活运用研究所需的微观理论方法。本书从具体的跨学科理论和方法在当代美国边缘群体教育史中的应用着手，积极吸收由视角转变、方法借鉴和跨学科互动所带来的学科发展经

---

① 埃尔伍德·克伯莱（E. Cubberley），国内又译为"埃尔伍德·卡伯莱"，是美国教育家，是管理领域的先驱，也是美国教育史学界的代表性人物，他的研究拉开了美国传统教育史学的序幕。1919 年出版的《美国公立教育》（Public Education in the United States）是其重要学术成果之一，代表了美国传统教育史学的最高水平，也被誉为"美国教育史的标准教科书"。因此，"克伯莱时代"成为美国传统教育史学发展时期的代名词。

② "瓦斯普式"的价值观，即盎格鲁—撒克逊式的价值观，是美国传统教育史学所持有的主流观念。

验，同时合理审视跨学科、跨领域的知识转移的适切性问题。结合教育史学发展规律及我国教育史学发展需要，本书研究坚持在批判中甄别、在扬弃中借鉴、在实践中创新、在发展中完善，对我国教育史研究保持理论敏感度，以期促进我国教育史学科中观和微观层面的理论与方法建设。

二、相关概念界定与理论依据

（一）概念界定

1. 边缘群体

国外学者对"边缘群体"的界定通常采用两种方式。第一种是给出广义界定，将"边缘群体"解释为受到一种或多种社会排斥，为主流所不容的人群。[①]这些排斥包括种族层面的边缘化、社会层面的边缘化、性别层面的边缘化、性取向的边缘化等。第二种是在接受广义界定的前提下，根据自身研究领域和研究对象的不同，在研究中设定"边缘群体"的具体范畴。例如，有研究明确将边缘群体指向无家可归者、成年精神病患者、离家出走的年轻人等"弱势群体"[②]；也有研究将边缘群体等同于社会"亚群体"，包括越南老兵、墨西哥裔美国帮派成员等。[③]可见，第二种是一种相对狭义的界定方式。边缘群体的范围随着研究的不同而发生了变化，所涉人群的边界要根据具体研究的目标人群决定。

教育领域和教育史领域关于"边缘群体"的界定同样符合上述两类情形。通常意义上，美国边缘群体教育史所反映出的"边缘化"，是多种因素使某人在社会中逐步处于或保持一种无力或较低地位的历史过程。在具体的教育（史）研究中，边缘群体大多聚焦于处境不利的学生，或指代那些来自代表性不足的种族、

---

① Walsh T. 2006. A right to inclusion? Homelessness，human rights and social exclusion. Australian Journal of Human Rights，12（1）：185-204

② McKenzie M，Tulsky J P，Long H L，et al. 1999. Tracking and follow-up of marginalized populations: A review. Journal of Health Care for the Poor and Underserved，10（4）：409-429

③ Koch N S，Emrey J A. 2001. The internet and opinion measurement: Surveying marginalized populations. Social Science Quarterly，82（1）：131-138

民族或贫困群体的人。①他们的存在同当代形成的多元文化教育观的联系紧密。因此，教育史上的边缘群体与多元文化教育所维护和强调的属性特征相得益彰——无论其性别、性取向、社会阶层以及族裔、种族或文化特征为何，边缘群体都应享有平等的学习机会。本书研究涉及的"边缘群体"是以美国历史发展和史学研究为限定背景，同时兼顾当前美国学界所讨论的边缘群体语境下较为常见的人群类别及划分方式，主要关注种族、历史和文化上的边缘人群。

2. 教育史学

在我国教育史研究领域，"教育史学"这一概念出现得较晚。张斌贤在 1987 年发表的《关于〈教育史学〉的构想》一文中首次明确提出"教育史学"的概念，指出教育史学的研究对象即教育史学科的基础理论，目的在于从总体上提高教育史研究的水平，深化人们对教育的认识。②如 1998 年陈桂生在《"教育学"辨——"元教育学"的探索》一书中所言，教育史学的要义在于"用"，即"做"分析教育历史的工作，并从"做"中概括出其中的规范。③从上述两种阐释出发，可以看出，教育史学的研究内容是教育史研究的理论和方法以及教育史学科建设的相关理论，而非教育历史本身。其本身带有"元研究"的性质，是以教育史学科或教育史研究为对象的研究。教育史学的研究包括有关教育史研究对象、研究理论和研究方法等方面的问题。不可否认的是，教育史学概念的提出有利于我们对原先混杂的"教育史"概念中的不同范畴加以区分，并将人们的目光聚焦在对教育史学科的整体反思和教育史研究理论、教育史哲学等问题上来。

随着我国教育史研究的不断丰富和深入，教育史、教育史学、教育史学史、教育史研究、教育史学元研究等概念的使用日益精细，一词多用的复合概念不再适用于当前的教育史研究领域，而对教育史学属于"元研究"性质的设定并未与近些年以"教育史学"为主题的研究达成一致。在一些关于"美国教育史学""女子教育史学""城市教育史学"的研究中，"教育史学"一词实际上仍指教育史研究中对教育历史的"初次加工"，而实际上对"初次加工"进行的再研究才是张斌贤、陈桂生等阐述的具有元研究色彩的教育史学，主要包括对学术流派、

---

① Robison T，Williams B，Hoffman E，et al. 2020. Music teacher recruitment of precollegiate and marginalized populations：A review of the literature. Update Applications of Research in Music Education，38（2）：20-28

② 张斌贤. 1987. 关于《教育史学》的构想. 教育研究与实验，（3）：37-40

③ 陈桂生. 1998."教育学"辨——"元教育学"的探索. 福州：福建教育出版社，213

研究理论和方法论及其研究成果等方面的分析。

基于上述概念区分，本书探讨的是美国边缘群体教育史跨学科理论和方法问题，属于教育史学研究范畴，至于对"理论"和"方法"两者进行更细化的区分，则并非本书研究的旨趣，无意在此另行赘言。这一方面是由于在史学发展过程中，史学理论和史学方法没有明确的分界，甚至融合在一起很难区分[1]，另一方面是由于本书研究涉及的跨国主义、种族批判理论（critical race theory，CRT）、交叠性（intersectionality）和数字人文（digital humanity）等既具有理论形态的内涵与外延，也具有相应的研究方法。因此，行文中大都按照"理论""方法"并用的方式处理，对理论和方法不再进行具体的区分，这也有利于我们对教育史学科的理论和方法问题进行整体、系统的研究与思考。

3. 跨学科

在现代教育领域，跨学科被作为一种研究手段，用来整合两种或两种以上学科的观念、方法与思维方式，以解决真实问题，更加深入、全面地把握教育理论与教育实践。它通过选择、综合各种信息、知识、手段、方法解决复杂问题，以及通过将学科知识情境化等策略，培养学生的自由人格、跨学科意识和创造性解决问题的能力。国际上也有教育组织针对教学课程的跨学科性设定了衡量标准，分别从是否致力于产生跨学科理解、是否植根于学科思维、是否能够实现学科整合三个方面进行判断。[2]也有学者专门对教育史领域的跨学科进行了深入分析，认为这种跨学科是指跨越教育史学学科之间的传统界限，将其他学科的概念、理论和方法应用于教育史学研究，或是教育史学与其他学科相互协作，以便对研究问题加以整合。[3]

本书涉及的"跨学科"一词，大多数是作为定语，与"理论""方法"搭配使用，探讨的是教育史学领域尤其是美国边缘群体教育史中出现的跨学科研究，主要是指美国教育史研究领域对学科外的理论、研究方法、科研合作形式、人才培养等多个层面的借鉴吸收、交流整合。这种研究涉及多种学科知识，以及理论和方法的跨学科运用，进而达到学术更新、范式转型和学科发展的目的。当代美

---

① 马卫东. 2009. 历史学理论与方法. 北京：北京师范大学出版社，82
② 陈德运，吴叶. 2020. 从跨学科视角续谈历史教育学建设问题——从学术史和比较研究谈起. 天津师范大学学报（基础教育版），21（3）：58-63
③ 郭娅. 2009. 论教育史学跨学科研究的必要性和可能性. 见：贺国庆. 教育史研究：观念、视野与方法——中国教育学会教育史分会第十一届学术年会论文集. 保定：河北大学出版社，133-139

国边缘群体教育史研究，主要运用了历史学、政治学、法学、社会学等跨学科的理论和方法，进一步提升了研究的理论水平，促进了学科间知识的流动与整合。美国边缘群体教育史研究的地位也因此在美国教育史学领域得到提升。

（二）理论依据

1. 多元文化主义理论

多元文化主义滥觞于 20 世纪六七十年代，是一个涉及社会学、民族学、宗教学、性别学、语言学和教育学等多学科的复杂理论体系。自 20 世纪 90 年代以来，多元文化主义在美国学术界引发强烈反响，对美国的传统文化观念形成了巨大冲击。多元文化主义的根本要义在于主张不同种族、不同民族和所有其他不同社会文化群体的平等。它主要关注不同社会文化群体的平等权利，如黑人、妇女、穷人、残疾人和同性恋等群体。[1]多元文化主义不仅从意识形态上解构了美国传统的思想价值体系，而且在社会实践中影响着社会政策，撼动了美国社会长久以来对边缘群体的系统性歧视，帮助人们认识到了当代美国社会不可回避和不可忽视的多元性现实与多元化趋势。可见，多元文化主义理论更倾向于关注边缘群体，这是多元文化主义理论能够成为本书研究理论基础的重要前提。不仅如此，多元文化主义还为本书研究提供了有效的认识论工具，一方面加强了人们对于当代美国教育思想和方法的认识，另一方面深化了人们对于当代美国教育史学研究状况的认识。

2. 教育史学中级理论

张斌贤在对以往教育史学科发展历程进行反思的基础上，提出了"中级理论"这一专属于教育史学的理论观念。[2]"中级理论"是认识客体与认识主体之间的连接点或者说是主体的认识工具。教育史学科"中级理论"的变更是教育史学科变革发展的动力源。本书研究试图从当代美国教育史的具体研究理论和研究方法出发，重点探索不同研究主体对边缘群体教育历史的研究路径、解读方法和表现形式。这类研究能够从具体研究中总结归纳出有关教育历史的"中级理论"。因此，这类研究能够直接向"中级理论"输送养料，有助于形成丰富而多

---

① 王恩铭. 2005. 也谈美国多元文化主义. 国际观察，（4）：10-19
② 张斌贤. 2014. 张斌贤教育史研究文集. 北京：中华书局，32-34

元的教育史研究领域、路径和方法。

3. 跨学科研究理论

跨学科研究是一种整合了两门或两门以上学科知识或方法的创新性研究。[①] 跨学科研究的兴起折射出了当代科技发展的基本形态。目前，跨学科理论和跨学科方法支撑的跨学科研究更趋常态，跨学科科学体系下产生的跨学科研究理论、观点和方法论又反过来指导着跨学科研究进一步走向成熟，并在解决复杂问题以及创新理论方面形成了独特优势。本书研究所选择分析的跨国主义、种族批判理论、交叠性、数字人文等理论方法，并非教育史领域原创的理论方法，它们或来自历史学，或源于批判理论，大都在教育学、政治学、法学、社会学等学科内部经过了一定的运用和发展，才"跨界"至美国边缘群体教育史研究之中。基于此种研究现实，对于美国边缘群体教育史中是否使用了跨学科理论和方法，不同的研究使用了哪些跨学科理论和方法，以及这些跨学科理论和方法是如何在这一领域得到运用的等问题，都需要依据必要的理论和方法论加以判定。因此，本书研究依照当前跨学科学中所明确的跨学科研究的基本理论原则对美国边缘群体教育史跨学科研究进行过程性分析，尤其注意对跨国主义等四种代表性理论方法的运用条件、运用效果和运用限度进行深入剖析和审慎评价。

三、研究内容

本书研究主要考察 20 世纪 80 年代以来美国边缘群体教育史研究的跨学科理论和方法，重点分析具有代表性的跨国主义、种族批判理论、交叠性和数字人文，通过探寻它们在当代美国边缘群体教育史研究中的运用情况，把握当代美国边缘群体教育史研究这一新兴领域的优势和不足，思索教育历史撰写与教育公平之间的深刻关联。

第一部分主要包括第一章，重点梳理美国教育史研究转向的重要节点，以此阐明美国边缘群体教育史研究因何兴起。美国教育史学进入多元文化主义时代之后，当代美国边缘群体教育史随即进入研究者的视野。这部分内容从边缘群体教育史研究的形成背景出发，旨在说明在史学传统变迁和学科内外环境发生变化

---

① 魏巍. 2011. "跨学科研究"评价方法与资助对策. 合肥：中国科学技术大学, i

时，教育史理论和方法也出现了新的更迭，承担着新的学术使命。这也是当代美国教育史学发展进入新阶段的显著标志。

第二部分主要包括第二至第五章，主要选取具有不同面向和研究功能的理论方法，着重呈现当代美国边缘群体教育史如何将跨国主义、交叠性、种族批判理论和数字人文等四种理论方法纳入学科研究范畴。这部分具体包括四项内容，对应以上四种理论，分别解析其不同的理论根源、应用特征、跨学科应用条件和具体运用场景等。每项内容围绕其中一种跨学科理论方法展开研究。通过剖析从学科外到学科内的"跨越式迁移"，本书研究试图从美国教育史的具体案例中展示跨国主义、种族批判理论、交叠性和数字人文等理论方法在当代美国边缘群体教育史研究中的理论形态和运用模式，探讨相关研究者以何种分析框架、从何种角度展开跨学科研究。美国边缘群体教育史跨学科研究的特点、优势和局限等问题，是根据多个案例分析总结得出的。

第三部分包括第六章，主要对当代美国边缘群体教育史跨学科理论及方法的运用进行总结与评鉴。当代美国边缘群体教育史研究方兴未艾，其研究理论和方法的创新显示出美国教育史在处理学科危机、博采众长、修正研究价值取向等方面所做的努力。这部分内容从正反两方面剖析跨学科理论与方法在当代美国边缘群体教育史研究运用方面存在的优势和不足，从而较为客观、审慎地对这些研究理论和方法的功效与限度进行评价。

美国边缘群体教育史跨学科理论和方法的运用，对美国教育史学向多元文化主义时代转型产生了较大的影响。"性别—种族—阶层"是观察边缘群体教育史和其他教育场域的重要途径之一。种族批判理论和交叠性对于分析边缘群体在历史上面临的复杂教育关系具有较好的解释力；跨国主义和数字人文则反映了当前包括历史学科在内的人文学科的最新发展动向，具有一定的前沿性和典型意义。上述四种理论和方法都已在美国边缘群体教育史中得到一定程度的运用，并处于持续发展势头，因而在本书研究中占有重要位置。当代美国边缘群体教育史的跨学科研究既具有跨学科方面的优势，也存在一定的不足。我国外国教育史研究和学科发展既要借鉴其中有益的经验，也要审慎地辨明其研究对象的差异化以及必要的跨学科应用限度。

四、研究方法

本书研究是一项美国教育史学研究，触及多学科领域的理论和方法，主要针对美国历史学和教育史学领域的研究成果进行探究，在研究过程中采用了文献研究法、案例研究法和访谈法等多种方法，力求多维度呈现美国边缘群体教育史的研究路径和研究特点，美国边缘群体教育史本身的研究取向和学科价值也随之得以说明。

一是文献研究法。文献研究是教育史研究的传统方法。本书研究的性质为教育史学，教育史研究的文本成果是进行这一研究的基础材料。本书选取 20 世纪 80 年代以来针对边缘群体的教育史研究文献，其中既包括个人专著，也包括编著类著作、博士学位论文等多类型文本，试图从不同角度展现主题研究的特点和趋势。

二是案例研究法。案例研究法也称为个案分析法或典型分析法，是对有代表性的典型事物、问题或现象进行深入细致的分析和研究，从而获得总体认识的一种科学分析方法。案例研究法符合马克思主义唯物辩证法中对于普遍与特殊、一般与个别、共性与个性的关系判断。本书采用以点带面的方法，有重点地筛选能够较好地体现当代美国教育史学发展动向的研究成果，既体现边缘群体教育史研究的特殊性，也说明相关研究理论和方法的客观发展规律。同时，对应跨国主义等四种理论和方法，本书以其中成功地进行了跨学科应用的美国边缘群体教育史研究成果作为典型案例进行分析。

三是访谈法。为了获取第一手资料，本书笔者之一曾利用在美国哥伦比亚大学教育学院访学的机会，对该校从事历史学和教育史学研究的教授学者进行多种类型的访谈与交流。根据研究需要，笔者对哥伦比亚大学教育学院的安思丽·埃里克森（A. Erickson）教授进行了半结构式访谈，并以她的部分研究成果作为专门案例，深入分析了有关数字人文与空间制图两方面的教育史研究理论和方法。[①]相关访谈于美国东部时间 2016 年 6 月 13 日进行，访谈地点为美国哥伦比亚大学教育学院埃里克森教授办公室。双方在访谈全程使用英语进行交流。正式进行访谈之前，笔者列出了访谈提纲，并以电子邮件的方式发送给埃里克森教授。访谈

---

① 笔者对埃里克森教授的访谈内容主要在本书第五章的相关案例分析中加以使用，文中以不同字体和必要注释标识受访者口述内容

基本按照前期拟定的访谈提纲进行，访谈中笔者对个别问题进行了追问，引入一些访谈提纲之外的内容。当事人同意，由笔者进行全程同步录音，并由笔者进行后续的誊录及翻译，录音誊录文字稿经埃里克森教授审阅通过。此外，该访谈获得埃里克森教授的授权书，同意将访谈内容以中文形式呈现，供笔者研究使用。现将访谈提纲呈列如下。

1）您是怎样接触到数字人文、地理信息系统（geographic information system，GIS）以及空间史的？为什么会对这些方面感兴趣呢？

2）您的新书《不平等大都市的形成：消除学校的种族隔离及其局限性》（Making the Unequal Metropolis：School Desegregation and Its Limits）中的电脑绘图是您在哥伦比亚大学接受专门培训后完成的，请谈谈具体情况。

3）对于这项研究，您是通过什么渠道收集各类地图的？

4）如果地图提供的信息不够充分，您还可以从哪些渠道补充缺失的信息？

5）可以结合新书《不平等大都市的形成：消除学校的种族隔离及其局限性》谈一谈您的研究思路和具体步骤吗？您运用了哪些研究方法？针对这项研究做了哪些准备？运用某一方法时需要注意什么问题？这些方法帮助您解决了哪些问题？

6）鉴于您研究的主题，可能使用绘图这种研究方法是比较合适的，但这种方法是否有局限性？体现在哪里？

7）您如何看待教育史的学科性质，教育史、教育学和历史学之间的关系是怎样的？

8）您曾经在历史学科接受过专业训练，因此能够将历史学的研究方法应用于教育史研究领域。那么，单看教育史研究，特别是在研究方法上，它有什么特别之处吗？

9）当前，美国教育史学家更多地借鉴、运用跨学科理论和方法，在方法上的创新对于他们来说意味着什么？

10）您的主要研究方向是美国城市史及其中的种族问题，能不能介绍一下这个研究领域的基本情况？

11）您的教育史研究能对今天的美国政策产生哪些影响？

第一章

美国边缘群体教育史研究的发轫

历史就像一个不停旋转的磁场，总是带来"乱花渐欲迷人眼"的时空景象。我们这场跨学科的理论和方法之旅，恰以美国历史上的边缘群体为向导，从当代美国边缘群体教育史的兴起出发，沿着教育史学发展的轨迹，一路打开当代美国教育史学的转向之门。"理论和方法"的罗盘正指引我们靠近海面下的冰山。谁拥有美国教育历史？谁为谁撰史？在教育历史上谁能够发声？美国边缘群体教育史研究给出了新的注解。美国边缘群体教育史研究的兴起，让世人看到了美国教育史的另一面，它对当代美国边缘群体教育史跨学科理论和方法的选择产生了重要影响。

第一节   当代美国教育史学的路标转向

20 世纪 60 年代以来，随着西方历史学的转向和教育理念的转换，美国教育史研究与书写也发生了明显改变。传统教育史学对美国公立学校的颂歌模式和进步主义观点，无法充分解释学校教育与社会变革之间的张力，教育史的学科地位及其在教师培训中的作用日益式微。一些教育史学者提出要改变教育史的研究范式，重新审视美国历史和现实中公立学校的作用与地位，使美国教育史学发展进入了一个新阶段。

一、对传统教育史学的批判

20 世纪上半叶，美国传统教育史学受到美国历史学过度追求"专业性""科学性"的影响，在研究过程中关注人类历史发展的连续性变化。长时段的综合史、大通史是当时普遍的史学编纂模式。保罗·孟禄（P. Monroe）和埃尔伍德·克伯莱是美国传统教育史学的代表人物。保罗·孟禄的代表作《美国公立教育制度的建立》(Founding of the American Public School System)、《教育大百科全书》(A Cyclopedia of Education)、《教育史教科书》(A Text-Book in the History of Education) 等都具备上述编纂特征。与保罗·孟禄具有师承关系的埃尔伍德·克伯莱撰写的名作《美国公立教育》(Public Education in the United States) 更是将这种大综合式的教育史叙事模式发展到了极致。这个阶段的研究以公立学校的建立及相关制度的确立为主线，旨在剖析美国公立教育的发展历史。传统教育史学最突出的特点就是坚持直线进步史观，全力维护美国公立学校和公共教育，捍卫制度理性和确定性权威。这也是那个时期美国教育史书写注重美国民族特性和国家认同感的原因。

20 世纪六七十年代，美国新史学在多元发展路径中走向鼎盛，各类流派层出不穷。伴随着社会的剧烈动荡，新左派史学对新保守派进行了激烈的批判：一是批判那种仅仅符合统治阶级需要的颂歌式历史叙事；二是批判新保守派把持东部名牌大学，排斥不同学术观点，形成知识霸权；三是批判新保守派过分强调美国历史中的和谐与持续，忽视了社会矛盾。为此，新左派史学提出要重新修正美国历史，并逐渐与"新思想史学派""新社会科学史派"等流派并肩成为美国史学界在 20 世纪后半叶的主导力量。①

几乎在同一时期，美国教育史学也开始对传统教育史学的局限进行反思和批判。1960 年，美国新教育史学家伯纳德·贝林（B. Bailyn）在《教育与美国社会的形成》（Education in the Forming of American Society）一书中批评埃尔伍德·克伯莱及其追随者过分维护公立学校，犯了颠倒时代的错误。他在消解传统教育史学观的基础上，以新的研究观念和研究范式超越"传统派"的偏狭，实现了教育史研究与其他学科的结合。②与伯纳德·贝林一样，劳伦斯·克雷明（L. Cremin）也通过改变学校教育史的书写，努力将教育史学的发展从传统的学院和大学的教师培训中独立出来。③伯纳德·贝林和劳伦斯·克雷明作为温和派的代表，主张拓展教育研究视野，扩大教育概念的外延。前者希望把教育放在更广阔的历史背景中，后者则希望将私立学校、图书馆、社会机构、媒体等场所的实践和影响也纳入教育史研究范畴。这样的实践必然大大扩充了教育史研究资料的种类，也为美国教育史研究"松绑"，将更多的社会活动和学科外的研究方法纳入教育史研究范畴中。从这个角度看，新教育史学也是通过引入跨学科研究视角，进而达成对"传统派"的消解和超越的。这与当代美国边缘群体教育史研究的跨学科突破正相契合。

新教育史学中的温和派的批判仅仅限于教育史学的研究范围和对公立教育发展原因的解释，他们对于美国公立教育存在的合理性与所持有的意识形态立场并没有过多追究或提出异见。20 世纪 60 年代末，以米歇尔·卡茨（M. Katz）、乔尔·斯普林（J. Spring）和克劳伦斯·卡雷尔（C. Karier）为代表的新教育史学中的激进派登上美国教育史学的舞台。这些学者从根本上质疑美国教育制度和公立学校的动机。他们批判传统教育史学对美国教育发展的"一元解释"，这种对历史和历史书写复杂性的强调与后来的边缘群体教育史研究视角相得益彰。同时，

① 于沛. 2009. 20 世纪的西方史学. 武汉：武汉大学出版社，205-206

② 王保星. 2016. 教育史作用的社会诊断：伯纳德·贝林教育史观解析. 河北师范大学学报（教育科学版），18（1）：10-14

③ Herbst J. 1999. The history of education: State of the art at the turn of the century in Europe and North America. Paedagogica Historica，35（3）：737-747

激进派强调教育领域中的阶级差异和权力控制，认为学校是富人和中产阶级控制穷人的工具，阻碍了社会阶层流动。现存的课程和教育测试充满了种族主义，教育实践复制或强化了社会的不平等。①1968 年，米歇尔·卡茨在《对早期学校改革的嘲讽：马萨诸塞州 19 世纪中期的教育革新》(The Irony of Early School Reform：Educational Innovation in Mid-Nineteenth Century Massachusetts) 一书前言中指出，公立学校的建立实质上是对快速工业化的保守回应，传统教育史研究的结论掩盖了公共教育固有的弊端。②乔尔·斯普林在 1972 年所著的《教育和公司国家的兴起》(Education and the Rise of the Corporate State) 一书中表示，国家权力通过市场机制对学校教育制度进行干预，美国教育中的社会控制由来已久。③激进派的尖锐抨击就像一支利箭射入传统教育史学阵营，自此将曾经的"教育史学是否完善或合乎历史逻辑"的学术问题转向了"教育史学代表谁，为谁服务"这一更大的意识形态格局中。传统教育史学大厦将倾，因为它失去了道德文化立场，曾经一度受其维护的公立教育再也无力自洽，一元颂歌中的"进步""民主""平等"被打上了问号，最终在人们的诘问和嘲讽中被更加多元的教育史学书写所代替。

二、新教育史学研究范式的变革

20 世纪六七十年代成为美国教育史学发展的"黄金时代"，出现了以扩展教育内涵和外延为主要目的的温和派和以批判公立学校制度为宗旨的激进派。前者以伯纳德·贝林、劳伦斯·克雷明等为代表，后者以米歇尔·卡茨、乔尔·斯普林等为代表，他们共同引领了美国教育史学研究范式的变革。新教育史学的出现撼动了传统教育史学的地位，而新旧教育史学之间的最大区别就是研究范式的转变。尤其是在美国新教育史学编纂方面，传统的叙事史学开始向问题史学研究范式转化。④

---

① Reese W J，Rury J L. 2008. Introduction：An evolving and expanding field of study. In Reese W J，Rury J L（Eds.），Rethinking the History of American Education. New York：Palgrave Macmillan，1-16

② Katz M B. 2001. The Irony of Early School Reform：Educational Innovation in Mid-Nineteenth Century Massachusetts. New York: Teachers College Press, xi

③ Spring J H. 1972. Education and the Rise of the Corporate State. Boston：Beacon Press，4-19

④ 王堂堂. 2015. 危机中萌发：美国新教育史学转向中的问题意识. 中国人民大学教育学刊，（2）：156-163

　　温和派倾向于推动美国教育史学的文化转向，把教育放在整个社会文化背景中进行考察，运用"大教育学"的理论视角去构建"大教育史学"。要将教育的内涵扩展到所有社会领域，教育史研究必须重视人类社会发展过程中的文化现象。1960 年，伯纳德·贝林所著的《教育与美国社会的形成》一书，拉开了新教育史学的序幕，奏响了美国教育史学发展的又一乐章。伯纳德·贝林主张将教育史的研究对象扩展到家庭、教会和大众媒体等与教育密切相关的社会系统之中，将教育解释为一个代际文化传播的过程。他认为，家庭、社区和教堂才是真正具有影响力的教育机构。①在伯纳德·贝林的影响下，哥伦比亚大学教育学院的劳伦斯·克雷明和罗伯特·麦克林托克（R. McClintock）开始重新审视教育史研究的范畴。劳伦斯·克雷明认为，教育应该包含影响人类发展的所有社会和文化因素。他引用希腊语中的"paideia"一词，强调了"教育"在创造美国社会文化理想方面的功能和作用。②罗伯特·麦克林托克则提出："学校仅仅是众多教育机构中的一种……因此我们需要探寻教育的替代方式，寻觅社会生活中提高大众读写能力、思维能力与形成公共文化知识的形式。"③

　　显然，这种以文化取向为主的研究范式转变主动与历史研究的新取向相契合，扩展了教育史研究的领域，激发了新文化教育史研究的思潮。教育史研究的对象不再局限于学校教育，因此对于学校以外的、非正规的教育形式的历史体验，也要纳入教育史研究的范畴。这就要求教育史学家运用跨学科的理论和方法进行多角度的解析。这种被称为"教育生态学理论"的研究范式强调了学校教育与其他社会结构的相互联系，启迪后来者多方位地思考历史形成中的教育问题，有利于廓清教育史研究中新的问题域。

　　到了激进派那里，文化战争和意识形态操控则成为主导话语。乔尔·斯普林特别运用"文化控制""文化统治"的概念，将目光投向了历史上美国少数族裔的教育和文化问题。"种族"成为乔尔·斯普林在《美国教育》（American Education）一书中反复言及的主题。④种族差异影响着教育机会，也影响着文化认同。残疾学生、妇女、墨西哥裔美国人、西班牙裔美国人、移民学生等群体都

---

①　Bailyn B. 1960. Education in the Forming of American Society. New York：Vintage Books，14

②　Jr Wagoner J L. 1978. Review：Historical revisionism，educational theory，and an American paideia. History of Education Quarterly，18（2）：201-210.

③　Butts R F. 1974. Public education and political community. History of Education Quarterly，14（2）：165-183

④　乔尔·斯普林. 2010. 美国教育. 张弛，张斌贤译. 合肥：安徽教育出版社，48-179

涵盖在讨论之中，成为教育史研究的主要议题。这在传统教育史研究范式中并不多见。可以说，激进派采用政治批判的视角来检视美国学校教育，尤其是美国公立学校对学生的影响。

然而，范式的改变如同范式的形成一样，绝非一日之功。激进派的研究范式不仅挑战着美国教育史学长期的研究惯习，更冲击着白人创造美国历史、白人书写美国历史的历史观，尽管这样的历史早已被高度锐化，在主流文化价值观的滤镜下模糊了边缘。很快，激进派便遭到一系列的抨击。批评者主要从激进派选择史料的科学性入手，指责激进派对教育史学所进行的是一项先入为主的研究，在预设了研究结论的情况下开始史料搜集，有违历史研究的科学性和基本原则。在1973 年的美国教育学会的丹佛年会上，一些与会代表对激进派和当时的新教育史学阵营进行了言辞激烈的批评与抨击，怀疑激进派在研究中选取史料的真实性，怀疑他们为了达到个人的预定研究目的而恶意曲解历史。弗里曼·巴茨（F. Butts）就曾指出，虽然激进派将美国公共教育研究的重点成功聚焦到公立学校，但激进派所持有的狭隘阶级取向却阻碍了他们对公立学校得出公正、可靠的研究结论。[①]有的学者质疑激进派所选择的研究对象，批判其在研究过程中忽视了社会下层民众的教育诉求。戴安·拉维奇（D. Ravitch）旗帜鲜明地批判了激进派，甚至不认可几位著名的激进派学者的学术水平，指出他们在使用历史和社会证据方面存在严重不足；断言公立学校并不是社会精英阶层违背黑人等少数族裔的意愿而强加的，而是少数族裔和弱势群体所热切追求的目标；美国社会具有高度的流动性，教育从古至今都是推动社会进步的工具，受教育是为了拥有更好的机遇。[②]

尽管在当时有许多批评者不满激进派对史料的随意剪切和歪曲理解，激进派研究的学术价值一度遭受质疑，但不管怎样，激进派敢于向传统教育史学叙事发起挑战和抨击，强烈冲击着人们的历史智识，特别是其对边缘弱势群体的关怀，将教育史的书写与教育现实问题紧紧联系在一起，涵养了教育史学界的批判精神和实践品格。正是在这种对新教育史学特别是激进派的批判、质疑和反思中，许多教育史学者尤其是年轻的教育史工作者担心激进路线会带来学术危机，开始重新审视教育历史研究，力图弥补新教育史学发展过程中在认识历史方面的缺陷与不足，呼吁教育史研究应以客观的历史史实为出发点，从而正式拉开了多元文化

---

① Butts R F. 1974. Public education and political community. History of Education Quarterly，14（2）：165-183

② 转引自王永波，杨捷. 2021. 当代美国后修正主义教育史学探析. 教育史研究，（1）：24-33

主义时代教育史学的帷幕。

三、多元文化主义时代教育史学发展的新趋势

20 世纪 80 年代以来，美国教育史学界对新教育史学"反传统"的反应是复杂和多样的。这些论争之中虽然仍存留着部分悬而未决的问题，但更为重要的是它激发了人们对于教育史学发展的整体省思，由此拉开了美国教育史学多元文化主义时代的序幕。"多元文化主义时代"一词用于描述美国学术界在多元文化主义意识形态的影响下，要求主流社会承认民族及身份认同的差异性，确保边缘群体的文化同主流文化的地位平等。①多元文化主义在社会实践层面的典型表现就是美国联邦政府通过"肯定性行动"等一系列政策，在一定程度上使美国少数族裔等群体的教育平等权利得到了保障，在就业和住房等方面的歧视性行为得到削减。弗里曼·巴茨、大卫·泰亚克（D. Tyack）和卡尔·卡斯特（C. Kaestle）等学者成为多元文化主义时代美国教育史研究的代表性人物。这一时期的美国教育史学既不是"新""旧"教育史学的对抗与博弈，也不能理解为"新""旧"教育史学的握手言和，而是在更多的反思与调和中加深了对美国教育史的认识。在对"传统"和"修正"进行了反复的比较性反思和不断的折中性调适之后，美国教育史学领域对于二者采取扬弃的态度，并在某些方面呈现出超越的趋势。

（一）对美国教育史观的再修正

20 世纪六七十年代是美国教育史学发展的黄金期，出现了以批判传统公立学校制度和扩充教育内涵与外延为要义的新教育史学。从温和派开始，美国教育史学便呈现出承上启下的转换形态。以伯纳德·贝林、劳伦斯·克雷明等的研究为代表，温和派在某种程度上受到美国新史学的影响，更趋近于新思想史和新社会史的研究主张，而与新保守派持有不同立场。激进派则多指向米歇尔·卡茨和乔尔·斯普林等教育史学家，彻底颠覆了传统教育史学的价值立场和叙事方式，在确立"教育是政治统治的载体"命题的同时，也将研究者的目光引向边缘群体教

---

① 牛霞飞. 2021. 多元文化主义与美国政治极化. 世界经济与政治论坛，（1）：29-55

育史上被压迫者的特殊经历和不平等的现实遭遇。

美国新教育史学形成于当代美国社会极为动荡的变革时期，也处于新史学思潮涌动的范式交替时代。新史学的出现成为美国教育史学发展的一个转向标，实际上促成了美国教育史观的一次更新。在新史学思潮的影响下，美国主流史学界开始秉持"大教育观"，进一步拓展了美国教育史研究范畴，将家庭、社区和教会组织悉数纳入教育史研究范畴。①美国教育史研究资料和研究方法大大丰富，美国教育史学在这一时期得到蓬勃发展。正是有了新教育史学流派对传统教育史学的强烈质疑，埃尔伍德·克伯莱搭建的"奇妙世界"才会在 20 世纪 70 年代之后轰然崩塌，成为乔尔·斯普林笔下的文化战场。一方面，这一时期的美国教育史学家继续清算传统教育史中的辉格史观和时代倒置的错误，重新阐释教育在美国社会形成中的真正作用，以及教育对美国社会及其特性所产生的影响；另一方面，他们也意识到了新教育史学流派教育观中的矫枉过正，不希望将教育本身与影响教育的因素混为一谈，使得教育的外延恣意扩展，从而导致教育和教育史研究的边界变得模糊不清。

无独有偶，20 世纪 70 年代美国的新政治史也在一味地拓宽传统政治史学研究边界，纵然正确，却模糊了政治史同历史学分支领域的界限，失去了自身的独特性。当代美国历史学家丹尼尔·豪（D. Howe）就无不尖锐地指出美国新教育史学存在类似问题，认为劳伦斯·克雷明的著作更像是美国文化史而非教育史。②为了尽量减少研究边界泛化所引起的负面作用，1974 年，巴茨在研究中开始重新审视美国公立学校和政治文化的关系，并且试图更加全面地评估学校教育的历史贡献。他在研究中较为客观地指出，历史学家对正规学校教育或公共教育机构熟视无睹，和埃尔伍德·克伯莱一样犯了颠倒历史的错误；尽管 20 世纪后半叶电视和其他大众传媒发挥的教育作用日益凸显，但我们不能由此低估公立中小学、高等学院与大学在 19 世纪末和 20 世纪初所具有的历史作用。③

在此背景下，美国教育史学主要从以下四个方面对新教育史学进行再修正。第一，在以往的基础上重新梳理美国教育史研究和编纂的主体框架，这种框架应

---

① 王保星. 2021. 教育史作用的社会诊断：伯纳德·贝林教育史观解析. 见：杨捷，赵国权. 外国教师与学生史研究——当代教育史研究新进展. 北京：中国社会科学出版社，332

② Howe D W，Cremin L. 1982. The history of education as cultural history. History of Education Quarterly，22（2）：205-214

③ Butts R F. 1974. Public education and political community. History of Education Quarterly，14（2）：165-183

该比温和派的理论构造更有说服力，比激进派的理论构造更加注重对现实问题的建设指导意义；第二，重新评价学校组织机构和学校教育制度在社会变革中的地位与作用；第三，在更宽广的比较视阈下，更加强调美国教育史在西方现代文明中扮演的角色；第四，在未来研究中，更加关注美国的公共教育对本国社会政治体系建设的历史作用。在《美国公共教育：从革命到改革》（Public Education in the United States：From Revolution to Reform）中，弗里曼·巴茨重新肯定了公立学校在美国教育史研究中的重要地位，探讨了美国独立以来塑造公立学校特征和目的的原因。①他的折中主义教育史观不仅为多元文化主义时代的教育史学提供了理论指导，也为之后的美国教育史学者开展研究指明了方向。

（二）对"激进主义"研究取向的折中调和

美国多元文化主义时代的教育史学淡化了研究取向中的"激进主义"色彩，教育史研究的学术水平有所提升。美国新教育史学描绘了更全面、更复杂的教育史图景，因而成功挑战了美国教育史上的传统叙事，成为教育史研究关注的前沿热点，顺利融入主流史学界。然而，学界对其在研究中一味使用"冲突"的结构性叙事、预设激进的价值观表示不满，尤其是对新教育史学中的激进派使用阶级立场和资料构成的松散论证提出强烈批评。在多元文化主义时代的教育史学家眼中，美国教育史研究必须建立全新的理论框架和写作范式，才能真正阐明社会变迁与教育变迁的方向。这种理论框架比温和派的研究框架更为明晰，同时也比激进派的研究框架更加包容。②

因此，在弗里曼·巴茨的《美国公共教育：从革命到改革》一书中，我们更能感受到美国教育史学研究的社会科学化倾向。它既重新肯定了公立学校在美国教育史研究中的核心地位，也告别了阶级控制、官僚科层体系的激进派的阐释模式，转而关注种族、民族、地域、文化等因素，既分析美国公共教育史中的融合，也解析公共教育发展因素之间的张力。从这一点看，多元文化主义时代观照下的美国公立学校发展方式远不是传统教育史所讲述的经斗争走向胜利那样的

---

① Butts R F. 1978. Public Education in the United States：From Revolution to Reform．New York：Holt，Rinehart and Winston，3

② Butts R F. 1974. Public education and political community. History of Education Quarterly，14（2）：165-183

简单故事。同样地，大卫·泰亚克与卡尔·卡斯特等皆从城市教育史研究出发，进一步修正和重构了传统教育史学与新教育史学的研究范式。他们都希图走出一条更加平衡和更具调和性的"第三条路"。

　　1983 年，卡尔·卡斯特在其代表作《共和国的支柱：公立学校和美国社会（1780—1860）》（Pillars of the Republic：Common Schools and American Society，1780-1860）一书中，详尽描述了公共教育的发展，并从政治和历史视角重新阐述了不同时期相关教育团体对公共教育发展的态度与影响。他没有回避公共教育发展过程中存在的性别、种族和移民等歧视问题，指出正是由于社会歧视问题的存在，政府才制定并实施了面向更广泛人群、更加公平的公共教育政策。卡尔·卡斯特认为，公共教育的产生、发展与变革均受到社会经济发展的巨大影响，并伴随着社会各阶层的利益诉求，而公共教育的进步与发展恰恰体现在教育问题产生和解决矛盾的过程之中。正如他所说的，"我很高兴地看到教育工作者、商业领袖和政界人士在教育问题上达成共识：教育至关重要！政治家正在为提高公共教育的质量而修订政策文本，为学校的软件和硬件设施建设提供政府资金支持；企业已经渗透到从学校学习到就业的各个项目和环节，为学生提供技术培训；教育工作者已经在挚爱和教育的必要性之间找到了平衡"[1]。

　　诚然，这一时期的美国教育史学发展态势并未形成明确的学术格局或主流流派，但有意思的是，在大卫·泰亚克为上文提到的卡尔·卡斯特的那本新作撰写书评时，他却仍然以同道中人的语气兀自喟叹。此书评既介绍了卡尔·卡斯特的写作理路和主要观点，也对外宣示了大卫·泰亚克的教育史研究立场。恰如大卫·泰亚克所言，从这本书中投射出的"后卡茨时代"的教育史研究，是对埃尔伍德·克伯莱的观点及过去一代人对埃尔伍德·克伯莱激进抨击的修正；对美国公共学校运动的解释不是完全摒弃激进派的见解，而是通过采取更广阔、复杂、平衡和综合的方法来完善它们——"我相信这是我的观点，同样也是卡尔·卡斯特的观点"[2]。

　　从史学角度来看，带有多元文化主义色彩的教育史学的产生与发展并不是空穴来风，其主要观点与美国主流史学思想有着千丝万缕的联系。它是 20 世纪 60

---

① Kaestle C F. 1983. Pillars of the Republic：Common Schools and American Society，1780-1860. New York：Hill and Wang，265

② Tyack D，Kaestle C F. 1986. The common school and American society：A reappraisal. History of Education Quarterly，26（2）：301-306

年代以来美国教育史学借用"冲突论""和谐论"来论证教育历史的发展，将教育改革归结为利益相关者相互博弈和妥协的必然结果。例如，第二次世界大战后，美国史学界关注现实的思潮渗透于多元文化主义的研究之中；多元文化主义时代教育史学家的作品中随处可见的民族国家情怀，虽说是基于对激进派的国家批判说的回击，但也经常显露出对传统教育史学家历史贡献的崇敬。他们虽不赞同前期新教育史学家的相关论断，但并没有全盘否定，而是表现出批判的保留态度。美国多元文化主义时代教育史学的折中性，具体表现在以下三方面。

第一，调和传统教育史观和前期新教育史观，既不赞成前者的直线进步观，也不赞成后者的批判否定论。具体表现为：对学校的评价采取均衡的态度，既不承认学校的绝对正确，也不过分批判学校的等级性；将学校发展史置于社会学和更多社会阶层的语境下，宣扬学校发展是社会利益集团相互博弈和协调的结果。这种观点和表象与20世纪五六十年代风靡一时的"新保守派"①所倡导的"和谐史观"异曲同工。不同的是，多元文化主义时代的教育史学并未回避教育发展史中的冲突，秉持的观点是史料分析的客观性，尝试克服前期新教育史学研究中片面选择和曲解史料的偏颇做法。

第二，采用折中的教育史研究价值取向。多元文化主义时代的教育史学采纳了美国"进步学派"②的"冲突史观"中的部分观点，强调教育的历史发展并不是少数精英人物在个人意志的指导下，有意识、有计划地推动展开，也不是相关教育群体无意识情景下的无序行为，而是在与教育相关的各方以利益为纽带所发生的冲突与解决冲突过程中进行的。这种研究取向在多元文化主义时代的研究成果中屡见不鲜，既承认冲突，又不否认教育的发展，教育正是在冲突过程中呈现螺旋式发展。

第三，回归学校教育领域，关注大众教育。多元文化主义时代的教育史学显然不再强调从意识形态视角审视教育的性质，放弃了对种族、群体之间的压迫、剥削矛盾和歧视等因素的简单分析，不再采取"自上而下"或"自下而上"的研究方式，避免以社会精英阶层或底层民众的诉求替代社会整体的现实，把关注焦点集中于与学校教育相关的大多数群体，重视中观层次的研究。

---

① 新保守派是第二次世界大战后至20世纪50年代在美国影响较为广泛的一个史学流派。该流派人数众多，以路易斯·哈茨（L. Hartz）、丹尼尔·布尔廷斯（D. Boorstin）、理查德·霍布斯塔特（R. Hofstadter）为代表，强调美国历史进程中的内在和谐与利益一致，反对冲突论

② 进步学派兴起于20世纪30年代，代表人物有查尔斯·比尔德（C. Beard）、卡尔·贝克尔（C. Becker）等。该流派认为美国社会的发展源于美国自身的内部矛盾引发的冲突

（三）凸显多元化的研究态势

美国多元文化主义时代的教育史学逐渐摆脱"钟摆效应"，多元化的发展态势更为明显。从传统主义到新教育史学的激进派，美国教育史学在研究对象、价值立场和历史观等方面似乎从一种极端走向另一种极端。非此即彼的修正路径很容易陷入片面认知以及陈腐无效的辩论。有学者大声疾呼，教育史学家早该超越这类辩论，跳出习惯性的地方主义或种族中心主义[①]，只有在"强调共识的历史"和"强调冲突的历史"两个端点之间才可以找到历史真相。[②]美国新教育史学意欲解决传统教育史学造成的人们对美国教育历程记忆的不完整，以及打破在协调一致的论调中公立教育节节胜利的叙事假象。但新教育史学家在指出上述弊端之后，并没有提出一个成功的解释框架取代它。[③]人们对于教育历史问题的追问仍在继续，比如，"如何对美国公立教育的历史作用做出正确评价？""公立学校中的受教育者与学校的真正关系为何？""移民、女性或工人阶级在美国学校教育发展中究竟起到了怎样的作用？"等等。前期新教育史学家没有解决的问题就这样摆在了后来者的面前。

经过新教育史学家的前期探索，以及多元文化主义时代对被修正了的美国教育史学的再度修正，人们对美国教育遗产的认识更趋真实、全面和复杂。曾经风靡一时的后现代主义、新马克思主义等思潮也影响到了多元文化主义时代教育史学的研究取向。当代美国教育史的研究主题逐渐突破主流的学校教育。与以往更为不同的是，一些关于特殊群体受教育状况的研究成为促进教育史学多样化的推动力，具体表现为黑人教育、印第安人教育、移民教育以及女性主义教育等成为教育史研究的主要领域，多元文化主义史观则贯穿于多样性的教育史研究之中。追根溯源，美国教育史学走向多元化之所以成为一种发展的必然，原因有三。

原因之一是多元文化主义时代的美国教育史学对传统教育史学和新教育史学未曾全盘否定，反而呈现出一定程度的延续性。在多元文化主义时代，学校教育史仍然是美国维持教育史研究阵地的重要书写领域。造成这种"研究对象回归学校教育"表象的原因也很复杂。事实上，公立学校系统作为教育机构的主导形

---

① Herbst J. 1980. Beyond the debate over revisionism：Three educational pasts writ large. History of Education Quarterly，20（2）：131-145

② Karier C H. 1979. The quest for orderly change：Some reflections. History of Education Quarterly，19（2）：159-177

③ 张宏. 2004. 美国教育史学中的"修正派". 史学理论研究，（2）：69-78，160

式，其历史作用和现实存在感不容小觑。20 世纪 60 年代后期，美国发生严重的城市危机，在公立学校身上表现为官僚主义、设施陈旧、等级森严，充斥着阶级偏见和种族主义。恰恰是美国教育史学的激进修正派对陷入困境的公立学校体系发起的猛烈批评，使研究者将研究的视角再度转移到了美国公立学校体系上。[①]但学校教育作为研究对象的回归，并不意味着进步主义叙事方式在美国教育史研究领域得到复兴，学校教育反而在一定程度上变成批判的"靶子"，以至于后来教育史学界再对激进派的错失展开批判时，也就很难避开公立学校或公共教育体系的语境。在弗里曼·巴茨、卡尔·卡斯特等的教育史研究中，公立学校系统仍是研究的中心议题，只不过更加强调其与社会政治、种族和地域之间的关系。这一时期的研究尽管仍然批评传统教育史学存在的缺失和偏见，但研究者也毫不否认埃尔伍德·克伯莱等在教育史研究中做出的贡献，并在某些方面沿承了传统教育史学对于某些历史问题的经典解释。他们对新教育史学的态度亦是如此，即便是在面对其中最为激进的一面时，仍不免发出"从黑暗和毁灭的角度来追踪美国所有的历史"的指摘，但激进修正派留下的可贵的批判精神仍然被多元文化主义时代的美国教育史学传承，于是多元共生的教育史学文化生态的形成成为一种可能。

原因之二是以身份属性为指征的"属人"的教育史研究在多元文化主义时代逐渐崛起，边缘群体教育史学拓展了以往美国教育史的研究视野。20 世纪 80 年代以来，女性教育史、黑人教育史、亚裔移民教育史等领域都已渐渐摆脱边缘地位，边缘群体教育史学在这个过程中快速成长，成为美国教育史研究中不可忽视的重要组成部分。[②]一方面，在美国教育通史的编撰中，边缘群体内容所占比重有所增加；美国多元文化主义时代教育史学的延续性，主要表现为在研究范式上借鉴了影响较大的主流史学流派的方法，并对它们进行了修正和整合。另一方

---

① Ellis B J. 2020-06-08. The history of education as "active history": A cautionary tale?. http://activehistory. ca/papers/history-papers-11/

② 美国教育史学会（History of Education Society）近 20 年间举办的教育史年会议题都涉及种族歧视、妇女教育、黑人教育等边缘群体教育史方向的内容。女性学者、少数族裔学者还曾多次担任学会主席，《教育史季刊》（History of Education Quarterly）也会在当年侧重刊出女性教育史、黑人教育史等学术论文。此外，自 2000 年以来，涉及性别问题和少数族裔教育的教育史文章也成为美国教育史领域其他专业刊物的重点刊登对象。参见王春鹏，高向杰. 2009. 当代美国教育史学发展的特征及思考.《教育史研究》创刊二十周年暨中国教育史研究六十年学术研讨会；陈琪. 2019. 美国教育史学者协会及其研究取向——基于对《美国教育史杂志》的考察. 世界教育信息，（9）：17-23

面，边缘群体的教育经历和历史体验不再是公立学校系统的影响对象，而是成为具有独立研究价值的研究对象本身。对于边缘群体教育史研究领域而言，大体也保持了多元文化主义时代美国教育史学的研究取向。边缘群体教育史研究者通过新的史料挖掘或新的理论方法的运用，来对以往被忽略的人群和历史提出新的认识，从而修正并补充整个教育历史的拼图。边缘群体教育史领域成为人们思考"什么是美国教育史""如何书写美国教育史"的重要载体之一。

原因之三是教育史学研究主客体和教育史编纂手段日趋多样，跨学科研究的特点凸显。多元文化主义时代，美国教育史学多学科理论视角交叉、多种研究手段并用的特点更加显著。在学术主义原则背景下，这一时期美国教育史领域的跨学科研究既发生在传统派之间的相互借鉴中，也发生在新教育史学阵营内部的相互借鉴中。同时，在实用主义原则的影响下，学科间的交流互鉴，特别是从社会科学、经济学、计量学，乃至今天的大数据和信息空间技术等新的研究方法中汲取养分，也是摆脱学科危机的生存之道。

正如韦恩·厄本（W. Urban）在《美国教育：一部历史档案》的前言中写到的，"对历史批判最为猛烈的人和最卖力地为历史辩护的人都是错误的。批判者对历史不屑一顾，而拥护者又对历史寄予了太多的希望"[①]。美国多元文化主义时代的教育史学在理论上继承和发展了当代美国主要史学思想，在研究范式上完成了对前期新教育史学的超越，形成了特色较为鲜明的学术理念，引导了美国教育史学理论的新发展。诸位教育史学家强调教育史研究的现实导向，增强了教育史研究的应用价值，他们的教育史著作得到包括历史学者在内的学术同行的认可，为教育史学在 21 世纪的发展提供了新的视角。彼时的美国教育史学并不是自立门户、另起炉灶，而是与传统教育史学和新教育史学有着千丝万缕的联系，同时也在做出新的尝试和超越。边缘和交叉处是最易取得新知与突破的地方。当代美国边缘群体教育史研究是美国多元文化主义时代教育史学的重要组成部分，它的兴起成为美国教育史学又一次转向的表征，也是美国教育史在多元文化主义时代走向多元共融的具体说明，生动地展示出了当代美国教育史学发展历程中继承与创新、更迭与超越的复杂互动。

---

① 韦恩·厄本，杰宁斯·瓦格纳. 2009. 美国教育：一部历史档案. 周晟，谢爱磊译. 北京：中国人民大学出版社，前言 1

第二节　美国边缘群体教育史研究的勃兴

美国边缘群体教育史是一个"复数"的历史，主要由少数族裔教育史、女性教育史、移民教育史等领域构成，其中的"边缘群体"代表着许多经历不同、身份不同、文化背景不同的人群。边缘群体教育史研究与以往的白人父权制主导话语体系相割裂，亦与传统教育史学的书写模式相区别。虽然从单个领域来看，黑人研究、女性主义、移民研究等领域早已有之，以往的少数族裔史研究中也曾涉及教育问题，但总的来看，边缘群体教育史研究是在经历了美国民权运动的洗礼，承继并发扬了由新教育史学生发出的批判精神之后，才开始联动发展，并在美国学界占有一席之地。在理论和方法的创新中，美国边缘群体教育史学获得了后浪翻腾的动力。

一、边缘群体教育史研究兴起的背景

20 世纪中叶是美国社会发生转变的重要时期。在经历两次世界大战的洗礼后，国家之间的联系日益紧密，人们对整个世界格局和权力关系有了新的认识。美国民众一方面对战争带来的危机和动荡感到厌倦，另一方面也置身于日新月异的社会变革。现代科技革命带来了产业变革、社会结构调整、经济快速发展，同时打着"现代性"烙痕的各种社会问题也浮出水面，形成了新的社会裂痕。

首先，第二次世界大战后美国历史学领域出现新的研究取向。20 世纪 80 年代以来，西方新社会史、新文化史等新新史学（the new new history）蓬勃发展，美国史学内部也发生一系列明显而巨大的新变化，带来了历史研究"叙述的复兴"。新新史学作为一种新的史学形态，将研究重点转向人本身，于微观处探寻地域文化、群体心态和生活细节等。此类转变影响了当代美国教育史学的研究取向。美国边缘群体教育史研究亦运用口述档案、日记、回忆等资料，采用独特的"反叙事"等方法，从而弥补了以往教育史研究运用的官方文献的片面和不足。

这也在一定程度上调整了新史学所倚重的计量方法和宏观视角。在新新史学的冲击下，历史哲学与历史观念的改变产生的影响更为广泛和长远。此时的美国历史学以"新"字派打头，撰写具有时代精神的"新美国史"要求逐渐生成。

与此同时，在多元文化主义的浸润下，此类研究以重新解读和定义美国历史文化、国家建构为目标，反对将白人文化定于一尊，承认和尊重少数民族及其文化，将各种文化作为美国文化的组成部分加以平等对待。①新的美国史应该围绕新的公共文化来书写，而公共文化的形成则包含了社会体系、社会机制、社会不同利益群体之间交错复杂的各种关系。这些关系有时具有利益趋同性，有时具有矛盾冲突，有时也能博弈共生。这就需要新的历史视角和分析框架来对新史学进行新的综合。哪些人应该成为历史的主人公、哪些人应当被载入史册等问题则成为新美国史编纂与书写时不得不重新考虑的维度。

其次，美国史学研究纳入新的研究主体。历史在不同的时代背景中被赋予了不同的内容和含义，这并不意味着历史真实被改变。相反，历史向语言学的转向，使得叙事主义在当代美国历史研究中重新焕发生机。正如德裔美国历史学家格奥尔格·伊格尔斯（G. Iggers）在评述 20 世纪中叶之后的新历史观时所说："历史不是从一个中心出发的，不是直线地朝一个方向运动的。不但是存在有大批同样充满价值的文化，而且就在这些文化内部也并不存在一个中心，可以围绕着它归纳出一种统一的表述。"②历史学家对科学与进步的怀疑也逐步瓦解了美国传统教育史学中所持有的统一的、直线上升的进步历史观。这种对于中心主线的剥离，倾向于打破西方中心主义，即以西方发展和进步代替人类全部的历史，并将其作为唯一的历史解释模式。同时，新新史学也摒弃了将政治权力作为历史的四梁八柱的传统观念，对细微文化与边缘生活方式的敏感触发了对于那些没有登上权势高台的"小人物"的关注。边缘群体——不仅反映在美国新教育史学对以往一元颂歌进步叙事方式的终结，同时也反映在开始正视那些普通大众，尤其是诸如女性、少数族裔、残疾人、同性恋等——也就构成了当代美国教育史研究中的视野下移和多焦点格局。

最后，美国教育史研究生成新的研究维度。无论是小写的、具体的历史撰写，还是如当时一些历史学家所希望形成的新的历史的综合，历史学的解释和分

---

①　李剑鸣. 1999. 关于二十世纪美国史学的思考. 美国研究，（1）：3-4，17-37

②　格奥尔格·G. 伊格尔斯. 1996. 二十世纪的历史科学——国际背景评述（续四）. 王燕生译. 史学理论研究，（1）：146-158

析功能再度受到人们的重视。历史学不再排斥情节化模式，也不回避意识形态蕴含、移情、想象、建构等创造性活动在历史研究中开始具有合法位置。[①]走向多元文化主义时代的美国教育史学向女性教育史、黑人教育史、残疾人教育史、城市教育史等方面不断发力，将传统史学的"弃儿"统统囊括，成为重新展现美国教育历史的新主体。长期处于社会劣势地位的上述人群也经历着不被书写的暗淡过去。但这样的过去却是极其有用的，它开启了美国教育史发展中被压制和忽视的维度，用底层视角述说属于美国教育史上的另一种真实。当代美国社会种族冲突频仍，各种歧视以更加复杂的方式普遍存在。教育场域中的种族、民族、性别、阶级等问题相互交织，直接影响了教育决策和教育改革。因此，从历史中汲取知识和经验是解决当前教育问题的有效路径，边缘群体教育史为这种可供借鉴的经验提供了多元解释，能帮助人们更加全面地看待历史和现实。

二、边缘群体教育史研究兴起的动因

20世纪60年代是美国社会躁动不安的阶段。社会秩序的变革也冲破了思想文化的封锁，美国边缘群体教育史研究获得绝佳的发展机会和发展空间，主客体因素都处于前所未有的激发状态，故此方能后来者居上。

一方面，美国国内黑人民权运动、学生运动、女权运动高潮迭起，少数族裔社会地位的提升在历史学研究领域也引起了连锁反应，其中一个表现就是20世纪70年代新社会史和公共史学的兴起。新社会史和公共史学有着相似的发起渊源，二者都对那个年代各类社会运动向传统社会体制形成的冲击做出了回应。人们开始对正统权威表示质疑，对权力秩序进行挑战，对占据统治地位的史学的"统一性"加以解构。这些新社会史学家中的新左派偏向激进主义。于是，美国性格便让位于文化多元论，文化同化也不如民族共同体有吸引力，美国熔炉变成了复杂的混合物，不同的民族、种族和人种集团的历史独特性开始得到承认。[②]与之相似，在同一时期，公共史学既是一场运动，也作为一种研究方法进入美国学术界。它力主史学研究的下沉，将历史研究与公共利益进行最大程度的结合。由于公共史学吸收了许多非专业的研究群体加入，也间接促进了传统专业史借

---

① 彭刚. 2017. 叙事的转向：当代西方史学理论的考察. 北京：北京大学出版社，29
② 拉特曼. 1990. 美国的新"社会史". 董进泉译. 现代外国哲学社会科学文摘，（9）：29-32

鉴、吸收和引入其他学科的研究理论和方法扩充自己。公共史学家也尝试将种族关系与公共记忆结合起来，展示了不同群体对美国不同时期的记忆。从这个角度看，公共史学也被称为"民众史学"，其发展动力来自过去曾被边缘化的群体书写自己历史的渴望。①

　　另一方面，具有多元文化背景的研究者也在这一时期加入了专业历史领域，成为一支不可小觑的生力军。这些具有"边缘性质"身份的历史学家在20世纪90年代之后渐成气候，而相当一批专业公共历史学家就来自于这股新生力量。特别是后来新教育史学中的激进派举起了批判的大旗，与整个历史学发展汇聚合流。此时的美国教育史领域开始注意被学校历史忽略的边缘群体，因为这些"边缘人物"在美国文化战争中扮演着重要角色，是美国公立学校是否具有全纳性、进行多元主义文化教育的"利益相关方"。

　　正是因为越来越多的少数族裔学者加入历史研究的洪流，才极大地推动了边缘群体教育史的兴起。历史研究中关于"谁书写的历史能够进入公共教育体制，并作为公共知识传播给学生和大众"等内容也成了一个重要的政治问题和教育问题。②这些问题在边缘群体教育史研究领域变得更加敏感和突出。边缘群体教育史的兴起是对种种问题的积极回应。普通民众创造了历史，边缘群体是历史的重要组成部分。但他们在传统历史书写中看不到自己的身影，无法找到身份认同。因此，边缘群体教育史在理论和方法的更新中赋予边缘群体声音的权威，拆解被主流叙事霸权垄断的历史解释权，其特殊的社会功能为时代所需，为学科建设所需，具有强大的发展动能。

三、边缘群体教育史研究兴起的表现

　　在美国社会发展历程中，关于边缘群体的历史和历史书写始终是一个让人费解的悖论。边缘群体在美国历史发展进程中拥有着被压迫的历史。对于非裔美国人来说，他们中的一些人曾经受困于奴隶制的枷锁，充当过南北战争的炮灰，化身为美国党派政治博弈的筹码；对于亚裔美国人来说，他们中的一些人是太平洋铁路枕木下的冤魂，也是"苦力"的代名词，他们在血汗工厂饱受资本主义的压

---

① 王希. 2010. 谁拥有历史——美国公共史学的起源、发展与挑战. 历史研究，（3）：34-47，189
② 李传印. 2002. 美国公共历史学教育评析. 比较教育研究，（2）：21-26

榨和剥削，还是美国历史上唯一一个以种族为对象遭受法律驱逐和排挤的群体；对于美国土著而言，他们被白人殖民者大肆驱逐和屠戮，失去了原有的家园和土地，失去了原有的文化内核，印第安部落的失业率至今仍然高居不下……美国的发展史就是一部边缘群体的苦难史、被剥夺史。有记录显示，20 世纪 80 年代，美国仍然存在一个多达 900 万人的底层阶级。这些边缘群体所面对的贫穷、失业、流离失所、犯罪、毒品、高辍学率、种族主义等问题无一不是当代美国社会发展的桎梏和难题。①这些社会议题如此重要，但这些人却如此边缘。这些边缘者的历史如此重要，但对这一历史的研究却一度如此边缘。

第一，当代美国边缘群体教育史研究的兴起表现在研究分支领域全面"开花"。除了前文提到的一批少数族裔历史学家加入研究队伍，边缘群体教育史研究也有了更细化的子领域。比如，女性教育史研究拓展出了黑人女性教育史研究，少数族裔教育史研究中对于土著印第安人的研究有显著增加。传统学校教育史、教育制度史、高等教育史领域也将少数群体的地方性研究作为研究案例，诸如教育身体史、教育心态史、教育情感史等新兴领域也有以边缘群体为对象的相关研究。②

第二，边缘群体教育史研究在美国学术界的地位不断提升。边缘群体教育史成为当代美国教育史研究的热门领域之一，受到更多学者，包括教育史领域之外的学者的关注。由于其自身研究特点和美国教育史的整体转向，跨学科理论和方法在这一领域得到应用，也为教育史学科与其他学科的交流提供了基础，边缘群体教育史研究的影响力也由此提升。少数族裔、女性与非异性恋者的教育史研究更是登堂入室，成为美国近些年教育史学会年会论文中的热点内容。③此外，在美国教育史学会机构组成中，少数族裔或女性学者充当学会主席的情况也不少见。在历届年会的主席演讲中，经常可以看到边缘群体教育史研究的身影。特别是在 2000 年以来的数次主席演讲中，与边缘群体教育史研究相关的就占据了大半。比如，1992 年，波士顿教育史年会的主席演讲《第二次世界大战后的种族、精英制度和美国学院》（Race，Meritocracy，and the American Academy during the Immediate Post-World War II Era）④、哈罗德·韦克斯勒（H. Wechsler）的主席演

---

① 肯·奥莱塔. 1983. 美国底层阶级. 聂振雄，蒋伟明译. 上海：上海译文出版社，1-2

② 邓凌雁. 2016. 美国教育史学的发展脉络和方向——以美国教育史学会为核心考察. 教育史研究，（2）：10-14，47

③ 任炜华. 2019. 美国教育史研究的内容及特征（2007—2017 年）——以教育史学会年会论文为视角的解读. 高教探索，（6）：87-95

④ Anderson J D. 1993. Race，meritocracy，and the American academy during the immediate post-World War II era. History of Education Quarterly，33（2）：151-175

讲《我是如何从进入大学到研究大学入学史的》（How Getting into College Led Me to Study the History of Getting into College）[①]、阿达·伦道夫（A. Randolph）的主席演讲《非裔美国人教育史——见证信仰》（African-American Education History—A Manifestation of Faith）[②]等从不同方向研究了种族与教育发展的关系，同时揭露了种族在招生政策、学生遴选方面的潜在影响力，号召边缘群体积极接受教育，坚守内心信仰。

第三，美国边缘群体教育史研究形成了一定的研究梯队，研究的持续性得到了保障。近些年，当代美国边缘群体教育史研究出现了不少高质量的研究成果，这些成果在美国教育史领域具有不小的影响力。例如，教育史学家詹姆斯·安德森（J. Anderson）于 1988 年出版的《1860—1935 年的南方黑人教育》（The Education of Blacks in the South，1860-1935）就是黑人教育史研究的上乘之作，它几乎已经成为美国高校教育史课程的必读书目。[③]此外，近些年来，美国也有一批年轻学者运用种族批判理论、交叠性等新的理论方法完成了边缘群体教育史方向的博士论文。这些博士论文在本书研究中有所引用和参考，它们大都是 2000 年之后的研究成果，由此也说明了美国的边缘群体教育史研究方兴未艾，具备进一步发展的潜力。边缘群体教育史研究在当代美国逐步成长壮大，为形成自身独特的理论和方法提供了广阔的试验场。

第三节　美国边缘群体教育史研究的发展特征

美国边缘群体教育史学的出现并非对前期新教育史学的反叛与决裂，它承接了新教育史研究对边缘群体的关注，以及对传统教育史学的批判。在"弯道超

---

① Wechsler H S. 2009. How getting into college led me to study the history of getting into college. History of Education Quarterly，49（1）：1-38

② Randolph A W. 2014. Presidential address：African-American education history—A manifestation of faith. History of Education Quarterly，54（1）：1-18

③ 该书曾荣获美国教育研究协会优秀图书奖。参见 Anderson J D. 1988. The Education of Blacks in the South，1860-1935. Chapel Hill：The University of North Carolina Press

车"的过程中，美国边缘群体教育史学比新教育史学的视野更宽阔，具有更强的建构性。在当今美国教育史学研究中，通过寻找全新的理论框架重新研究教育历史，已成为当代教育史研究创新的一种重要方式。美国边缘群体教育史借助跨学科理论与方法的驱动力，实现了对传统教育史学的批判，以及对前期新教育史学的超越。

一、对边缘群体研究的聚焦逐步形成

纵观美国史学研究范式的变迁历程，一个最重要的变化就是自新史学出现后，研究者将历史主旋律交还给了普通人、底层大众和边缘群体。新史学主张运用历史研究折射现实问题，人类活动的各个领域都应该成为历史学家关心的问题，研究历史是为了培养美国人的国民精神和民族特性，美国历史的书写体现在"人"的活动中。这就扩展了历史主体，使得普通人也能够成为历史舞台上的主角。只是在最初一段时间，这些"普通人"究竟是哪些人，他们的身份特征并没有在史学中被强调。在新史学的不同流派中，边疆学派关注地域冲突中的疆域变化和美国文明进程，其领军人物乔治·班克罗夫特（G. Bancroft）就瞄准了宪法政治等一系列制度产物。随后，后现代主义中的相对主义元素渗入史学研究体系之中。新社会科学史、新左派史、新思想史共同推进了"自下而上"的研究取向。对传统史学中权贵意识和精英色彩的批判对当时以及后来的美国教育史学发展产生了重要影响。美国史学所经历的这样一个研究视角下移、研究范式转变的过程是整体性和弥散性的，其多个领域的历史书写也呈现出类似的变化特点，比如，美国革命史的书写同样经历了从"辉格主义范式"向"新美国革命史学"的转变。平民主义、多元文化主义和女性主义等理论方法对革命史的撰写也产生了不同的影响。一度被框定为"建国之父"领导的政治革命，被改写为一场由"普通民众""边缘群体"主导的全面革命，而这种研究范式已经从学术边缘走向中心。[①]边缘群体教育史的兴起再次呼应了美国新教育史学对普通人的关注。

"边缘群体"在美国史学研究中经历了由"幕后"走向"台前"，由"沉默的少数"到"发声的叙事者"的转变过程。美国新教育史学代表人物之一米歇

---

① 李剑鸣. 2011. 意识形态与美国革命的历史叙事. 史学集刊，（6）：3-29

尔·卡茨在他的成名作《对早期学校改革的嘲讽：马萨诸塞州 19 世纪中期的教育革新》中，批判了美国公立教育"获利"的一方实际上是美国中产阶级和社会上层分子。[①]乔尔·斯普林在他的《美国学校：从清教徒到特朗普时代》(The American School：From the Puritans to the Trump Era)一书中则凸显了美国公立教育"失利"的一方，即在教育上面临着种族隔离、宗教偏见和文化隔阂的边缘群体。[②]米歇尔·卡茨对边缘群体的关注是隐性的，他向世人展示了美国公立学校改革在传统主流叙事中的虚幻的错觉，以此引导人们对公立教育的应然状态，以及教育本应该使谁获益等问题进行持续而深入的思考。但乔尔·斯普林却在他的教育史研究中旗帜鲜明地阐述了自己的意识形态立场，其中就包括用大量篇幅论述教育平等问题。自然而然，少数族裔、"危机"学生、非主流文化、种族问题等表述就成为边缘群体教育史研究的寄托。

当前，美国边缘群体教育史研究更是将镜头完全对准了"普通人"，并且对这些群体有了更细致的分类研究。以群体身份为界，以族群和人种为类属的教育史研究受到前所未有的重视。美国女性教育史、非裔美国人教育史、亚裔美国人教育史、西班牙裔美国人教育史、印第安人土著教育史、移民教育史等不一而足。同时，这些身份和问题的交叉也会促使研究者对更多角度的教育史进行探讨，比如，移民教育史中很难离开对种族和性别问题的探讨。即便是以其他标准进行分类的美国教育史研究分支，也都绕不开种族、性别、阶级，抑或教育平等、多元文化、教育质量等话题。凡此种种，都使人们不得不将目光投射到承载这些问题的关键对象——边缘群体。

二、对传统教育史学的批判与反思逐步深化

边缘群体教育史研究虽是由教育史多个分支领域构成的一个共同体，但这个共同体具有一个基本内核，以提供必要的研究向心力，那就是对边缘群体教育经历的关注，对边缘群体的人文关怀，对社会不公坚决说"不"。这些反传统的质疑、解构、批评与重建构成了当代美国边缘群体教育史研究的批判性。当代美国边缘群体教育史研究不仅继承了乔尔·斯普林等对传统教育史学的批判，并且在

---

① 邓明言. 2003. 西方教育史方法论五题. 华东师范大学学报（教育科学版），21（3）：61-69
② Spring J. 2018. The American School：From the Puritans to the Trump Era. New York：Routledge，3

批判的道路上走得更远。

首先，边缘群体教育史研究的批判立场更加明确。向传统教育史学发射第一颗批判子弹的是美国教育史学中的修正派。其中温和修正派反对以学校为中心编撰美国教育史，激进修正派则更彻底地否定了美国公立学校的教育制度，认为公立学校是资本主义消解文化多样性、阻碍阶层流动的工具。两种修正派别的批判要么指向研究范式的缺陷，聚焦在学术层面；要么指向教育体系本身，只见物不见人。①边缘群体教育史研究的批判立场则直接对应"边缘群体教育史"之"边缘群体"。正是由于边缘群体教育史研究对象的特殊，才需要研究者拿起批判的理论武器进行历史的批判。也正是这种具有警醒意义的批判，才会使教育史学科产生更广泛的学科影响力，获得更深层次的社会意义。②

其次，边缘群体教育史研究的批判理论化程度更高。新教育史学力求拓宽教育史研究的范围，以激进的意识形态猛烈抨击社会控制和教育上的不平等。这些议题在 20 世纪 80 年代之后仍然是包括边缘群体教育史在内的美国教育史学研究的重要命题。可惜的是，新教育史学对传统史学的批判并未取得压倒性胜利，它破了题却未能很好地解题。那些富有批判热忱和感染力的研究产物因"廉价"的学术价值和片面极端的观点遭人诟病。③边缘群体教育史研究吸取了前期新教育史研究的经验和教训，从多学科理论借鉴中寻求方法论支撑。尤其是在批判性理论的应用上，美国边缘群体教育史研究汲取了女性主义、后殖民主义、后现代主义、教育批判理论等社会批判理论的营养，更加注重理论框架和研究方法的适切性。

最后，边缘群体教育史研究的批判视角更加多样。今天，当我们再去评价美国公立学校发展历程时，几乎不再会有人笃定这样一部历史是直线进步的，它也不再意味着美国民主与平等的终结性胜利。新教育史学主要批判的是制度和文化的再生产，以此改写美国教育史发展的"英雄史诗"，否定现存美国教育的合理性。美国边缘群体教育史研究的批判对象从"无人的制度"走向更复杂的"人与制度的互动"，它用种族批判理论揭露教育中的种族歧视和种族主义，用交叠性批判对共时性多重压迫表示无视，用跨国主义和数字人文为批判理论引入现代视

---

① 张宏. 2004. 美国教育史学中的"修正派". 史学理论研究，（2）：69-78，160
② 武翠红. 2010. 二战后英国女性主义教育史学的价值诉求与借鉴意义. 大学教育科学，（2）：79-84
③ Reese W J，Rury J L. 2008. Introduction：An evolving and expanding field of study. In Reese W J，Rury J L（Eds.），Rethinking the History of American Education. New York：Palgrave Macmillan，1-16

角。总之，边缘群体教育史研究因为跨学科理论方法的助力，使自身的批判范畴超越了传统的阶级统治和社会控制，最终形成了多元视角和多学科解释合力，推动完成对实践的批判、对社会的变革。

三、对教育史研究路径的更新逐步显现

客观来讲，美国教育史学的温和派与激进派在更新传统教育史书写境域方面颇有建树，然而其自身在发展过程中也不无缺陷。多元文化主义时代的美国教育史学家弗里曼·巴茨就曾对激进派表示不满，认为激进派的研究持有狭隘的阶级取向，阻碍了它得出公正、可靠的结论。同时，弗里曼·巴茨也对那些在公共教育中忽视种族与性别问题的学者和从业者提出了批评。新教育史学虽指出了传统教育史学的弊端，但并没有提出一个成功的解释框架取代它。对于这些问题，边缘群体教育史学研究者特别注重从跨学科视角实现研究理论与研究方法的更新和超越，希望通过有效的分析框架，重新解释美国教育历史的变迁。

准确来讲，当代美国边缘群体教育史研究深受前期新教育史学的影响，但并不是新教育史学在 21 世纪的"代言人"。边缘群体教育史研究对新教育史学既有继承，也有发展和超越，以期形成融合的研究范式去解答前期新教育史学研究未能解释清楚、分析透彻的历史课题。美国边缘群体教育史研究路径的更新主要体现在三个方面。

第一，研究对准身处边缘地位的"人"。这就要求边缘群体教育史研究要凸显研究对象的边缘特殊性、历史成因以及在教育中的复杂互动。

第二，研究理论和方法主张跨学科。边缘群体教育史研究在范式上呈现出多元互补的特点，跨学科理论和方法丰富了研究的理论层次。边缘群体教育史积极借鉴了历史学、社会学、法学、政治学等相关学科的研究理论和方法，以跨学科视野构建新的教育史叙述范式。当代美国边缘群体教育史研究关注的是历史中处于问题漩涡中的活生生的人。他们因自身处于劣势的历史地位而拥有主流叙事遮蔽了的历史。

第三，研究性质蕴含批判性。批判性是边缘群体教育史研究的天然属性，也是其学术价值所在。"边缘"一词本身就带有对"中心""主流"的反抗和批判。区别于新教育史学对公立学校教育的批判，当代美国边缘群体教育史学因看到教

育史上"人"的价值扭曲和异化，进而希望点破其中存在的种族主义、性别歧视、交叉压迫等问题，而不是在扫描某所公立学校发展过程中发现了课程上存在的"白化"问题，而后才追索到种族背后受到影响的"人"。

本 章 小 结

美国教育史学发展至今经历了两次重要转向，第一次是从传统教育史学向新教育史学的转向，第二次是从新教育史学向多元融合的教育史学发展的转向。边缘群体教育史研究的兴起是促成这一转向的重要因素，也是美国多元文化主义时代教育史学发展的风向标。美国边缘群体教育史研究的滥觞集中表现为以下三个方面。

其一，当代美国边缘群体教育史研究形成了清晰的研究边界。美国边缘群体教育史研究聚焦"边缘群体"，与传统教育史学中以白人、男性和精英为身份标签的研究对象划清了界限，也与占据主流的以公立学校、教育制度变迁为主题的研究重心有所区别。

其二，当代美国边缘群体教育史研究形成了一定的学术共同体。美国边缘群体教育史研究形成了以少数族裔研究者为内核、多学科参与的研究队伍。这样一支具有特殊意义的研究队伍在近些年取得了丰硕的研究成果，在美国学术界的地位不断提升。

其三，当代美国边缘群体教育史研究形成了独特的研究范式。美国边缘群体教育史研究内容丰富，含有种族、性别、阶级等多个研究维度，具有鲜明的批判特征。美国边缘群体教育史研究范式"独特"，但范式"独特"并不等于研究范式"固定"或"唯一"。这一领域积极吸收历史学、社会学、政治学、法学等跨学科的理论和方法，使得边缘群体教育史的研究视角更加开阔，研究路径更加多元，研究方法更加多样。

美国边缘群体教育史研究自肇始之日，一方面承袭了新教育史学的批判精神，延续着"自下而上"为边缘群体撰史的学术使命；另一方面也站在新教育史学的肩膀上，实现了美国教育史学发展中的又一次突破和超越。本章之所以讨论边缘群体教育史研究与美国新教育史学的相互关系，是为了厘清边缘群体教育史研究在整个美国教育史学发展中的定位和意义。边缘群体教育史研究聚焦处于不利地位的社会少数派的教育经历，通过运用新的研究理论和方法，批判和挑战传统教育史学的主流叙事模式，让历史中的"失语者"重塑历史的记忆。边缘群体教育史研究与美国新教育史学拥有相同的关注点和批判精神，但边缘群体教育史研究在批判的基础上，更善于运用跨学科的研究理论和研究方法对美国教育史进行重新解读，既"破"亦"立"，更加关注教育史研究中的人的文化差异和身份特性，进而形成对新教育史学的超越，在一定程度上对于当代美国教育史学向着多元化方向转型起到了促进作用。

第二章

美国边缘群体教育史研究中的跨国主义

美国将会变成一个跨民族国家，而非民族国家；

一个由形形色色不同要素组成的，

与其他国家交织在一起的地方。

——节选自《跨国化的美国》[1]

① Bourne R S. 1916. Trans-National America. Atlantic Monthly，118：86-97

　　跨国主义是在全球一体化背景下伴随国际活动增多、人际交往日益紧密多样，而逐渐形成的一种研究理论和方法。它强调跨边界的重组和流动，突破了以往的民族、国家的固化视角，进而展现出一种多层次和多民族互动关系。20世纪70年代，跨国主义就在美国形成一股不容小觑的学术浪潮。20世纪90年代以来，历史学家日益关注跨国移民和跨国现象，更是不可避免地囊括了族裔和种族的边缘化问题。当前，移民史已经成为美国跨国史研究的重要分支领域。[①]移民群体特别是跨国移民的教育经历，也逐渐成为当代美国边缘群体教育史的研究范畴。跨国主义由经济学和历史学领域逐渐蔓延到美国边缘群体教育史研究中，成为一种独特的跨学科理论和方法。

---

　　① 入江昭. 2018. 全球史与跨国史：过去，现在和未来. 邢承吉，滕凯炜译. 杭州：浙江大学出版社，3-46

第一节　跨国主义的内涵与基本框架

当下，哲学层面的终极命题已被人们用调侃的语气简化为三大追问：我是谁？我来自何方？我将去往何处？在全球化时代，人们很难从群体或个人的生活过程中得到上述问题的答案，特别是当它用来描述跨国背景下的生活经历时更是如此。对于这一点，很多学者尝试用案例分析诠释跨国主义，这些案例能够帮助我们建立对于跨国主义的基本认识。

一、跨国主义的存在形态

"跨国主义"一词自从在西方移民研究领域创立之后，就备受各方关注。"跨国主义"这一术语尤为契合当代全球化发展进程，也适用于解释跨边界的人口流动，因此成为 20 世纪 90 年代以来横扫人文社会学科的一个核心学术议题。[①]学者更倾向于讨论理论形态的跨国主义，而实际上跨国主义本身具有更为丰富的存在形态，厘清不同语义指向下的跨国主义，有助于我们全面把握和理解跨国主义在美国边缘群体教育史研究中的应用维度。

（一）作为社会现象的跨国主义

一般而言，跨国主义指的是各种形式的跨越国界的活动和联系。与人类活动的其他领域一样，跨国主义涉及个人及其所属的社会关系网络，包括社区、组织、政府等制度化机构。以个人为基础的跨国现象早在"跨国主义"这一术语问世之前就已出现在人类的社会生活中。尽管缺乏当代通信和交通技术，但现代移民所进行的跨国活动已经存在了几个世纪，至少在自由劳工移民中，返乡移民和

---

① 潘志明. 2020. 跨国主义. 外国文学，（3）：94-109

定期回访家乡社区的情况时有发生。①个人的跨国游学、跨国旅行、难民的跨国迁徙、跨国劳动等都是跨国主义的重要组成部分。

此外，跨国主义还容纳了许多超越个体的、不同的、组织化的跨越国界的活动。比如，跨国企业、跨国公司面向多国寻找供应商、资本和市场；非政府组织的跨国服务与交流；海外移民组织的节庆活动或跨国巡演；等等。区别于个体跨国行为，上述经济、政治、文化的跨国主义则表现出较强的组织性和目的性。有学者将这些跨国主义社会现象分为两大类，即"下位跨国主义""上位跨国主义"。②"下位跨国主义"侧重于个人、民间和基层，而"上位跨国主义"着眼于集体性的跨国行为者。两类跨国主义既有跨国流动的相似之处，同时在组织力、资源、范围和制度化水平等方面也存在较大差异。

（二）作为研究取向的跨国主义

跨国主义产生于民族、国家内部，最初主要用作国家间关系的替代术语，但是自 20 世纪 80 年代以来，跨国主义作为一种明显的研究导向和研究立场，告别了占主导地位的国家范式，以流动的相互联系为参照，放眼全球进行去中心化的研究。这也成为美国学者对于一度盛行的"美国例外论"的又一次思想反叛。③民族、国家的边界变得不再重要，人们被信息、资金、技术、文化、通信、贸易等链条连在了一起。一如"没有人是一座孤岛"这句名言所隐含的普遍联系之理，跨国主义的勃兴使众多研究领域开始重新审视全球图景中的美国，并主动从美国与世界各国的互动关系中看待各个层面的历史与现实。美国历史学界的跨国转向尤为明显，这种研究取向的转变使得欧美中心主义的历史观丧失了最后一道防线。一方面，跨国主义将曾经处于边缘的美国外交史领域带进美国历史研究重镇，掀起了新一轮研究热潮；另一方面，美国跨国史、全球史领域对跨国主义的应用日臻成熟，成为跨国主义类型研究的"压舱石"。此外，跨国主义在美国研究、移民研究、少数族裔文学、女性主义研究等方面都开风气之先，起到了视域

---

① Portes A，Guarnizo L E，Landolt P. 1999. The study of transnationalism: Pitfalls and promise of an emergent research field. Ethnic and Racial Studies，22（2）：217-237

② Guarnizo L E. 1997. The emergence of a transnational social formation and the mirage of return migration among Dominican transmigrants. Identities，4（2）：281-322

③ 邢承吉，鲁迪秋. 2018-03-04，2021-04-05. 入江昭谈跨国史与全球史：我坚信文化能够培育国际主义. https://www.thepaper.cn/newsDetail_forward_2015995

拓展、范式转移和修正重构之效。①

（三）作为跨学科产物的跨国主义

依据传统的学术标准，跨国主义研究并不构成一个统一学科。就目前来看，许多学科对跨国主义理论方法的形成都有所贡献，其中人类学、历史学、地理学、国际关系学和社会学等是与其关系最为密切的学科。在这些学科及交叉学科中，国际移民和跨国主义都被认为是客观存在且可知的，同时这些学科用不同的概念和不同的分析工具对此进行研究，以了解跨国主义视域下世界的不同层面。②虽然各个学科对跨国主义研究的切入点不尽相同，但它们具备一些共同的知识基础。①经验层面——对新的或历史上重要的跨国现象与动态进行描述、绘图、量化和分类。②方法论层面——对现有的数据、证据、历史和人类学的阐释进行重新分类，这些阐释大都基于边界单元进行，跨国主义是要创造和实施新的研究设计与方法，揭示新的或潜在的跨国形式和过程。③理论层面——通过重构、替代或转化已有的理论框架，来补充和完善传统理论，或重新解释全球化现象的特定形式与过程。④哲学层面——从本体论的逻辑假设出发，说明生活和世界本来就具有跨国性。换言之，跨国现象和跨国驱动力是一种常态而不是例外，是发展大势而不是旁枝细节，是内在现实而不是现实衍生的副产品。⑤公共层面——通过实践、制度和身份的创新，摆脱固有边界和界限的束缚，为社会生活与秩序的转型变革创造合法空间。③总之，作为跨学科研究产物的跨国主义也实现了学术发展中的跨国转向，这种转向并不是完全消解民族、国家的社会组织原则和解释力，而是补充形成多元视角，更加精细地理解社会关系和交易空间组织的转变，并能避免长久以来普遍主义所带来的抹杀关键性差异的危险。

近些年来，跨国主义在教育史领域的研究也有了相当大的增长，这些研究超越民族、国家框架，侧重探讨影响教育历史进程的全球性因素、参与者和机制等问题。跨国主义视角、理论或方法更多地体现在跨国教育史中，将国际维度的教育影响与互动视为教育史的研究对象，因此跨国移民的特殊教育经历就成为美国

① 潘志明. 2020. 跨国主义. 外国文学，（3）：94-109

② Morawska E. 2003. Disciplinary agendas and analytic strategies of research on immigrant transnationalism: Challenges of interdisciplinary knowledge. International Migration Review，37（3）：611-640

③ Levitt P，Khagram S. 2007. The Transnational Studies Reader：Intersections and Innovations. New York：Routledge，1-3

边缘群体教育史运用跨国主义的典型例证。一个很有意思的现象是，这种类型的研究有时仍然源于对民族、国家采取的教育政策的兴趣，但受到跨国主义理论和方法影响的美国教育史研究者却坚持认为要使用新的理论框架和分析视角，对来自不同地域的个体或教育观念之间进行有效衔接，以探明不同国家的教育体系在形成和发展过程中会受到的影响。

二、跨国主义的解释范畴

我们不妨先来进行一个假设：某人从小在美国亚利桑那州和得克萨斯州附近的美国与墨西哥边境长大，Ta[①]虽然在美国上学，但一到假期就回到墨西哥。美国公民的合法身份赋予了 Ta 跨国生活的特权，使 Ta 不会像无证跨国者一样面临被驱逐的风险。但作为一个身体和文化上都没有归属感的人，有没有哪个术语能够更准确地描述像 Ta 一样的日常生活和复杂经历？有时候人们把这种人称为"具有双重国籍"的人，因为 Ta 的生活确实处于墨西哥和美国的地理边界内。Ta 的合法公民身份是美国人，可是在文化和归属感方面，Ta 可能觉得自己更像墨西哥人。因为家庭的关系，Ta 在两个国家之间来回摆渡，平时在美国上学、工作，一到周末又会在美国与墨西哥边境区域购物消费，为两国的 GDP 增长做贡献。假期，Ta 和家人一起在墨西哥南部，充分沉浸于墨西哥文化和家族氛围中。似乎只有通过这样的方式，才能够实现 Ta 在美国生存下去的心理平衡和满足情感需求。

那么，需要怎样一种术语才能够概括上述这种生活现象呢？也许我们会说这个人就是在"两国之间"存在着。但许多时候，"两国之间"这样的术语是很模糊的，并不能完全描述 Ta 是谁或是 Ta 和 Ta 的家人住在哪里。"两国之间"这样的术语更偏静态一些，因为它似乎从一开始就默认了必定存在着两个固定端点（每个端点代表一个国家）或在这种情况下真实存在着一条国境线。"两国之间"不过就是在国境线两侧，或是在这两个端点之间移动，有时可能需要同一天从边界的一边移动到另一边。也有人会尝试使用"双重民族"来描述这种现象，但那似乎比"跨国"更显死板。因为"双重民族"更多是指在一个人身上承载两个民

---

① 此处用"Ta"这一写法表示不特指性别的普遍意义上的人，从而改变以往语言习惯中以"他"（he）"代表全体人的男性称谓霸权。

族国家的身份。"Ta 是两国公民"意味着 Ta 了解两个国家，也许是两个国家的（合法）公民，也许 Ta 会说两种语言，了解两种文化。

可见，在"跨国主义"这一概念出现之前，大部分术语的解释力是有限的，难以真正说明这类特殊的跨国行为。尼娜·索伦森（N. N. Sørensen）就曾评论说："不同处境的人的物质世界和社会现实之间的对应关系既不像想象的那样简单，也不能用有限的概念加以理解。"①从上述案例不难发现，人们有限的概念范畴往往跟不上现实变化的步调。我们需要用一个更具包容性的复杂视角来加深对当今世界运转方式的理解。通过对全球经济、文化和政治进程的更复杂的认知，"跨国主义"的概念应运而生。"跨国主义"有时也被称为"跨国民族主义"。这个概念解除了"双重国籍"的束缚，并从以下两个方面确定了自身的解释范畴。

其一，"跨国主义"作为一个具有描述性质的理论术语，适用于在全球视野下勾勒当代人特定的生活经历。然而，当前文献很少讨论跨国社会是如何构建和塑造人们的童年生活的，或在人们的成长观念方面发挥何种作用。从一定程度上看，理解跨国主义其实就是理解这些跨国人员的童年和家庭经历，以及教育在这样的生活中扮演着怎样的角色。沿此分析路径，跨国主义便拥有了阐释边缘群体教育史的合理性和可能性。同时，从教育实践的动力学角度来看，跨国主义能帮助人们重新理解"全球化"的教育历史语境。以往作为一种政治现象的"全球化"或"全球性"，如今在融入了跨国主义理论视角的边缘群体教育史中，更有助于理解为什么在扩大或改变其教育结构方面有那么多不同国家却经历了相似的过程，也有助于比较不同国家的边缘群体教育经历的共性和差异。

其二，"跨国主义"这一概念能够重新解释移民群体在不同国家（文化）边界间的互动反应方式。在"跨国主义"出现之前，学者习惯将政治团体的成员资格等同于公民资格或者民族国家的成员资格。他们将"移民"视为一个单线的、阶段式的融合或同化过程，并将"移徙"视为一种结构性现象。通过这种现象，移徙者被动地对"推"和"拉"的力量做出反应。这种"外来冲击-内部反应-引起变化"的分析框架也被历史学家用于探讨近代资本主义国家在第三世界国家的殖民活动和资本主义扩张等问题。这些跨国图景激发了学者的想象力，跨国主义的理念陈述符合这些重要现实。诚然，大多数人确实是作为民族、国家的公民在生活，移民在大多情况下还是小概率事件，它更像一个合并的过程，其中的迁移

---

① Sørensen N N. 1998. Narrating identity across Dominican worlds. In Smith M P，Guarnizo L E（Eds.），Transnationalism from Below（Vol. 6）. Piscataway：Transanction Publishers，242

很多时候是在结构性因素的影响下被迫发生的。然而，这些固化的思维模式也导致我们发展出托斯丹·凡勃伦（T. Veblen）所说的"训练有素的无能"。我们被训练过如何看，所以就无法看到所持视角之外的世界。①

有鉴于此，很多研究者致力于通过多种多样的角度，特别是通过跨国视角来观察移民过程，但仍然有必要考虑解决那些看不见的问题，因为它们潜藏于生活表象之下，很容易被人为地模糊掉或隐藏起来。教育史中儿童和家庭的跨国身份很可能因为害怕遭到歧视或被排斥而被隐藏，研究者应该通过哪些方式看到被隐藏的跨国教育经历？这种隐藏有什么影响？当代美国边缘群体教育史研究可以用什么方法来揭示这些内在体验？这些都是可以借助跨国主义来进一步思考的问题。

三、跨国主义的核心概念

跨国主义主要用来阐释跨越民族、国家边界，将人、组织或机构联系在一起的多重联系和互动。当然，这种模式有许多历史先例和相似之处。在"跨国主义"这个术语出现之前，人类社会已经有了跨国主义的行为方式和跨国教育的行为历史。跨国主义（作为长距离的联结方式）的出现当然先于"民族""国家"。直到今天，这些联系、互动、交流和流动的系统遍布世界，且共同、集中、实时地发挥作用。新技术，特别是电子通信技术的出现，有助于人们以越来越快的速度不断产生新的社会联系。全球贸易、公民身份、公司、政府间机构、非政府组织、政治、服务、社会运动、社会网络、家庭、移民线路、身份、公共空间、公共文化等都与跨国主义发生着新的碰撞和联系。②在各种交叉性学科的研究中，跨国主义正在得到一些核心论证。

人们用跨国主义处理移民问题，也用跨国主义证实当前的远距离、跨境活动，特别是经济交易的形式和规模。跨国主义为最近出现的、独特且具有现时规

---

① Smith R C. 1998. Transnational localities: Community，technology and the politics of membership within the context of Mexico and U. S. migration. In Smith M P，Guarnizo L E（Eds.），Transnationalism from Below（Vol.6）. Piscataway：Transanction Publishers，196-238

② Vertovec S. 1999. Conceiving and researching transnationalism. Ethnic and Racial Studies，22（2）：447-462

范性的社会结构和活动提供了明确的分析框架，这是跨国主义对理论的巨大贡献。跨国主义建立在不同的学科基础之上，因此也拥有着角度各异的核心概念。这里我们仅就具有历史研究功能，并与边缘群体教育史研究紧密相关的核心概念进行分析。

（一）散居和网状社会形态

在社会学和人类学领域，跨国主义与跨越国界的社会形态关系最为紧密。"散居"无疑是一种极为独特的社会联系形式。散居国外的少数民族被一些学者视为"研究跨国主义的社区范本"，其典型的社会生存状态成为对跨国主义的最佳注脚。可以肯定的是，散居者（Diaspora）体现了既扩散流动又相互影响的历史轨迹和经验特征。散居者是一些既散布全球，又具有集体自我认同感的族裔群体，这些群体居住的领土状态和背景具有跨国性，他们的原籍国（母国）具有典型特征。①

分析跨国社会形态的另一个焦点就是关系的结构或系统，亦可称之为"网络"。这种"网络"由多个节点和网络中心互相连接，它们既是独立的关系系统，同时也依赖于外部更为复杂的网状体系。新技术是形成当今跨国网络的核心因素，这些技术并不能完全创造新的社会模式，但它们肯定会强化原有的模式。跨越广阔空间、密集而高度活跃的网络，正在改变社会、文化、经济和政治等多维关系。网络化社会形态以及技术背景下产生的深刻影响都是分析跨国者特殊教育经历的重要维度。

在散居和网络社会形态下，跨国主义的概念侧重说明类别的流动性。包括民族和族裔身份、职业归属、政治归属和文化依附在内的各种类别都无法固化，其挑战了任何一种将跨国流动的个体或机构归属于特定类别的尝试。②尽管早期的跨国主义与资金和商品的转移或流动密切相关，但它首先是与人有关的，这就为跨国主义在美国边缘群体教育史研究中的运用提供了天然基础。处于网络化的社会空间是跨国移民形成活动网络和关系网络的前提，更重要的是在边缘群体教育史中，跨国主义理论方法的介入更能探明教育和思想的交流与改变过程，而这些

---

① Kennedy P，Roudometof V. 2002. Communities across Borders：New Immigrants and Transnational Cultures. London：Routledge，2-3

② Clavin P. 2005. Defining transnationalism. Contemporary European History，14（4）：421-439

网络社会形态和离散状态的影响与特点并不容易归类，然而正是这种难以描摹的流动性才能真正反映跨国移民等特殊教育活动群体在多国之间进行教育交流的真实面貌。近几十年来，教育史学家最为关注的问题之一是第二次世界大战后全球教育趋同的过程。20世纪下半叶，具有不同政治制度、不同文化传统，甚至那些具有对立教育结构的国家都在朝着一些共同的教育理念或教育观念演变。教育伴随着散居与网状社会形态成为某种形式的文化外交载体。教育史对基于国际组织、外交关系或其他人员往来交流而产生的教育治理体系越来越感兴趣，它致力于理解这种教育愿景是如何伴随着跨国主义和移民群体冲破流动边界和限制的。

（二）内心感受和心理意识

跨国主义围绕一种以双重或多重身份认同为标志的"散居者意识"展开了大量讨论。有些研究描述了跨国背景下个人的"无根"意识，他们既感到"漂泊在外"，又感到"四海为家"。虽然一些移民对一个社会比对另一个社会更认同，但大多数人似乎保持着好几重身份，这些身份将他们同时与多个国家联系在一起。这在边缘群体中可能会产生更复杂的效应。他们有可能在好几个国家的学校中接受教育，受到不同国民性的影响。当然，跨国主义也会激起一种共同的意识或相似的经历，因为技术的发展能够将许多人捆绑到上文所述的网络社交之中。跨国联系不再需要通过移民或专属领土要求来巩固。在网络空间时代，散居者通过相对丰富的渠道借助思想传播、文化遗产和共同的想象力将彼此紧密联系在一起。

以往的历史研究多以国家和国际组织为核心，这种研究方式也为民族国家和民族主义历史观的形成加以背书。我们甚至可以说，现代专业历史学者与民族、国家一起成长，其使命是记录和解释民族国家的崛起及衰落。专业历史研究彰显了一项公民使命，教导公民须将边缘群体的经历也包含在以国家为中心的叙事中。但如今，跨国史和全球史的研究不断强调要超越民族国家的概念。[①]关于跨国主义的研究，特别是对于散居者和移民群体研究的历史逐渐从边缘走向中心。因此，跨国主义所包含的内心感受和心理意识意味着历史以及教育史的研究不只限于"物质的历史"，更是关于"人"的主体性历史。跨国主义者的各种遭遇，尤其是以往被忽略的遭遇，也将以往文献中所呈现出的一贯的进步与合作的定调

---

① 周晓菲. 2023-07-10. 跨国史：在民族国家的边界之外书写历史. 光明日报，（第14版）

打上了问号。这其实也是"跨国主义"一词本身隐含的重要特征之一，其目的是尽量避免历史的书写滑向目的论窠臼之中，亦即把现代社会越来越多地融入全球化之中视为历史发展的必然。到目前为止，记录那些排斥而不是容纳的情感与心态是美国边缘群体教育史中不容忽视的一个方面。

（三）文化再生产模式

对于那些主要关注文化在国际教育关系中的作用或关注一个国家教育系统内部多元文化主义形成过程的历史学家来说，跨国主义的教育遭遇常常被描述为"跨境"。借用美国历史学家大卫·特伦（D. Thelen）的话来说，这个概念具有诗意的力量，意味着要考虑一种特定的现象是如何在整个国家传播的，又是如何在自然和人造特征上碰撞的，或者它是如何转化和被转化的。[1]这种"跨境"一旦发生，无论是来自一个国家还是不同国家的社会文化都将伴随着研究边境的横向移动而拓展出新的研究视界，文化再生产则意味着跨国主义所强调的文化间的转化、碰撞、吸引和排斥等。

从文化意义上来说，跨国主义也可以被简化为几种文化相互渗透和融合的过程，通常与具有流动性的社会制度和日常实践相关。"新种族"的混合文化现象在跨国青年群体中屡见不鲜，这些青年主要随着不同文化潮流的碰撞对社会有了新的认知。这些年轻人的身份构成是自觉选择多种文化遗产的结果。越来越多的人通过全球媒体和通信渠道了解不同的文化现象与身份转变。[2]媒体图像和信息的跨国流动也许使流散人口内部产生了分裂，特别是在电子媒体中，欲望和想象的政治总是与传统和怀旧的政治相矛盾。文化再生产模式下的跨国主义还描述了通过全球技术，特别是通过以电子公告板和互联网为代表的"微电子跨国主义"的媒介，产生了为跨国消费施加的文化包装。[3]教育作为文化再生产的动力和结果，也会在历史发展过程中成为跨国资本的受益者或牺牲品。

---

① Thelen D. 1999. The nation and beyond: Transnational perspectives on United States history. Journal of American History，86（3）：965-975

② Vertovec S. 1999. Conceiving and researching transnationalism. Ethnic and Racial Studies，22（2）：447-462

③ Spivak G. 1989. Who claims alterity?. In Kruger B，Mariani P（Eds.），Remaking History. Seattle：Bay Press，276

第二节   跨国主义的跨学科研究动力

20 世纪 90 年代以来，跨国主义理论方法吸引了美国边缘群体教育史领域研究者的注意。特别是在移民教育史研究中，跨国主义提供了一种更开阔的研究视角和分析工具，告别了传统意义上的以民族、国家为边界的教育史学模式，对于移民教育史中的跨国现象、网络联系和跨国性流动更具解释力。跨国主义之所以能成为当代美国边缘群体教育史的跨学科研究工具，关键在于它具备学科交叉和视域融合的理论特性，并且在历史学和教育学领域都得到了一定的应用与发展，对美国边缘群体教育史学具有较强的迁移和渗透力。

一、跨国主义关注边缘群体的移民问题

跨国主义的主要研究对象就是移民和移民问题。值得一提的是，跨国主义表达的是对新的移民现象的新解读。历史学家和人类学家告诉我们，地球上的移民活动几乎从人类存在的第一天就开始了，它贯穿了人类作为一个物种的历史全过程。①近些年，世界发展进入深度调整变革期，逆全球化态势不容忽视，移民原因和形式都发生了改变，移民问题的复杂程度前所未有。跨国移民、移居者、离散旅居者、生态移民、环境移民等不同移民类别的相关研究日益细化。受此影响，人们看待移民史的角度也在不断调整，有了新的变化。美国作为一个移民国家，移民和移民问题事关对美国国家特性和美利坚民族特性的诠释与认同。跨国移民和跨国主义等概念被用来解释当代移民的跨国流动，并为移民史学领域提供了方法论的启示，以此弥合美国学界在族裔研究和移民史研究之间的分歧。②作为一种揭示跨国现象和全球化趋势的理论分析工具，跨国主义本身就标志着跨

---

① 　帕特里克·曼宁. 2014. 世界历史上的移民. 李腾译. 北京：商务印书馆，viii
② 　任慈. 2020. 可用的过去：近五年来美国学界移民和族裔史研究的新趋势——兼对美国移民研究史的述评. 世界民族，（3）：72-84

国移民现象的存在。它将全球经济进程、民族之间和国家之间持续存在的矛盾与移民的社会关系、政治活动、价值信仰和身份建构联系起来。①

同样，移民群体也是美国边缘群体教育史的主要关注对象之一。跨国移民的教育经历之所以能够进入美国边缘群体教育史研究的范围，与跨国移民在迁徙过程中受到的歧视和边缘化地位有关。有学者明确指出，移民主要遭受四种类型的边缘化，分别为被剥夺政治权利、经济边缘化、社会排斥和空间隔离。②该研究虽然主要指向欧洲移民，但是作为历史上具有强烈排外倾向、固守白人至上主义的美国，大多数跨国移民遭受过仇视、剥夺和被排斥的经历。在美国，海地、格林纳达和菲律宾的移民被看作少数民族化的无产阶级他者，贫穷的移民由在宗主国被同化的少数群体转变为某种普遍的下层阶级主体。即便是富裕的亚洲移民也在美国民族和种族秩序中表现出明显的"不适感"。③因此，利用跨国主义分析美国移民教育史，尤其是跨国移民的教育经历，能够充分反映移民群体背井离乡、文化冲击和社会融入的独特体验。美国边缘群体教育史研究者运用跨国主义能够更好地探究种类繁多、数目庞大的移民群体是如何构建去中心化的教育场域和社会联系的。

二、跨国主义与全球教育史观相互契合

20 世纪五六十年代，全球史研究在美国悄然兴起。1963 年，美国史学家威廉·麦克尼尔（W. McNeill）出版了《西方的兴起》（The Rise of the West）一书，标志着全球史的问世。④所谓"全球史"并不在于它的研究内容包罗万象，而是在于它突破了以往单一、僵化的研究视角，从全球视角拆除地域"围墙"，全面考察世界不同地区和不同类别主体之间互动的研究方法。全球史观就是全球史从课程到学科再到史学流派转变过程中逐渐形成的史学新视角、新理论和新方法。

---

① Schiller N G，Basch L，Blanc-Szanton C. 1992. Transnationalism：A new analytic framework for understanding migration. Annals of the New York Academy of Sciences，645（1）：1-24

② Düvell F. 2009. Migration，minorities and marginality：New directions in Europe migration research. In Rumford C（Ed.），The SAGE Handbook of European Studies. London：Sage，11

③ 尹晓煌，何成洲. 2014. 全球化与跨国民族主义经典文论. 南京：南京大学出版社，197

④ 威廉·麦克尼尔. 2015. 西方的兴起：人类共同体史. 孙岳，陈志坚，于展等译. 北京：中信出版社，1-3

它代表了一种学术立场和学术取向——"把全球化历史化，把历史学全球化"。[①]

全球史观是人们看待历史发展变化的视角之一，是现代历史观发生转变的重要表现。从认识论来看，全球史观受到了马克思历史唯物主义、法国年鉴学派和新史学思想的影响，认为世界上每个地区的各个民族和各种文明都处于平等的地位，都有权利要求对自己进行同等的思考和考察，不允许将任何民族或任何文明的经历只当作边缘的无意义的东西加以排斥。[②]从方法论来看，全球史的历史编纂与全球史观密切相关，这类研究更多地指向全人类的联结模式，研究方法具有整体性、关联性、流动性和包容性的特点。全球史语境下的跨国主义与边缘群体教育史研究所秉持的全球史观高度吻合，这为跨国主义融入美国边缘群体教育史研究打下了基础。

首先，二者都具有全球化视野。以跨国移民教育经历为中心的边缘群体教育史将教育主体、教育现象、教育思想、教育活动和教育进程等均纳入全球背景进行历史分析，与跨国主义遵循同样的全球化分析脉络。正如日裔跨国史研究学者入江昭所说，相对于强调国家关系的"国际"而言，"跨国"一词更强调国家类别之外的群体，如女性、孩童、学生、残疾人等。[③]从这个角度看，跨国主义正是在用空间转向的意识思考边缘群体的历史问题。20 世纪 70 年代以来，跨国史也同全球史一道成为西方史学研究的一股浪潮。不少史学家从研究单一民族国家史逐步转变方向，开始涉足国家关系和国际交流史领域。当代美国边缘群体教育史涉及的跨国问题，需要我们以全球史观探照教育研究场域时空关联的种种状况，要将人类不同的教育世界视为一个联动系统。从这一点来看，美国边缘群体教育史研究中对跨国主义和全球史观的运用，有助于克服教育史研究中的"碎片化"弊病，即尽量减少对过于微末的具体教育历史实践和现象的简单考证，特别是要避免陷入细枝末节的无谓探微，而是要回归全球一体的教育交流与相互影响的发展本性，从跨国移民和跨国教育史着手，书写人类的整体教育史。在这方面，我国学者针对全球史观和全球化现象提出教育史研究要树立整体教育史观。[④]

---

① 塞巴斯蒂安·康拉德. 2018. 全球史是什么. 杜宪兵译. 北京：中信出版社，i-ii

② 杰弗里·巴勒克拉夫. 1987. 当代史学主要趋势. 杨豫译. 上海：上海译文出版社，158-224

③ 入江昭. 2018. 全球史与跨国史：过去，现在和未来. 邢承吉，滕凯炜译. 杭州：浙江大学出版社，3-46

④ 参见王保星. 2013. 外国教育史研究的"碎片化"与"整合"——再论全球史观的外国教育史学科发展意义. 中国教师，（2）：9-11；胡佳新. 2020. 整体教育史观的"破"与"立"——从"合而不同"走向"和而不同". 宁波大学学报（教育科学版），（3）：72-79

只有把边缘群体,特别是跨国移民和跨国教育实践活动的历史放置在世界教育发展历史中,才能正确认识其地位和价值。美国的教育历史不应该是以白人为中心的,世界的教育历史也不应该是以美国为中心的。当代美国边缘群体教育史研究中的跨国主义带来的是全球化视野下多中心、扁平化、交互性的历史图式,改变了以往单核中心化研究造成的简单还原和线性因果,促进了整体教育史观的形成。"去中心化"的交互与比较视角成为边缘群体教育史研究展现跨国主义的主要方式。

其次,二者都强调流动与联系。跨国主义被用来描述"由移民打造并维护的、共时的、交错纵横的社会关系的过程,这种社会关系是用于联结他们的母国和移居国社会的……并由此建立一种跨越地理、文化和政治领域的社会场域"①。跨国视角与全球整合的进程密不可分。"整合"就意味着重建新的网络联系、社会联系和历史联系。当代美国边缘群体教育史不仅遵循"世界是普遍联系的"这一客观认识规律,更注重探究在社会转型变革期更大范围的结构性、系统性的教育关联。从全球史视角来看,美国移民教育史更应被书写成为一部运用了跨国主义的边缘群体教育史。在跨国主义的影响下,美国边缘群体教育史研究成为打破传统社会关系的对后现代社会现象的一种表达。以移民群体为代表的边缘群体跨国教育活动符合全球史对全球性互动关系的强调和理解。全球史观及跨国主义研究框架也为美国边缘群体教育史研究提供了全面、综合的思维空间、地理空间和理论空间。

最后,二者均具有跨学科性。从学科设置标准看,跨国主义并不构成一个学科门类,它既向多个学科渗透扩展,同时也受到许多学科智慧的滋养,如国际关系、社会学、历史学、地理学、文化人类学等。跨国主义在移民教育史研究中的跨学科运用就好比是针对美国边缘群体教育史进行的跨国研究。跨国主义与边缘群体教育史两大领域都具有跨学科属性。它们不断借鉴其他学科的理论方法,并将其引入历史研究之中,共同承载全球史观所倡导的互动与联结,借助多学科视角看待跨国教育与不同地域或更为复杂的结构网络之间的互动。

① Basch L,Schiller N G,Blanc-Szanton C. 1993. Nations Unbound:Transnational Projects,Postcolonial Predicaments and Deterritorialized Nation-States. London:Routledge,8

三、跨国主义对边缘群体教育的解释功能

迄今为止，大多数跨国研究都侧重于移民活动和移民机构，往往忽略了机构的转变以及这些变化如何与移民的跨国生活发生相互作用。跨国主义在这方面已经迈出了坚实的一步。该理论指出对迁徙人员的考察有助于扩大或强化正在进行的社会变革。在这方面，跨国主义对跨国移民的教育问题更具有解释力。

其一，跨国主义能够洞察教育与跨国活动之间的复杂互动关系。经济、政治、教育和社会文化不仅为个人或集体的跨国行为提供了机会，而且后者也在通过跨国关系使教育发生变革。①历史学家采用跨国框架，展示了可移植的方法、思想和机构在社区内被采用时是如何得到重新解释和阐述的。这一目的的实现离不开教育的参与。有学者对跨国主义在美国移民学生及其家庭生活中的重要性展开了研究，认为美国公立学校的教育工作者和研究人员缺乏对跨国教育和生活方式的理解。作者讨论了全球化背景下影响跨国运动的主要因素，并认为社会学和人类学领域现有的关于移民适应性的研究虽然广泛关注移民过程，但没有与课堂联系起来。在教育研究中，跨国主义被进一步理论化，帮助人们更好地认识那些"被忽视的"跨国学生的世界。②

其二，跨国主义能够揭示在跨国教育实践中边缘群体的不利处境。自20世纪90年代跨国主义的概念进入教育领域开始，"跨国教育"就随着"跨国"一词的语境变迁而被赋予了不同的情感色彩。它有时可以指代某种教育形式的跨文化融合，有时也可以用来谴责肆意践踏地方主权和国家管辖的扩边经济议程。边缘群体教育史的跨国转向出现在全球经济和政治一体化进程中，它提出了超越民族与国家边界的教育治理、文化互动和文明互鉴融合等问题。比如，一个国家的机构向另一个国家的学生提供各级各类教育/学习课程或教育服务项目时，我们对它的历史分析既要关注边缘群体的具体语境，也要超越国家叙事的分析策略，转向离散的民族与国家等级空间秩序，社会和政治行为体的弱化或扩散，以及多元的跨国教育实践运作空间。目前，已有研究开始关注那些既是女权运动者也是教师的跨国者，分析她们是如何利用国际网络创建全球教育项目，促进不同国家的妇

---

① Faist T，Pitkänen P，Gerdes J et al. 2010. Transnationalisation and Institutional Transformations. Bielefeld：COMCAD，169

② Sánchez P，Kasun G S. 2012. Connecting transnationalism to the classroom and to theories of immigrant student adaptation. Berkeley Review of Education，3（1）：71-93

女行使投票权的。①从这个角度看，跨国主义同性别、阶级分层等问题的联系更加紧密。多种理论方法的交叉构成了一个更加强大的解释场域，便于跨国主义在边缘群体教育史研究中一展拳脚，有助于深入探讨诸如跨国教育中的性别化历史等问题。

其三，跨国主义能够解释全球化背景下情感、语言等非物质因素对教育的影响。在全球化不断加深的背景下，日益增多的跨国移民和多元文化与许多国家和地区的政治问题相纠缠。情绪（无论是积极的还是消极的）对人类流动性和新出现的跨国网络或边界都具有不可替代的重要性。人们开始关注跨国主义、移民和情感的纠结对教育者、学生、家长及其社区意味着什么。②跨国主义讨论的流动性揭示了以往被人们所忽略的教育形态和教育过程，它更加关注在跨国教育活动中人和事件的情感关系，这种情感与我们对于种族主义和民族主义问题的语言选择密切相关，且具有重要的教育意义。

第三节　跨国主义在移民教育史研究中的运用

跨国主义在美国边缘群体教育史研究中的运用是当代美国教育史领域开始尝试从全球史观分析问题的重要体现。这类研究主要面向跨国移民的特殊教育经历，打破了美国教育史学界以民族、国家为单位研究教育史的限制，使一度占据主流、根深蒂固的"美国例外论"在跨国主义视角下的移民教育史中再无立足之地。不仅如此，跨国主义在美国边缘群体教育史研究中聚焦跨国教育历史现象和参与主体，主动回应全球化时代美国教育史研究生成的新课题，体现了当前美国教育史研究的多元化趋势。

---

① de Aguileta G L. 2017. Transnationalism，gender and the history of education. Social and Education History，6（3）：346-348

② Zembylas M. 2012. Transnationalism，migration and emotions：Implications for education. Globalisation，Societies and Education，10（2）：1-17

一、跨国迁徙背景下的移民教育史研究案例分析

20 世纪 90 年代以后，国际史学界的"跨国转向"日益凸显，传统教育史研究中对移民这一概念的理解也发生了明显改变。"移民"这个词不再单一指向与原生家庭的关系永久破裂，它还意味着文化身份被连根拔起、往日生活模式被彻底抛弃，以及学习新语言和文化等痛苦经历。现在，网络技术的革新催生了"新的迁徙人口"，借助于信息化大潮，他们能够同时接触移居国和原籍国的文化。跨越国界的生活方式实现了"万国一邦"，这种生活方式将不同的社会编织成一个有机整体。在教育史研究中，跨国者与跨国移民间的经验和意识通过"跨国主义"得到重新解读。边缘群体教育史中的跨国主义更多地反映在上述"浓缩"的学习生活和边缘化体验之中，这些经历便与他们的原籍国和移居国有着千丝万缕的联系。

阿弗拉·赫西（A. Hersi）在对教育与移民关系的研究中采用了跨国主义理论和方法。她使用了一个跨国学生的教育史研究个案进行分析，从中找到影响这名跨国学生学习成绩的主要因素，同时又通过调查这名学生移民前后的学习和家庭生活，向这类跨国学生提供如何适应跨国环境的建议，以及支持移民学生学业和社会成功的实用策略。案例中这位名叫瓦尔卡纳（Warkana）的学生是从埃塞俄比亚来到美国的移民。他就读于一所专门为马萨诸塞州移民学生开设的美国高中。该学生有着典型又特殊的移民和教育经历。美国的移民历史上曾经出现过三次埃塞俄比亚移民浪潮。第一波（1960—1974 年）埃塞俄比亚移民主要由来到美国上大学或工作的精英组成。埃塞俄比亚国内德尔格政权出现后，埃塞俄比亚移民至美国的人数急剧增加。第二波（1975—1991 年）埃塞俄比亚移民潮相对隐蔽，这次移民潮的出现主要是对德尔格政权最终在 1991 年倒台的直接回应。第三波移民浪潮发生在 20 世纪 90 年代中期至 21 世纪初，这些迁徙者因种族暴力和政治动荡逃离埃塞俄比亚，前往美国避难。这一时期由于美国移民政策放宽，这一波移民主要由那些想要实现家人团聚的埃塞俄比亚人组成。20 世纪 90 年代和更早时候作为难民来到美国的埃塞俄比亚人后来纷纷资助他们的家庭成员来到美国。案例研究中的学生瓦尔卡纳到美国的移民之旅就发生在第三波埃塞俄比亚移民潮时期。[①]

---

① Hersi A A. 2012. Transnational immigration and education：A case study of an Ethiopian immigrant high school student. Creative Education，3（1）：149-154

21 世纪的移民具有明显的跨国性。和美国的其他移民一样，埃塞俄比亚移民的亲属大都仍在原籍国生活。由此产生的跨国联系有金融汇款（汇款给亲戚或直接进行商业投资）和美国与埃塞俄比亚之间的跨国旅行。有数据显示，埃塞俄比亚在美国的移民群体向埃塞俄比亚汇款总额超过 4 亿美元，主要来自美国的埃塞俄比亚社区，这些资金成为埃塞俄比亚最大的外汇来源。[①]家庭和亲属关系网络，特别是在身处原籍国的留守儿童和父母，是维系这些跨国联系的重要动力。[②]正如人们在跨国社区经常观察到的那样，跨国移民也会在他们的移居地建立社会网络。埃塞俄比亚移民在美国定居不久，建立了社区发展协会、教堂、商业组织和其他机构。许多这样的组织和机构围绕着肤色分界线设立起来，有些地方甚至会再现埃塞俄比亚本国的一些紧张局势。[③]

二、跨国主义在移民教育史研究中的叙述方式

2000 年以来，大量关于跨国主义的移民教育史研究纷纷出现，尽管并不是所有的研究者都使用"跨国主义"这一标签来描述他们的工作。丽贝卡·罗杰斯（R. Rogers）认为，带有历史视角的教育研究并不一定将"跨国"作为一种方法或方法论看待，它更指向一种观点、视角或倾向。研究者的目的是观察和有意识地使用这种倾向中的概念与分析范畴，并指出它们是如何指引教育史研究结出丰硕成果的。[④]最近有部分移民教育史研究也在强调跨国关系、边缘群体的迁移、交流和相互影响，从而使研究重点聚焦于教育史中新的行动角色和教育空间。

前文阿弗拉·赫西对瓦尔卡纳跨国教育经历的探索借助带有跨国视角的叙述逐步完成。该研究采取了夹叙夹议的形式，以瓦尔卡纳的回忆和口述为主轴。作者介绍了瓦尔卡纳在埃塞俄比亚的原生家庭背景之后，就开始着重描述其跨境入

---

① Getahun S A. 2011. A history of Ethiopia's newest immigrants to the United States：Orphans. Journal des africanistes，81（2）：185-200

② 丘立本. 2005. 国际移民的历史、现状与我国对策研究. 华侨华人历史研究，（1）：1-16

③ Hersi A A. 2012. Transnational immigration and education：A case study of an Ethiopian immigrant high school student. Creative Education，3（1）：149-154

④ 转引自：Vera E R，Fuchs E. 2019. Introduction：The transnational in the history of education. In Fuchs E，Vera E R（Eds.），The Transnational in the History of Education：Concepts and Perspectives. Cham：Palgrave Macmillan，1-47

美之后的教育经历，以及跨国主义所涉及的社会形态。在到美国之前，瓦尔卡纳认为在美国一切都是免费的，所有的东西应有尽有，他被美国人在生活中所享受的自由和富足所吸引。但对瓦尔卡纳来说，最重要的事情是与家人团聚——"我想要的是与家人生活在一起。仅此而已"①。对于像瓦尔卡纳这样的青少年移民来说，随着交往方式的急剧变化，移民经历重塑了他们的生活，也影响了他们所受教育的连续性和适应性。尽管有这些转变和相关压力，瓦尔卡纳的个人移民经历仍然体现了那些帮助他适应陌生环境的具体因素，这些因素也对他的学习经历产生了积极影响。跨国主义在此项研究中既是瓦尔卡纳教育活动的总体背景和行动前提，也隐藏在作者对跨国移民"教育复原力"来源的分析中。

来源一：移民政策及其法律效力。瓦尔卡纳依据当时的美国移民政策获得了移民资质和移民许可，他有机会得到如工作许可证、高中成绩单、上大学的机会和学生资助等，而未登记的移民则无法获得上述支持。跨国主义的特殊性和复杂性在他身上得到了更多体现。

来源二：当地社区。瓦尔卡纳移民后加入的已经是一个稳定的埃塞俄比亚移民社区，因此具备较好的社会支持网络。社会支持网络的显现是跨国主义理论和方法所看重的要素指征，也是跨国主义教育史区别于一般移民教育史的关键点。正是通过这些社会支持网络，瓦尔卡纳的母亲了解到自己的孩子日后就读的是一所为新移民学生设立的高中。瓦尔卡纳个人的移民教育史与关于移民文化适应的研究结论较为一致。

来源三：原生家庭。瓦尔卡纳的跨国教育活动获得了家人的全力支持，这是跨国主义在美国移民教育史领域得到应用时产生的独特叙事。跨国移民的主动性，以及移民教育史的丰富性，都超越了人们对原有"美国"教育史的想象。尽管瓦尔卡纳的母亲在美国生活和工作，但瓦尔卡纳还是通过每周一次的电话、两次回埃塞俄比亚的旅行，以及通过汇款获得了原籍国家庭成员的资金支持。瓦尔卡纳与他的父亲建立了密切的关系。瓦尔卡纳的母亲也鼓励瓦尔卡纳进行移民，向他传递"如果他来美国好好学习，就能考上大学"的积极信息。"我妈妈总是说我想让你来这里上学或是好好学习，做个好学生之类的话"，瓦尔卡纳在回忆

---

① Hersi A A. 2012. Transnational immigration and education: A case study of an Ethiopian immigrant high school student. Creative Education，3（1）：149-154

自己的跨国教育经历时如是说。①

来源四：移居国的教育资源和个体内驱力。瓦尔卡纳在不同教育节点都获得了较为充足的教育资源，进一步增强了自我提升的内在动力。瓦尔卡纳在原籍国完成近十年的教育后来到美国。母亲为他提供了在埃塞俄比亚完成中小学教育所需的费用。他每天在校学习 8—9 个小时，通常是从早上 8 点到下午 5 点，中午在家休息 40 分钟。瓦尔卡纳所在的学校人满为患，资源有限，尽管有多重限制，但他仍在埃塞俄比亚接受了双语教育。那里的官方教学语言是阿姆哈拉语，英语被当作第二语言教授，这为他后来移民美国继续学习打下了语言基础。瓦尔卡纳在移民美国后的高中学校获得了老师的关心和高质量的教育。然而，他本身拥有的教育资源和学习基础使他更容易从埃塞俄比亚的教育体系过渡到美国学校教育制度中。这些资源包括母语素养、数学和基础科学方面的良好准备，以及一些英语学习的经验。除了这些资源，瓦尔卡纳本身也有学习的动力，瓦尔卡纳的跨国教育经历是积极和顺利的。②

该案例对于跨国主义在移民教育史研究中的呈现展现了当代美国边缘群体教育史对跨国主义的一种运用模式，它与跨国史和跨国教育史中已有的系统化理论方法既存在联系也有所区别。近些年，跨国教育史的理论方法主要包括以下三种：①世界体系理论；②世界文化理论；③世界社会理论。世界体系理论是一种历史扎根理论，将全球经济影响下的跨国流动视为一个系统，国家之间由于经济依赖彼此联结，经济力量在该理论中发挥着显著作用，它会通过商业航运、军队、全球贸易和市场扩张呈现跨越国境边界的现象。有许多著作论述了政府机构或传教士在帝国主义时代向外输出现代学校教育模式的过程。世界体系理论在方法应用上较为注重跨国性的经济关系，以及由此产生的财富和贫穷、发达国家和贫困国家、教育供给方和教育消费方等。这种理论方法影响了边缘群体教育史兴起之初对于"中心-边缘"的理论认识。该框架对经济依赖理论的形成具有重要意义，也间接影响了一些教育史教材的编写。但在该模式中，以跨国移民为代表的边缘群体身份并没有居于研究的中心位置，教育史人物的跨国行为更多是受到了跨国网络的影响。所有这些研究都为理解跨国移民产生的教育上的国际联系提

① Hersi A A. 2012. Transnational immigration and education：A case study of an Ethiopian immigrant high school student. Creative Education，3（1）：149-154

② Hersi A A. 2012. Transnational immigration and education：A case study of an Ethiopian immigrant high school student. Creative Education，3（1）：149-154

供了新的视野，而这种国际联系在塑造国家教育体系方面也具有特殊价值。在过去几十年中，出现了一系列研究成果，强调纯粹以国家分析框架为中心的研究方法难以完全解释不同国家的教育政策发展面临的困境。[①]

世界文化理论实际上是旧的国际秩序的产物，也是欧美中心主义历史观的变种。在这样一种宏观社会学和文化主义理论背景下，它假设存在一种基于西方社会起源的普遍主义、进步主义、理性主义和世界公民。该理论将世界各地大众教育体系的起源与民族和国家模式的传播联系起来，并将这种联系作为教育公民的需要，依此逻辑便可以解释大多数国家的教育结构、机构和话语中呈现的同构现象。这种理论模式与跨国主义的精神实质背道而驰，跨国主义在当代美国移民教育史中并没有追求对全球化或世界文化传播的讴歌礼赞，而是伴随着对现代性的种族中心主义批判。以往带有既定的"普遍性"的教育模式和文化传播无法解释跨国互动历史中被扭曲的、模糊的和被剥夺代表性的概念与类别。因此，跨国主义在移民教育史中理应摒弃世界文化理论模式，致力于突破所谓的"先进社会"与"落后社会"之间的文化转移模式，更多关注边缘群体的文化生存策略，敢于怀疑教育方面规范和价值的普遍有效性，并把解构过去政治和历史论述中那些根深蒂固的规范与价值作为主要议题。与此同时，跨国主义在美国边缘群体教育史中的运用也并不意味着民族和国家的概念一无是处或完全丧失了对当代教育政策和跨国教育历程的解释能力，重要的是研究者如何在人类教育历史的书写中重新调整以民族和国家为单位的叙事模式。

世界社会理论更多是将社会看成一个无所不包的世界系统。在这个系统中，国家、机构、社区等要素是更小的系统。在跨越国界的复杂交流过程中，教育史是其中一个具体的功能子系统。围绕这些系统，每一部分都有能力根据自己的历史、传统和价值体系来延续与变革，系统内部发展不充分将会导致行动者诉诸外部，再将这些外部因素引进至系统内部的子系统与之进行融合。这种结构功能理论模式与跨国主义所提倡的社会网络关系有着异曲同工之处。但是，具体到跨国主义在当代美国边缘群体教育史中的运用，跨国主义所指向的网络方法更注重网络参与者，特别是个人、组织与机构之间的多维关联，以此为基础研究这些历史行为对社会变化过程的影响。行动者网络方法和社会网络分析法是跨国主义网络

[①] Fuchs E. 2014. History of education beyond the nation? Trends in historical and educational scholarship. In Bagchi B，Fuchs E，Rousmaniere K（Eds.），Connecting Histories of Education：Transnational and Cross-Cultural Exchanges in（Post-）Colonial Education. New York：Berghahn Books，11-26

概念的具体操作方法，目前已被用于研究教育中的跨国现象。这两种类型的网络分析方法与倾向于身份政治的种族批判理论和交叠性不同，它们都拒绝单纯基于行动者的身份类别属性进行历史解释，如阶级、阶级意识、政治归属、宗教信仰、种族背景或性别等。相反，它们更愿意从边缘群体之间建立的关系模式中构建解释，这种关系模式在一定程度上独立于行动者的意志、信仰和价值观。从这一点看，跨国主义在理解社会变化、信息流动以及教育创新和模式的传播方面更具优势，拓展了基于身份的边缘群体教育史研究路径。

三、跨国主义在移民教育史研究中的解释功能

如果说所有现代史都是跨国史，那么"纠缠态"的历史似乎比"共享"的历史更能阐释跨国主义所论述的当代美国跨国移民的教育经历。跨国主义所研究的这种"缠绕"在美国移民教育史研究中主要表现为跨越国家边界的、多向的教育资源和人员的流动，并通过不同的叙事方式来反思和表达跨国移民所处的错综复杂的空间关系。一些研究在阐释看似同源的教育形式时，正以"跨国""跨国移民"为载体，跨越时空，走向多元；一些研究在说明有关跨国移民教育的趋同性叙述，亦即散落在不同时空的某种教育历史现象，其本质非常相似，或随着时间的推移而变得相似；还有一些研究则采用系统性叙事，试图揭示社会和历史结构在教育过程中的相互作用与相互影响。总之，"纠缠态"的跨国主义教育史叙事着重研究教育上的跨国行动者（边缘群体）对全球化和国界消解的持续影响，力图勾勒出以往存在但被忽视了的"人类关联性"。在阿弗拉·赫西的这项跨学科研究中，教育经历和教育史研究蕴含的跨国主义是其呈现的重点。

美国宾夕法尼亚大学日裔学者东荣一郎（E. Azuma）在他的"日-美"跨国移民教育史研究中通过跨国主义视角将这种"纠缠态"的历史展现得淋漓尽致。东荣一郎在其发表的《太平洋时代已经到来：1932—1941 年日裔美国人的跨国教育》("The pacific era has arrived"：Transnational education among Japanese Americans，1932-1941）一文中回顾了"珍珠港事件"爆发之前的十年间成千上万在美国出生的日裔美国人选择从美国返回日本，接受日本教育的特殊历程。这些在美国出生的第二代日裔美国人的跨国教育经历使得以往以美国为中心的移民和种族历史范式复杂化。从跨国主义理论方法视角出发，研究者拒绝将这些跨国移民的教育历

史纳入传统的线性、可预测的概念分析中，而是全面而深刻地描绘这些被当作工具性"桥梁"的二代移民在第二次世界大战前的美国所受到的强烈反日情绪的影响，以及在回到母国后学习上的困难与不适。对于这些人的父母而言，将孩子送回祖国，能够使其得以逃离美国严酷的社会现实；对于日本政府而言，将这些人纳入日本的正式教育会成为日本日后的一项长期战略性政治投资；对于美国政府而言，这些人的公民身份和种族属性将随着国际国内局势的变化而变动不居，甚至成为对外博弈的砝码。正如作者所言："尽管这些在表面上看起来并没有多大差别，但跨国教育在这方面其实是一个复杂元素的集合体，它由不同的利益、相互竞争的愿景和相互冲突的期望组成。"[1]通过作者所提供的跨国主义棱镜，公民身份、民族主义、种族、殖民主义和国家忠诚等以往为人所熟识的概念都有了新的意蕴。这场在特殊历史时期上演的移民输出和教育输入，以反向逆流之姿再次提醒世人莫忘历史之复杂，也莫忘仔细打量历史舞台的边缘角落。

我们由前述案例可以看到，跨国主义在移民教育史的运用中具有以下几种功能和特点。

第一，跨国主义在跨国教育活动方面构建了更为复杂的历史想象。就像案例所展现的那样，瓦尔卡纳的跨国教育并不是主人公"逃难"美国后要面临各种文化冲击和教育困境之类的传统历史想象，相反，作者更想通过跨国主义视角，向读者传达非裔群体移民美国后的教育"适应力"，这是该研究的亮点和理论关注点。尽管大部分非洲青年移民确实都经历了与移民活动相关的压力和风险，但很少有人关注他们的适应力，而这一点也是跨国主义研究者在教育史中不可忽视的研究切入点。跨国移民教育适应力产生的背景、条件、基础和最终效果都与跨国教育经历紧密相关。研究者不仅要考察研究对象在两国之间的学习差异和相互影响，也要关注跨国移民产生前后的家庭因素、学校因素、教师因素和朋友因素等社交网络问题。

第二，跨国主义理论和方法为理解跨国边缘个体教育史案例提供了宏观背景和必要前提。在上述案例中，在使用跨国主义过程中，作者尤其注重分析其中的社会生态和学习网络，始终运用跨国主义视角对这一边缘个体的教育经历进行描述和解读。跨国主义理论和方法不是要掩盖形成瓦尔卡纳学习复原力和适应力的复杂因素，而是要为理解具体教育问题提供更加完整的场域。就该研究而言，

---

[1]   Azuma E. 2003. "The Pacific era has arrived": Transnational education among Japanese Americans, 1932-1941. History of Education Quarterly, 43（1）：39-73

"适应力"被理解为青年人在逆境和压力下，身体、心理和精神上苗壮成长的能力。学业成绩则是这种复原力和适应力的直观表现，它由许多因素决定，包括平均绩点、教师推荐、高中毕业和大学录取。作者通过探讨瓦尔卡纳的移民经历，对埃塞俄比亚的经济与教育发展状况，以及埃塞俄比亚人移民美国的历史进行了简要概述。该研究回顾了瓦尔卡纳移民前后的经历，特别关注了他的学校和家庭背景，以此达到最终的研究目的。这有助于了解影响跨国移民学生学习适应力的因素，并确定一系列实用的支持策略。可见，跨国主义观照的历史因素和教育现实问题之间的互动更加全面。

第三，跨国主义成为构建边缘群体教育独特叙事的有效工具。跨国主义最大的特点就是超越了地理空间上的边界和区隔，将整个世界历史看作共时性和历时性的统一体。从方法论角度看，运用跨国主义的当代美国边缘群体教育史研究者需要收集多国（地）一手资料，对多个国家的人民生活进行参与式观察，并充分掌握相关历史文化和文献资料。研究者的身份意识和文化敏感性更加突出，对"自反性"原则的贯彻就会更加自觉。[1]在该案例中，作者同样选用了多国资料，包括对受访者的口述材料进行深入挖掘，从而呈现出有违人们常规历史想象的跨国移民的教育经历和情感体验。从不同的角度反映其中的教育、移民、种族和政策等问题，是美国边缘群体教育史研究者打破已有模式，从写单一的历史故事向写差异化的复杂故事转变做出的尝试。

当前，跨国主义在跨国教育史研究中的运用较为纯熟，英国、爱尔兰、西班牙、南非、中国、日本等国家和地区的学者都在教育史研究中尝试运用跨国主义理论与方法。[2]跨国教育史研究理论化程度较高，这主要是因为跨国教育史研究与教育研究领域比较接近。这也意味着跨国教育史研究有效地借鉴、使用了学科外的理论方法，这些理论方法大都产生于社会科学中，如社会学、政治理论和文化研究，跨国教育史和全球教育史领域的研究者通常从这些有利的角度进行反思。相对而言，跨国主义面向边缘群体教育史的理论化水平仍然有待提升，特别

---

① 丁月牙. 2012. 论跨国主义及其理论贡献. 民族研究，（3）：1-12，107

② 相关研究成果可参见 Raftery D，Clarke M. 2018. Transnationalism，Gender and the History of Education. New York：Routledge；Fuchs E，Vera E R. 2019. The Transnational in the History of Education：Concepts and Perspectives. Cham：Palgrave Macmillan；梁茂信，任慈. 2023. "交流"之外：当代美国吸引国际留学生的多重用意与问题. 史学月刊，（9）：83-100；García O J M，González-Delgado M. 2020. Introduction to the special issue：History of education，international relations and transnational perspectives：State of the art. International Organizations，Global Circulation of Ideas and Educational Modernization，21：1-22

是在形成理论方法体系方面实乃当务之急。除了从"边缘群体"角度出发进行跨国教育历史研究，其研究还涉及以下两条线索：一是利用跨国主义对教育领域的殖民问题展开研究，这些成果主要来自拥有盎格鲁–撒克逊教育文化体系的国家，强调了殖民地国家教育体系建设中的跨国主义；二是利用跨国主义阐释教育国际化进程的研究。我们由此能够从更广阔的历史层面看到教育教学的主动或非主动的传播交流如何建立起个人和机构等层面的多重关系，如何帮助教育科学在近代成为一个学科和专业领域。这同样可以用来解释今天的国际学会组织、国际会议、期刊或电子出版物等国际学术网络是如何影响不同地域的教育研究的。往更大的方向说，跨国主义也不失为研究全球教育现代化进程的一个值得尝试的切入点。

本 章 小 结

在当今全球化和逆全球化博弈争锋的态势下，跨国主义既表现为一种全球性的社会现象，也演变为一种社会趋势。学者在对这一现象进行理论归纳与解释的过程中，形成了跨国主义的研究理论和方法。从美国研究这一领域的跨国转向开始，跨国主义社会学、跨国主义文学、跨国主义政治学等研究领域渐次兴起。跨国主义自 20 世纪 90 年代以来进入美国边缘群体教育史研究者的视野，主要为分析跨国移民的教育经历服务。它强调打破从劳伦斯·克雷明时代遵从的民族和国家分析框架，以全球流动视野考察跨国移民的教育社会活动和独特教育体验。跨国主义关注历史上由教育技术发展、教育政策转变、移民问题凸显、跨国企业和跨国资本扩张等内外原因引起的跨国移民教育问题。关注教育资源的跨国流动，以及分析复杂多样的环境变化给受教育者带来的情绪、情感和心态的冲击，是这一理论方法向美国边缘群体教育史投射的人文关怀。美国边缘群体教育研究对跨国主义的运用主要具有以下三个特征。

第一，凸显了当代美国教育史研究中的全球史观。在全球视角和跨国转向的影响下，以跨国移民教育经历为焦点的边缘群体教育史研究呈现出"去国家化"

"去美国中心化""去美国例外论"的特点。跨国主义为美国教育史增添了新的理解维度，使学者更加关注与全球性的网络化社会流动相适应的历史现象。

第二，打破了对跨国移民教育经历和其他跨国教育活动的单向思考。本章的案例分析说明了跨国主义视野下的移民教育不仅包含多种社会网络节点之间的联系，也颠覆了移民在迁徙国只能被动"承受"或"应对"各种不利局面的教育历史想象。另外，各种层面的教育支持也在跨国过程中强化了边缘群体的教育"适应力"。边缘群体的教育主动性在跨国主义理论框架中得以呈现。

第三，联结了其他跨学科理论方法。跨国主义既是跨学科研究的产物，其本身又具有跨学科的属性。它在边缘群体教育史研究中与其他理论方法形成新的交叉，以探讨不平等问题在跨国空间中的表现形式，比如，数字人文与跨国主义的交叉将会成为一个极具研究潜力的议题。在数字时代，跨国空间包括有形和虚拟两种形态。那些无法获得数字化跨国空间和跨国自主权力支配的人将可能沦为新的边缘群体，一种形态下的多数派有可能成为另一种形态下的少数派。跨国主义与其他理论方法的结合将会进一步拓展边缘群体教育史研究的边界。

第三章

美国边缘群体教育史研究中的种族批判理论

　　我们的社会世界及其规则、惯例以及威望和权力的分配并不是固定的。

　　相反，我们用它来构建文字、故事和沉默。

　　但我们不必默许不公平和片面的安排。通过撰写和反对那样的言论，我们可以为一个更美好、更公平的世界做出贡献。

——节选自《种族批判理论：前沿》①

---

① Delgado R，Stefancic J. 2013. Critical Race Theory：The Cutting Edge. Philadelphia：Temple University Press，3

种族批判理论在国内也被译为"批判种族理论"或"批判性种族理论"。该理论主要聚焦种族、种族关系、种族主义等内容，既是一场智识运动，又是一种理论分析框架。种族批判理论的形成旨在纠正长久以来人们对种族问题的错误认识。种族不是人类生物学特征固有的属性，而是一种社会建构（文化创造）的类别。[1]尽管种族批判理论与美国传统种族研究涵盖的主题多有交叉，但种族批判理论仍以广阔的理论视野见长，其理论和方法的应用已经延伸至经济、历史、生态环境、情感研究等诸多方面。不仅如此，种族批判理论还刷新了研究者对美国族裔问题的诸多认识，挑战了很多习以为常的观点。[2]它独特的理论形态和见解主张为当代美国边缘群体教育史研究提供了新的理论支持。

---

① The Editors of Encyclopaedia Britannica. 2021-04-02，2021-04-09. Critical race theory：Social science. https://www.britannica.com/topic/critical-race-theory

② 伍斌. 2015. 种族批判理论的起源、内涵与局限. 民族研究，（3）：107-119，126

第一节 种族批判理论的源流与价值追寻

对于美国社会而言，民主与平等是一个远没有结束的历史过程。边缘群体的教育经历对此进行了重要的背书与说明。"种族主义"被戏称为根深蒂固的美国风景。白人对此视而不见、习以为常；而对于有色人种来说，他们每天仍要面对不同形式的种族主义，却无能为力。种族批判理论形成于这样的历史和现实之中，提供了一个基于法律的、历史化的理论分析框架，激发人们用新的视角和策略抵抗种族主义，维护社会正义与公平。种族批判理论以种族理论和批判理论为基础，坚持批判种族的社会建构和系统性歧视，揭露那些将处于不利地位的群体逐步边缘化的社会进程。

一、种族批判理论的来源与思想基础

翻开美国历史，白人至上主义始终或明或暗地穿梭于字里行间。一些非裔美国人和其他有色人种长期在政治、经济等方面处于从属地位，种族主义在学术界并没有得到充分解释，反种族主义的学术立场并非先天占有道义制高点。直到20世纪50年代民权运动兴起，黑人运动、奇卡诺运动纷至沓来，少数族裔、有色人种的政治权利诉求和社会平等地位才开始得到关注。植根于非裔美国人、拉丁美洲人和土著美国人的批判性社会思想找到了成长的契机和动力，人们认为有必要超越以往的理论视角，将有关种族和种族主义问题的讨论从学术边缘转移到前沿领域。[1]20世纪60年代，美国民权时代令人兴奋的进步出现迟滞，在许多方面甚至还出现了倒退的迹象。以往进行种族斗争的方式效力日减，诸如游行、创造新的诉讼策略、在新闻媒体上撰文呼吁之类的做法收效甚微。社会各界对美国种族改革的缓慢步伐深感忧虑。

---

[1] Tate Ⅳ W F. 1997. Critical race theory and education: History, theory and implications. Review of Research in Education, 22（1）：195-247

　　20 世纪 70 年代中期，全美各地许多律师、活动家和法律学者同时意识到需要新的理论和策略来打击正在流行的更微妙的种族主义。早期学者如德里克·贝尔（D. Bell）①、艾伦·弗里曼（A. Freeman）和理查德·德尔加多（R. Delgado）等均将他们的注意力放在了这项任务上，很快就有许多志同道合者加入其中，成为种族批判理论的早期研究群体。1989 年夏天，这一研究群体在威斯康星州麦迪逊的一家修道院举行了第一次会议。关于"种族批判理论"这一术语的界定，也在这次会议上达成共识。来自不同学科的学者、学生和活动家参加了随后的多次会议。在这些会议中，有些还是不公开的工作会议，它们均将种族问题视为中心议题，并努力澄清核心概念。带有批判性的种族理论在这些会议上得到讨论，种族批判理论拥有了第一批志趣相投的实践者。

　　在这次麦迪逊会议后，种族批判理论的实践者决定成立一个松散的组织。该组织每年举办研讨会，偶尔举行公开会议，并就种族政治和分析的重要问题交流意见，努力在一定程度上达成一致。此后，数百名美国法律学者和社会科学家开始接触种族批判理论，并将自己称为"批判种族理论家"，许多教育工作者也因此开始从批判的角度教授种族和民权课程。②

　　从理论推进过程来看，种族批判理论的产生深受当时的批判法学运动（critical legal studies，CLS）③和激进女性主义思潮的影响。批判法学运动是 20 世纪 70 年代以来在美国法学界率先兴起的一股批判美国自由主义法律传统的思潮，旨在挑战美国黑人、妇女在美国法律体系中遭受的歧视和不平等。④该领域的学者声称，由于民权运动的成果，民事司法采取了"肤色色盲"的自由主义方法，因此"有色人种"受到的待遇很不公平。由于过度强调用社会阶级来解释不平等，法律和其他公民机构没有认识到社会根深蒂固的种族主义暗流。法律层面

---

　　① 德里克·贝尔的全名为"小德里克·阿尔伯特·贝尔"，是美国的当代著名黑人律师、民权活动家，被誉为"种族批判理论之父"。德里克·贝尔撰文强调布朗案对黑人的平等问题解决得并不彻底，因而采用更宽阔的视野论述了种族主义带来的法律困境。德里克·贝尔生前曾在纽约大学任教，并且梳理了很多典型的法律案例，以此说明美国历史上的这些判例看似自由，却使种族主义逐渐合法化。

　　② Onwuachi-Willig A. 2009. Celebrating critical race theory at 20. Iowa Law Review，94（5）：1497-1504

　　③ 批判法学运动在中国学界也被译为"批判法学"或"批判法律研究运动"。参见唐丰鹤. 2015. 政治性的司法？——批判法学司法思想研究. 中南大学学报（社会科学版），（2）：53-59；黄伟文. 2014. 客观价值、自由与宽容：超越批判法学与自由主义之争. 法哲学与法社会学论丛，19：63-92，304；朱景文. 1995. 对西方法律传统的挑战——评美国批判法律研究运动. 中国法学，（4）：114-119

　　④ 朱景文. 1995. 对西方法律传统的挑战——评美国批判法律研究运动. 中国法学，（4）：114-119

对"种族"问题的恶意忽视，导致美国社会主流群体否认社会阶级的存在，边缘群体在伸张教育平等权利时也就缺乏重要的法理依据。换言之，这意味着整个美国法律体系缺乏平等对待"有色人种"的根基，对于美国社会体系中的结构性种族主义缺乏充分的认识。

因此，种族批判理论开始在分析方法层面注意将结构性种族主义和结构性阶级主义进行并置。[1]种族批判理论借用了批判法学运动中关于法律不确定性的概念——不是每个法律案件都有一个正确的结果。相反，任何案件都有可能通过强调一条线对另一条线的权威，或者以不同于对手的方式来解释一个事实——这就包含了对机械进步史观的批判。比如，我们以在种族批判理论框架内经常被讨论的布朗案来说，其判决后的效果往往会随着时间的推移而恶化，其实际影响也会因下级法院狭隘的解释和行政拖延而减弱。[2]布朗案是美国边缘群体教育史上具有里程碑意义的事件，种族批判理论与之具有重叠的关注点。可以说，这在某种程度上不但显示出种族批判理论在当代美国边缘群体教育史研究领域运用具有可能性，也更有针对性地打通了这种理论方法向少数族裔教育史研究迁移的路径。

此外，种族批判理论还建立在女性主义对权力和社会角色构建关系洞察的基础上。它主要瞄准种族和种族主义在美国社会中根深蒂固的表现形式，对构成父权制和其他统治类型的无形的惯常结构进行拆解，重视纠正历史形成的错误，是具有历史思维的批判性理论。种族批判理论继承了美国民权运动中的激进传统。民权运动标杆性人物的思想和倡导也成为种族批判理论燃烧的火源，索杰纳·特鲁斯（S. Truth）、弗雷德里克·道格拉斯（F. Douglass）、威廉·爱德华·伯格哈特·杜波依斯（W. E. B. Du Bois）、马丁·路德·金（M. L. King）、罗莎·帕克斯（R. Parks）等的倡导为该理论的成长不断助燃。[3]

---

① Ladson-Billings G. 1998. Just what is critical race theory and what's it doing in a nice field like education?. International Journal of Qualitative Studies in Education，11（1）：7-24

② Harris A. 2001. Foreword. In Delgado R，Stefancic J（Eds.），Critical Race Theory：An Introduction. New York：NYU Press，xvii-xxii

③ 此处列举的索杰纳·特鲁斯、弗雷德里克·道格拉斯、威廉·爱德华·伯格哈特·杜波依斯、马丁·路德·金和罗莎·帕克斯等是美国 19 世纪废奴运动、泛非运动和 20 世纪民权运动的旗帜性人物。他们从批判奴隶制度到为有色人种争取普遍的公民权利而斗争。他们的理论主张为美国的种族主义批判、女性主义和黑人问题研究提供了宝贵的思想养分。

二、从批判法学研究向边缘群体教育史领域的迁移

虽然批判法学运动不断提醒人们注意"种族"的中心地位及其在司法系统中发挥的作用，遗憾的是，批判法学运动本身只是停留在批评主流法律意识形态将美国社会描绘成精英统治层面，并没有将种族主义纳入其批评范围。其中一种批评意见认为，批判法学研究没有认识到被压迫群体的生活经验和历史。[①]这场挑战自由主义的法律运动将与己相关的有色人种边缘化了。参与其中的少数族裔学者感到无比沮丧和不满。于是，种族批判理论成了法律学者中的有色人群对不彻底的种族批判的回应的"传声筒"，促进了种族批判理论的发展。人们更深切地体会到只有拥有为边缘群体发声的理论武器，才能够真正改变种族、种族主义和权利之间的关系。

从此之后，种族批判理论在法学领域逐渐形成一种聚焦种族和种族主义问题的研究视角。美国的教育学领域也随之发起对种族问题和种族主义的批评，教育领域的研究者把种族批判理论作为一种认识论和方法论工具，用以批判性地审视教育机会、学校氛围、教育的代表性等问题，尤其重视分析从幼儿园到大学的教育通道（K-20）中边缘群体的教育经历。[②]这就为种族批判理论向美国边缘群体教育史研究领域的迁移打下了良好基础。

在应用种族批判理论的教育研究中，中小学领域和高等教育领域是泾渭分明的两大分支，二者涉及的主题各有不同。在中小学领域，研究一般集中在课程和教育学原理、教学法、学校教育以及教育政策与社区参与等主题；在高等教育领域，研究则围绕选择性招生政策、校园种族文化等主题展开。总体来看，种族批判理论在教育研究中的运用既涉及教育学原理等理论基础，也直接作用于教育政策和教师领导力等教育实践，主要功能就是揭示种族与种族主义是如何深植在美国整个学校教育体系中的。

显然，不同领域的学者以"种族"为透镜观察问题的同时，"种族"的使用

---

① 多里安·麦考伊，德克·罗德里克斯. 2017. 种族批判理论导论. 陈后亮译. 国外理论动态，（8）：32-38

② Ledesma M C，Calderón D. 2015. Critical race theory in education：A review of past literature and a look to the future. Qualitative Inquiry，21（3）：206-222

已经被提升为一种理论建构。[①]作为一种更全面地将"种族"理论化的研究手段，种族批判理论对美国边缘群体教育史研究具有很大的吸引力。特别是它在美国教育领域中的广泛应用——尽管其中也不乏对种族批判理论的批评——已经无法阻挡它向美国教育史进军的脚步。就像在美国教育领域开启种族批判理论运用先河的格洛丽亚·拉德森-比林斯（G. Ladson-Billings）指出的那样，尽管我们承认性别和阶级在解决教育问题中的重要性，但考虑到种族在美国的意义，美国教育本质上仍是"种族化"的教育。被种族批判理论所吸引的学者专注于叙事，忽略了这些故事的中心思想。因此，格洛丽亚·拉德森-比林斯强烈要求在运用种族批判理论时，要把故事"放在更强有力的背景中"，这样的讲述才会更加丰富、细致。[②]显然，要想理解当前美国教育体系中的种族主义，引入历史视角进行深入分析是恰如其分的。从西方马克思主义角度来看，美国历史上边缘群体的种族化从来不是根据"多数群体"的需要发生的，而是根据少数白人资本家及其政治家支持者的需要发生的。[③]同样，种族批判理论一旦应用在美国边缘群体教育史研究中，便能够准确反映那些在历史上代表性不足的群体是如何通过教育"被种族化"的。这样教育中的种族主义和社会公正等问题也就得到了抽丝剥茧式的说明。

20世纪80年代以来，种族批判理论逐步发展成为一个具有社会影响力的运动，参与者既有专属领域的研究人员，也有跨学科的合作研究者。随着研究的不断深入，种族批判理论也受到来自领域外的研究者的质疑和批判。相关学者并没有着急对此做出辩解或评断，而是保持耐心给予它足够的空间来恣意成长。随后，种族批判理论逐步成为一种常见的研究美国种族不公正现象的理论工具。当前，种族批判理论已扩展形成多个分支领域，其中包括新兴的亚裔美国法学分支、强有力的拉丁裔批判研究分支以及活跃的酷儿理论批判研究分支等。[④]这些

---

① Darder A，Torres R D. 2004. After Race：Racism after Multi-Culturalism. New York：New York University Press，99

② Ladson-Billings G. 2005. The evolving role of critical race theory in educational scholarship. Race Ethnicity and Education，8（1）：115-119

③ Cole M. 2017. Critical Race Theory and Education：A Marxist Response. New York：Palgrave Macmillan，21

④ 种族批判理论衍生出的这些分支领域，将各类边缘群体的生活状态和生活经验纳入研究范畴，尤其关注边缘群体的语言、性别、跨民族性及公民性等权利被侵犯等问题。这些理论具有种族批判性，虽然侧重点不同，但普遍认为美国法律体系束缚并控制了边缘群体伸张自身权利，加剧了种族的社会建构。其中，酷儿理论批判研究面向所有性少数群体，更是在20世纪90年代后成为一种颠覆两性模式，挑战男权和异性恋霸权的理论武器。国内学界对此类理论尚缺乏深入探究，目前取得的研究成果相对较少。

领域的专家学者继续在种族批判理论的大营中保持良好的交流与合作。与此同时，每个分支领域的研究重点各有侧重，也都获得了与自身的研究兴趣联系更加紧密的学术成果。

三、种族批判理论的教育立场和历史倾向

威廉·爱德华·伯格哈特·杜波依斯在《黑人的灵魂》（The Souls of Black Folk）一书中预言般地指出："20 世纪的问题是肤色界限的问题。"①尽管他提出了"双重意识"这一重要社会心理学概念，亦即两个相互冲突的自我"在一个黑暗的身体里"，但在 20 世纪的大部分时间里，美国学术界对肤色界限（color line）问题的认识仍然很肤浅。这在很大程度上是缺乏对种族不公正的有效分析造成的。这不仅是一个棘手的学术问题，更是一个复杂的社会问题。这个问题深刻影响着美国人的身份建构、日常实践和社会文化，成为美国社会基础的一部分。种族批判理论的出现正是对"肤色界限问题"的批判性回应。该理论首先出现在法律研究领域，随后很快活跃于教育学和历史学等领域。种族批判理论所到之处不仅提供了明确的教育理论立场，也提出了实践取向的研究要求。

首先，种族批判理论强调审视历史背景下的种族问题，从而挑战"白人性"（whiteness）②的历史建构。种族批判理论特别强调有色人种的经验知识，质疑且推翻了用"精英统治""中立"作为群体利益之代表的普遍假设。2016 年 11 月，《纽约时报》刊登了一篇名为《2016 年动荡之后：白人身份的危机》（Behind 2016's turmoil, a crisis of white identity）的文章。文章将"白人性"与"一个外表、传统、宗教乃至食物都合乎默认规范的人群"直接挂钩，并且毫不隐讳地指出这种特权属于长期以来有权被称作"我们"而不是"他们"的一类人。③可见，"白人性"是种族话语体系的"帮凶"之一，代表着一种基于肤色的社会建

---

① Du Bois W E B. 2007. The Souls of Black Folk. New York: Oxford University Press，3
② "白人性"一词最初指代肤色较浅的人，如今更多是指那些历史上遗留的由浅色皮肤带来的肤色特权。"白人性"是指以白人的习俗、文化和信仰支撑为主流的社会文化和社会运作机制，以及由此带来的白人特权。近些年，美国学界对"白人性"的探讨日益扩展，白人的历史、白人身份的认定、白人与其他种族的关系，以及历史上对白人性的认知等问题都被纳入其中。
③ Taub A. 2016-11-01，2020-10-01. Behind 2016's turmoil，a crisis of white identity. https://www.nytimes.com/2016/11/02/world/americas/brexit-donald-trump-whites.html

构的身份，并据此建立起一系列配套的假说、信仰和实践，而这些假设、信仰和实践又进一步将白人的利益和观点置于历史与日常生活的中心。种族批判理论对白人性的学术批判不是对白人本身的攻击，而是希望打破白人身份、规范和利益之间所形成的历史性结构链条，消除"风助火势、火借风威"式的建构性力量。虽然白人也有可能在解构白人的历史过程中发挥积极作用，但这种"种族反叛者"相对较少。这项长期且艰巨的历史性任务只能由站在边缘群体立场的理论方法来完成。

其次，种族批判理论重新审视教育研究历史中对少数族裔的刻板印象。长久以来，在美国国内教育研究中，占主导地位的关于有色人种的理论和学说，以及对边缘群体在美国教育体系中的表现问题所进行的研究，都是以政治、科学或宗教伦理为前提，而这些理论依赖于种族特征和对有色人种的刻板印象。[1]日积月累，教育领域中对非裔美国人和其他边缘群体师生的刻板印象也逐渐被理论化，参与了对主流意识形态和相关政治行动的支持。

历史上的这类教育研究成果主要由三种研究范式生成：①"自卑"范式。该范式建立在"有色人种在生物学和遗传学上都不如白种人"的假说之上。②"文化剥夺"范式。该范式将白人和其他种族/族裔群体成员之间的显著差异归因于假定的文化缺陷。③"文化差异"范式。该范式深受多元文化主义的影响，贡献了将有色人种的教育生活视为不同于中产阶级白人文化而不是"异常"的概念和理论。[2]这无疑是美国历史上以种族身份区分人种优劣、划分社会等级的学术分身。

种族批判理论从以下几个方面挑战了这些范式背后的逻辑谬误，揭示了许多被刻意隐瞒的教育现实：其一，种族批判理论通过质疑由美国白人中产阶级（通常是男性）群体构建的教育评价标准，挑战暗藏其中的话语霸权；其二，种族批判理论否认存在普遍适用的、以白人标准为标准的衡量群体差异的教育工具；其三，需要以种族为中心，深入寻找教育潜在差异的历史成因；其四，少数族裔的文化并不是铁板一块，种族/文化差异并不是一个需要被克服的历史问题。种族批判理论甚至对教育中的多元文化主义进行了批判，因为在其看来，美国校园中依

---

① Tate Ⅳ W F. 1997. Critical race theory and education：History，theory and implications. Review of Research in Education，22（1）：195-247

② Carter R T，Goodwin A L. 1994. Chapter 7：Racial identity and education. Review of Research in Education，20（1）：291-336

此制定的多元文化教育项目总是将学校变革的负担放在那些被认为存在文化差异的群体身上，文化差异被设定为异于主流文化成员的，属于"他者"的文化品质。①

最后，种族批判理论试图超越"黑-白"二分法，使对种族主义的深刻理解覆盖教育中的各类边缘群体。尽管种族批判理论仍然忠实于最初的价值追求，始终把种族的社会结构视为美国有色人种被秩序化和边缘化的核心方式，但它开始努力突破"黑-白"二分法的框定，逐渐摆脱庸俗的种族本质主义，将理论之伞伸向其他受压迫少数族裔的种族化教育，对拉丁美洲人、亚洲人等遭受的日常教育"微压迫"也有所观照。近年来，它与批判教育学渐成合流之势，在黑人教育领域之外迅速发展出其他分支，如拉丁裔批判研究、部落种族批判研究和种族批判女性主义等。②种族批判理论既关注教育历史，也关注教育现实；既强调教育理论研究的历史背景，也注重纠正历史偏见和历史问题。总体上看，种族批判理论正朝着重塑边缘群体种族理论话语体系的目标而努力。

第二节　种族批判理论的历史批判性思维

种族批判理论始终围绕着美国历史上和现实社会中处于边缘地位的有色人种发展。它将人们的注意力引向使边缘群体处于社会压制或不利处境的历史性因素和结构性安排。普利西拉·奥森（P. Ocen）③认为，种族批判理论最终要求建立一个平等、公正、包容的社会。为了实现这一目标，必须首先指出实现包容性社

---

① Carter R T，Goodwin A L. 1994. Chapter 7：Racial identity and education. Review of Research in Education，20（1）：291-336

② Lynn M，Dixson A D. 2013. Handbook of Critical Race Theory in Education. New York：Routledge，1-270

③ 普利西拉·奥森是美国著名的少数族裔女性法学教授，主要运用种族批判理论对有色女性群体所遭受的暴力和犯罪问题进行研究。她曾与著名学者金伯莉·克伦肖（K. Crenshaw）和乔蒂·南达（J. Nanda）合著了一部极富影响力的政策报告《黑人女孩至关重要：被排斥、管制过度及保护不足》（Black Girls Matter：Pushed Out，Overpoliced and Underprotected）。该报告旨在强调黑人女孩所经历的各种形式的纪律处罚和社会规制，这些社会现实在主流倡议和政策行动中常常被忽视

会所面临的障碍。如果不能解决美国不平等的历史——政府根本害怕面对这样的历史——那么就无法改变它。[①]可见，种族批判理论本身具有明显的历史意识和批判性思维，它让一系列剥夺经济权利、政治权利的行为和其他形式的歧视显露于世，并试图给予那些受害者和流离失所者发言权。种族批判理论不仅寻求揭露美国历史中被隐匿的对边缘群体的种族主义侵害，而且也逐渐成为根除教育场域中的不平等和不公正的工具之一。

一、对"种族"概念的澄清与建构

顾名思义，种族批判理论的批判靶心是"种族"。为了超越种族主义，种族批判理论必须首先考虑到种族问题。"种族"的概念演变有着悠久而富有争议的历史。一般来说，"种族"在社会科学中有两种宽泛的表达形式：一是作为一个生物范畴；二是作为一种社会结构。这些长期饱受争议的领域在种族批判理论中均有类似表现。不妨从这些"种族"概念的历史轨迹中找寻种族批判理论究竟在批判什么，以及它究竟可以解决哪些问题。

在生物学意义上，"种族"给定的表型可用于对人与人进行区分，以建立"种族"分类。这个概念中的"种族"是一个由基因特征决定的科学范畴。按照"种族"的概念界定，英国学者弗朗西斯·高尔顿（F. Galton）首先发起了优生运动。20世纪最初40年，美国也在优生学名义下掀起了一场优生运动。在当时的优生理论看来，人类生来就有一定数量的优势或劣势特征，而"种族"的类别被用来区分这些特征。有些"种族"在每一个方面都有劣根性。"种族"这一"科学"概念的追随者声称，与其他人相比，有些人在文化、社会、教育和身体上天生注定要受到歧视。优生学似乎有一个革命性的使命，它不仅是通过选择性繁殖来保持种族纯洁[②]，而且更渴望提高人类的先天素质。[③]优生学由此披上了"科学"的合法外衣。优生运动被学术界和政界主流所倡导，在历史上成功影响了许多政府对绝育等人口问题的决策，更是成为种族歧视的罪恶帮凶。总之，优生学

---

① 转引自 Lang C. 2020-09-29，2021-01-03. President Trump has attacked critical race theory. Here's what to know about the intellectual movement. https://time.com/5891138/critical-race-theory-explained/

② Chitty C. 2001. IQ，racism and the eugenics movement. FORUM，43（3）：115-119

③ Chitty C. 2009. Eugenics，Race and Intelligence in Education. London：Continuum，51

的基本思想就是致力于保护人类优良基因的基因库免受弱者带来的"杂交"污染。这种人类对自然繁衍的干涉的深远影响值得评估。优生学作为社会达尔文主义的一种形式，成为种族批判理论的批判对象之一。

　　尽管当时优生学理论主流化了，但是"种族"概念有争议的生物学基础促使许多学者探索"种族"定义模型背后的科学性、合理性。"种族"只是作为一个历史抽象概念而存在，导致弱者和"种族"分化的学术研究正在被重新评估，其有效性也受到了广泛质疑。[①]直到今天，"种族"仍然是一个至关重要的术语，但"种族"的历史语境和社会系统生成性因素更为人所认同和关注。"种族"并非一个不言自明的先验真理，这一概念与美国的极右运动联系在一起，所以在使用上饱受诟病。它以这种方式被概念化为时间和空间中的混合现实，赋予自己一种来自"科学"的霸权，凌驾于历史与现实之上。它把自己作为一个自主的实体，撇开其他社会关系，伪装成一种不以人事而变更的客观存在。

　　长久以来，历史学关于"种族"和"种族主义"的学术研究既没有将这两者充分地"分离"，也没有阐明它们之间的相互关系。这背后其实是一个与"种族"概念直接相关的基本问题，种族批判理论学者的批判和建构也由这种"模糊性""不确定性"产生。

　　第一，种族批判理论是基于对"种族是一种社会结构"的事实的澄清和肯定。在种族批判理论家的眼中，"种族"是一个想象的实体，存在并依附于社会交往。[②]第二，种族批判理论认为种族不平等是真实的、历史的社会关系。"种族"仍然是种族批判理论中的核心词语，种族批判理论明晰了种族概念及其关系，帮助人们认清种族建构主义的性质，以及它在美国社会、政治和经济方面产生的影响。美国的历史就是一部美国种族史，它讲述了一部由复杂种族和个人所组成的复杂集合体的历史，是一个由许多相似模式和深刻区别所构成的故事。[③]第三，种族批判理论以种族为内核，围绕性别、阶层和其他身份剖析并解构了由此形成的社会压迫体系。种族的不同决定了不同群体身份地位的排序不同，并在历史中持续强化着美国白人的特权，而这种"白人身份""白人优先"是白人自身感受不到或不愿意承认的，它们已经融合在整个历史文化和社会体制中。这种隐

---

①　UNESCO. 1952. The Race Question in Modern Science：The Race Concept—Results of an Inquiry. Paris：UNESCO，18-36

②　Maisuria A A. 2012. Critical appraisal of critical race theory（CRT）：Limitations and opportunities. In Bhopal K，Preston J（Eds.），Intersectionality and "Race" in Education. New York：Routledge，87

③　托马斯·索威尔. 2015. 美国种族简史. 沈宗美译. 北京：中信出版社，312

性福利对白人来说就像呼吸空气一样理所应当。正是在这些对"种族"概念的澄清和建构中，种族批判理论渗透至美国边缘群体教育史研究，以及美国学校特别是高等教育课程学习设置中。一些大学开始提供基于边缘群体种族范式的研究课程，探讨美国种族发展历史，揭露白人在历史中的特权等问题，以此培养教师和学生的历史意识与批判思维。①

二、对"种族"概念的重审与批判

当前，美国学界关于种族批判理论的原则和观点并不统一，但大多数权威评论已确定了核心理念，并达成了基本共识，它们聚焦于种族主义的形成与表现方式上，同时对主流传统认知，特别是对其在法律和教育框架内的显现给予猛烈批评。

其一，种族批判理论认为种族主义是一种普遍现象，而不是异常和特殊的存在。在种族批判理论看来，种族主义是这个国家大多数有色人种的普通日常经历。②美国的种族主义一般是指一种基于种族（通常是肤色）的歧视和不公，在美国社会是普遍而不是偶发的。它可以表现为有色人种在入学、就业、晋升、购房过程中遭受的歧视和排斥，也可能体现在白人警察对少数族裔的暴力执法或是不经意间的言语龃龉上。即使是在学术意义上的后现代或后殖民时代，种族主义在美国也同样无孔不入。

种族主义的普遍存在造成"肤色色盲"的错觉，对种族歧视的反抗只能在公开的、正式的、全面平等的规则中"被看见"，许多情况下人们只是在形式上反对公然的歧视，如高校拒绝雇用黑人博士，或者银行拒绝向亚裔美国人提供住房贷款，等等。换言之，坚持对黑人和白人一视同仁的规则与法律只能补救更加极端和令人震惊的不公正形式。实际上，有色人种每天面临的常态化的种族主义才是造成许多痛苦、疏远和绝望的原因。正如一些种族批判理论家观察到的那样，在美国的各种社会结构中，种族总是存在的。即使在一个全为白人的城镇，种族主义也从未缺席，它服务于建立一个白人占据优势的社会系统。然而，比无处不

---

① Davies M，Barnett R. 2015. The Palgrave Handbook of Critical Thinking in Higher Education. New York：Palgrave MacMillan，534

② Delgado R. 1995. Critical Race Theory：The Cutting Edge. Philadelphia：Temple University Press，xiv

在的种族主义更重要的是，白人得出结论，他们的白人性具有重要意义。[①]有鉴于此，种族批判理论才成为一种重要的知识和理论工具，用于拆解压迫性的结构和过程，构建维护教育公平和社会公正的权力关系。

其二，种族批判理论揭示了种族主义关系构成中的"利益趋同"或物质决定论。这为当代理解种族问题增加了一个新的维度。种族主义在美国历史进程中满足了白人精英（物质上）和工人阶级（精神上）的利益，因此缓和并隐藏了尖锐的社会矛盾，实现了种族间的利益趋同。由德里克·贝尔提出的观点持有两个基本论断：一是只有当黑人的种族进步能够增加白人自身的利益时，白人精英才会容忍或鼓励黑人的种族进步；二是即使利益趋同能够换来有效的种族补救措施，但当决策者担心补救措施会威胁到白人优越的社会地位时，这种补救措施也会遭到废除。[②]基于这样的认识，部分种族批判理论学者也开始质疑"民权法"是否真的能够造福有色人种，担心这样一部法律最终只能沦为"社会的稳定器"。它的最大用途不过是确保种族进步以正确的速度发生。因为对于主流群体利益来说，种族变化太快会扰乱整个社会，变化太慢又可能会激起社会不满，两者都会损害白人的利益。

德里克·贝尔曾就布朗案这个美国教育史上的经典案例对利益趋同进行了阐释。布朗案之所以被认为是民权诉讼的一大胜利，可能更多地源于精英白人的自身利益，而不是帮助黑人的愿望。在他看来，那些担心种族不平等、不道德的人，以及那些处于决策地位的白人，之所以赞成联邦法院的判决，是因为他们从中能够看到放弃种族隔离后国内外的经济和政治进步。这一决定有助于为美国与社会主义国家间的博弈增加砝码，同时赢得新兴第三世界人民的支持。判决所采用的"废除教育上的种族隔离"这个论点是由当时在美国具有广泛社会影响力的美国全国有色人种协进会（National Association for the Advancement of Colored People，NAACP）和联邦政府的律师共同提出的。[③]在这里，种族批判理论明确指出，就像在废除奴隶制时一样，承认种族平等原则也能让白人充分获利。仅仅依据道德行事的人数不足以实现预期的种族改革。对于那些出于道德原因或务实

---

①　Roediger D R. 2007. The Wages of Whiteness: Race and the Making of the American Working Class. New York: Verso Press，3-6

②　Cole M. 2017. Critical Race Theory and Education: A Marxist Response. New York: Palgrave Macmillan，84

③　Jr Bell D A. 1980. Brown v. Board of education and the interest-convergence dilemma. Harvard Law Review，93（3）：518-533

原因寻求结束种族隔离的白人来说，布朗案似乎是与过去的决裂。但实际上，经济利益与道义的趋同，尤其是白人与黑人利益的趋同，才是布朗案出现可接受的判决结果的原因。由此可见，利益趋同是形成种族主义关系的主要动力之一。

其三，种族批判理论确立了"社会建构"的反本质主义论题。在种族批判理论有关"种族"问题的核心理解基础上，种族批判理论强烈批判对于种族问题犯下的本质主义错误。"种族"是社会思想和关系的产物，它的意蕴并非一成不变，而是随着时空的转换不断被建构。有共同血统的人当然有某些共同的身体特征，如肤色、体质和头发质地。但是这些只是他们遗传因素的极小一部分，与我们的共同之处相比微不足道，并且与明显的人类高级特征，如个性、智力和道德行为等因素几乎没有或根本没有关系。社会经常选择忽视这些科学事实，而趋向于以固有成见去认定种族和种族主义。①

种族批判理论对此发出的挑战之一就是拒绝种族本质主义。在种族批判理论看来，本质主义实际上是种族主义的新变种。反本质主义就是反对"新种族主义"。后者将种族差异，特别是在收入或教育成就方面的差异，归因于精英统治、自由市场和文化常态。②它不再走科学种族主义的老路，而是选择以更加隐晦的方式，错误地将种族群体中的所有成员普遍化。种族批判理论反对的就是这种依照所谓的"普遍化"假设来断言边缘群体拥有和特权群体一样的、共同的、连贯的身份与种族经历。

挑战之二就是破除本质主义操纵下的白人身份建构体系。从事种族批判理论研究的学者更加注意到了主流社会在不同时期对不同的少数群体进行种族化的方式。如果不探索白人身份的构建，就无法理解白人至上主义中的种族主义。白人是通过定义"他者"来定义自身的。白人身份与低人一等的他人相对立。于是，种族主义成为维护白人身份的工具。③通过这种手段，少数族裔的种族差异，或者说种族主义的色彩日益凸显。作为占据社会优势资源的白人，就能够以社会常规制定者的角色参与社会事务，而不必在意自己的种族身份。当维护白

---

① Harris A. 2001. Foreword. In Delgado R, Stefancic J (Eds.), Critical Race Theory: An Introduction. New York: NYU Press, xvii-xxii

② Chang R S. 2002. Critiquing "race" and its uses: Critical race theory's uncompleted argument. In Valdes F, Harris A, Culp J M (Eds.), Crossroads, Directions and a New Critical Race Theory. Philadephia: Temple University Press, 87-96

③ Ferber A L. 1998. Constructing whiteness: The intersections of race and gender in US white supremacist discourse. Ethnic and Racial Studies, 21 (1): 48-63

人特权的方式被强行视为唯一正确的方式时，有色人种便沦为异质，并因此被边缘化。①

挑战之三就是驳斥"白色即无色"的论调。这是种族问题中本质主义的另一大体现，与此相对应的便是无视对所有种族差异的态度和行为。种族批判理论对此也予以大力批判，并提出"交叠性"这一理论方法与之较量。②在种族批判理论的话语体系中，每个种族都有自己的起源和不断演变的历史，没有人只存活在简单明了的单一身份中。白人女性主义者的另一身份可能是犹太人、工人或单身母亲；一个非裔美国活动家可能同时也是残疾人或女同性恋；一个拉丁美洲人可能还挂着民主党、共和党，甚至是黑豹党的头衔；一个亚洲人可能还是新移民过来的少数民族，有农村背景，不熟悉商业生活……每个人都有潜在的冲突、交叉的身份，族群文化和国家认同共生并存。在种族批判理论的历史批判思维中，人们正是因为拥有边缘群体的身份，才拥有谈论种族和种族主义的能力。

三、对"不公平教育"的质疑与反抗

在过去的几十年里，种族批判理论的学者始终在为边缘群体发声，他们考虑最多的是边缘群体与主流群体之间的身份差异，以及由身份差异造成的多重歧视，并由此形成了不同的"叙事""讲故事"的表达形式。这种研究方法不仅是一种传达他们个人种族化经历的修辞手段，也是一种对抗历史元叙事的方式。这些元叙事被白人主导的霸权文化所传播，成为维持种族不平等的有效手段。种族批判理论对历史主流叙事的反思和激烈反驳产生了一个话语共同体，其中包含大量的隐喻（如"边界"一词）、类型学（如黑人同性恋者、双重身份的少数族裔）、概念（如种族歧视、交叠性、结构决定论）和方法（如透视主义）等，所有这些无不在帮助人们更好地理解美国教育领域的歧视和不公。

种族批判理论建立在对边缘群体历史命运的人文关怀和对社会正义的道德追求之上。这决定了它对美国少数族裔教育问题的聚焦和重审。许多影响深远的种族批判理论研究文章都是对美国种族主义、种族关系的历史和发展进行深度阐释

---

① Lindner A. 2018. Defining whiteness: Perspectives on privilege. Gnovis，18（2）：43-58

② Bhopal K，Preston J. 2012. Introduction intersectionality and "race" in education：Theorising difference. In Bhopal K，Preston J（Eds.），Intersectionality and "Race" in Education. New York：Routledge，2

的力作。这些研究者用历史的眼光重新解读殖民主义、经济剥削或白人自身利益在驱动多数群体和少数有色人种社区之间的法律关系中的作用，其中就包括对边缘群体教育历史的探讨。比如，玛丽·杜齐亚克（M. Dudziak）在新的历史叙事中提出了较为新颖的论点，即进步情绪和利他主义在布朗案中发挥的作用相对较小，真正的驱动力在于美国想要维护自身民主形象，遏制共产主义，主导第二次世界大战后的世界格局。①理查德·德尔加多等在研究中也曾表示，20世纪70年代初，某些顶级大学管理人员出于胆怯和对变化的恐惧，不断将持有激进主义思想的教授扫地出门，同时描述了这些流离失所的学者此后的种种经历。②一些拉丁美洲学者利用种族批判理论，探讨了有色人种的高等教育机会和教育平权行动等问题。③种族批判理论在美国教育和教育史领域的研究具有解构色彩与历史批判性思维。从某种程度上讲，种族批判理论就是用全新的视角重新叙述和边缘群体（特别是有色人种）相关的历史故事。种族批判理论家从边缘群体共同的历史体验中汲取经验知识，在反思批判的过程中与这个仍然存在种族霸权的世界进行持续斗争。

如今，种族批判理论在美国甚至发展成为一项颇具影响力的知识运动，它将种族话语从历史语境带到了当代美国种族问题讨论的前沿。

第三节　种族批判理论的跨学科表征

20世纪八九十年代，以种族为中心的研究通常被认为是一种身份政治，不值得在学术和公共政策中进行认真讨论。然而，种族批判理论的出现提供了当代美国社会背景下与种族有关的、坚实的跨学科理论框架。种族批判理论作为解决种族问题的一个新兴视角，受到越来越多不同领域学者的关注。无论是在教育领域

---

① Dudziak M L. 1988. Desegregation as a cold war imperative. Stanford Law Review，41（1）：61-120

② Delgado R，Stefancic J. 2013. Critical Race Theory：The Cutting Edge. Philadelphia：Temple University Press，123

③ Delgado R，Stefancic J. 1998. Critical race theory：Past，present，and future. Current Legal Problems，51（1）：467-491

中的成熟运用，还是在历史叙事方法上的别具一格，都为边缘群体教育史研究引入种族批判理论打下了良好的基础。

一、种族批判理论在教育领域的运用

种族批判理论是研究和抵制种族压迫的一种跨学科研究方法。该方法最初诞生于美国法学院，并于 20 世纪 90 年代进入美国教育研究领域。种族批判理论虽然始于一场法律运动，但很快就迅速超越了法律学科。在教育研究领域，种族批判理论同样作为一个理论视角，为人们提供了一个法律的、历史化的框架，用于解释和分析政策、制度化的做法如何加剧了学校教育中的不平等，并滋生了种族主义观念造成的教育恶果。种族批判理论将美国公共教育中的种族和种族主义历史与当前的学校改革政策联系起来进行研究，取得了一系列值得关注的研究成果。①

在中小学教学实践方面，种族批判理论认为目前的教学策略倾向于假定非裔美国学生是有缺陷的，教学中则不可避免地谋求使用"正确的策略或技术"以控制"有风险的"非裔美国学生。②可以看到，这类研究对边缘群体学生的描述永远朝向失败的方向，最常使用的教学策略总是属于教学补救或矫正措施的一部分。虽然学校里持种族中立观点的人不断声称学校那套通用的教学技能应该适用于所有学生，可一旦这套策略或技能没有达到预期效果，处于不利地位的有色学生就成了学校教学策略的"替罪羊"。为了改变这种研究倾向，种族批判理论被运用在学校的课程设计、师资培养、资金政策、学绩评估和校园文化等问题的研究上。经过多年的跨学科、跨领域发展，种族批判理论大致形成了几个分支，包括批判种族的认识论、批判种族教育政策、批判种族研究方法、批判种族教学论、批判种族课程论等。③

在高等教育研究和课程设置方面，美国大学的许多从业者都加入到种族批判理论的阵营中。一些高校的学术机构使用种族批判理论的思想来理解学校纪律和

---

① Chapman T K，Donnor J K. 2015. Critical race theory and the proliferation of U. S. charter schools. Equity & Excellence in Education，48（1）：137-157

② Oakes J. 1985. Keeping Track：How Schools Structure Inequality. New Haven：Yale University Press，67

③ 徐玲. 2013. 美国教育批判种族理论的研究综述. 民族教育研究，（2）：91-95

等级制度、分析学校课程历史上存在的争议、探讨智商和成绩测试等问题。更具体地说，种族现实主义、利益趋同和交叠性的分析工具在整个教育领域研究和实践中得到了充分应用。大学设置的种族研究课程中也常常离不开种族批判理论的单元设计，一些多元文化教育课程也尝试运用批判性理论开展白人研究。[1]种族批判理论不仅在人文社会科学学科中有所作为，同时也出现在医学、生物学等理科课程中，其目的就是要用一种新的批判意识形态，以新的研究问题、方法和观点培养多样化的科学家。[2]值得一提的是，种族批判理论与一些学术学科不同，其实践性很强。种族批判理论不仅试图了解社会发展状况，而且试图改变它；不仅要确定社会是如何按照种族界限和等级制度来组织运行的，而且要改变其运行方式，使其朝着更好的方向进行。对此，种族批判理论家有着清醒的认识和一定的责任感。[3]

总之，种族批判理论致力于为解决教育领域的种族问题提供理论支撑，并将其用作分析美国教育不平等的工具。同时，当前在美国教育研究和实践领域采用种族批判理论面临着体制性的阻力和风险。为了揭露教育中的种族主义，并提出改善方案，研究者将不得不采取大胆的立场，承受被嘲笑、诽谤或诋毁的压力，充分发挥种族主义的跨学科优势，继续迎难而上。

二、种族批判理论的"另类叙事"

种族批判理论借用了美国女性主义者卡罗尔·吉利根（C. Gilligan）的"声音"理论，说明视角的不同带来了对问题理解的差异，从而增强了研究方法的实际效能。种族批判理论同样利用"声音"工具捕捉以种族从属为特征的个人化的压迫经历的故事。[4]跨学科研究方法的借鉴与使用，也显示出该理论自身的跨学

---

① Issues B. 1999-05-13，2019-02-03. The study of whiteness. https://diverseeducation.com/article/138/

② Saetermoe C L，Chavira G，Khachikian C S et al. 2017. Critical race theory as a bridge in science training：The California State University，Northridge BUILD PODER program. BMC Proceedings，11（suppl 12）：21

③ Parker L，Deyhle D，Villenas S. 1999. Race Is...Race Isn't：Critical Race Theory and Qualitative Studies in Education. New York：Routledge，23-26

④ Matsuda M J. 1989. Public response to racist speech：Considering the victim's story. Michigan Law Review，87（8）：2320-2381

科属性。

种族批判理论运用边缘群体的叙事来捕捉有色人种的"主观数据"，频繁使用第一人称，以讲故事、历史叙事、寓言等形式，形成了跨学科的"另类叙事"模式。作为一种认识论和理论实践，种族批判理论坚持把这些形式作为自己方法论的重要内容。种族批判理论家直言，通过强调语境在意义创造中的作用，第一人称叙述历史事件的方法在挑战传统的权力关系解释方面是非常重要的。[①]"讲故事"在美国边缘群体文化传统中有着丰富而悠久的历史，作为一种交流形式，以保持世代相传的历史记忆。对于种族批判理论来说，这种交流方式不能通过白人主导的语言形式进行加工和转化，因为这些占据霸权地位的叙事体系基本都带有种族压制的目的。因此，种族批判理论对主流叙事所欣赏的"普遍性""透视主义"难以认同，转而强调"主体意识""对语境的呼唤"。[②]这一点也对边缘群体教育史的写作产生了积极影响，为当代美国教育史叙事增添了些许后现代主义色彩。

种族批判理论以两种常见的方式传达另类叙事中的声音。第一种是种族批判理论通过揭露白人根深蒂固的特权来传达另类叙事的声音。种族批判理论通过讲故事和反向叙事来表明其对种族问题的观点，以此解析白人是如何主宰公共生活的所有领域的。为了分析和挑战这些永久的权力关系以及它们对黑人社会的影响，种族批判理论采用寓言、编年史和轶事来进行反叙事，但这种反诉既要帮助白人理解黑人，也要帮助白人理解自己。[③]

第二种是种族批判理论通过彰显叙事中的黑人权力来传达另类叙事的声音。少数族裔身份赋予人们反思种族问题和种族主义的渠道。承认被白人压制的黑人的声音，将会突出黑人的社会现实和种族从属地位。简单的曝光手段具有深远的影响，甚至可能会引发变革性的行动。种族批判理论的创始人之一理查德·德尔加多对此无不赞赏。在他看来，反叙事具有解放意义，边缘群体的声音揭示了我

---

① Bell D A. 1995. Who's afraid of critical race theory?. University of Illinois Law Review，1（4）：893-910

② Barlow B. 2016-02-29，2020-12-13. Racism，justified：A critical look at critical race theory. http://hlrecord.org/racism--justified-a-critical-look-at-critical-race-theory/

③ Williams B T. 2004. The truth in the tale：Race and"counterstorytelling"in the classroom. Journal of Adolescent & Adult Literacy，48（2）：164-169

们赖以统治世界的故事的偶然性、片面性和自私性。[①]站在"声音"理论的立场上，只有黑人可以准确叙述学校的种族隔离，只有华裔可以充分解释曾经做过的"苦力"……因为这些种族弱势群体一直深受各种歧视，处于社会的边缘。但这又恰恰转化为美国边缘群体教育叙事和历史特性的表达优势，进而能够使有色人种个人和社区经验变成重要的知识来源。

三、种族批判理论与交叠性的关系

"交叠性"是种族批判理论分流生成的新兴扩展领域。它源自美国法律体系对少数族裔女性多重边缘化遭遇的漠视。美国女性主义批判法学家金伯莉·克伦肖运用交叠性对这种法律困境进行了深刻的理论解析。在此基础上，交叠性得到跨学科发展。根据金伯莉·克伦肖的表述，交叠性的主要目的是为以下情形提供分析框架：某些有色人种妇女同时具有至少两种被压迫的、处于从属地位的身份，这一事实是仅从性别歧视或种族歧视出发的传统思维无法解释的。少数族裔女性通常处于重叠的从属结构中，任何一种压迫和歧视都可能引发或加剧其他多种形式的压迫。这些压迫重重叠叠、相互交叉，构成了一个交叠性体系，共同作用于边缘群体。[②]种族批判理论向交叠性理论的延伸发展是自身跨学科生长力的重要表现。种族批判理论和交叠性之间既有一定的共同点，也存在着显著差异。

一方面，交叠性脱胎于种族批判理论，但并没有变成"唯种族论"。种族批判理论在发展过程中始终坚守"种族"这个核心问题，因为对其他层面的关注容易模糊问题的焦点，找不准问题的症结。[③]根据交叠性的观点，在对内部结构进行深入分析后的研究更能洞察社会结构的最底层，以确定每个阶层内部的相互作用是如何影响另一个阶层动态的。

① Delgado R. 1989. Storytelling for oppositionists and others: A plea for narrative. Michigan Law Review，87（8）：2411-2441

② Crenshaw K. 1993. Beyond racism and misogyny: Black feminism and 2 live crew. In Matsuda M J，Lawrence Ⅲ C R，Delgado R et al（Eds.），Words That Wound: Critical Race Theory，Assaultive Speech，and the First Amendment. Boulder: Westview Press，116

③ Gillborn D. 2006. Critical race theory and education: Racism and anti-racism in educational theory and praxis. Discourse: Studies in the Cultural Politics of Education，27（1）：11-32

另一方面，种族批判理论更多地站在"种族"的角度，批判和讨论社会上普遍存在的种族主义；交叠性更多地站在"女性"立场，批判和讨论少数族裔女性所遭受的多重歧视。交叠性试图将女性主义法学理论与种族批判理论结合起来，以揭示在法律领域和大众话语中的由多种歧视带来的共时性压迫。种族批判理论探讨的是有关种族的社会共性问题和历史发展问题，它在边缘群体教育史中的书写与其早期在教育领域的成熟运用密切相关。种族批判理论对美国教育史上的种族隔离、教育政策失衡、课程设置等问题已经开始提供新的教育叙事。然而，交叠性则主要侧重于少数族裔女性教育史，将性别歧视和种族主义的关系视为共生关系，更多的时候用来阐释非裔美国妇女在公共话语和高等教育中的边缘化问题。

种族批判理论和交叠性在当前的发展过程中各有侧重，已经成为两个相对独立的领域，并形成了特色分明的方法论特征。这也是本书将种族批判理论和交叠性作为当代美国边缘群体教育史的两种理论形态进行研究的原因。就较为常见的黑人女性教育史研究而言，性别之外不存在种族，种族之外也不存在性别。交叠性更聚焦于边缘群体的身份差异，以揭示美国教育民主进程中各类歧视或排斥的互动模式，进而阐释不平等现象背后的深层原因。但就共同点而言，种族批判理论与交叠性都对边缘群体遭受的歧视和压迫表示不满，并着眼于从法律解释与法律实践的角度出发，重新论证社会正义和种族平等之类的问题。因此，种族批判理论与交叠性有着共同的意识形态和价值追求。同时，两种理论都成功实现了跨学科应用，也都因各自对边缘群体问题的解释力而在当代美国教育史学等学科中得到关注和运用。

第四节　种族批判理论在少数族裔教育史研究中的运用

种族批判理论是一种由有色人种法律学者构建的话语体系，致力于澄清社会中针对种族问题的各种潜台词，不断揭露被主流叙事掩盖的历史、意识形态、心理和社会背景。在当代美国边缘群体教育史研究中，种族批判理论依旧承担批判之责，继续挑战着占主导地位的种族意识形态，为美国教育历程中的边缘群体撰史发声。从方法论意义上讲，种族批判理论在美国少数族裔教育史研究中具有三大功能：一是将"讲故事""历史叙事"作为审视美国教育史中的"种族""种族主义"的有效方法；二是通过教育史所展现的社会结构和社会关系，找到消除种族压迫的教育路径；三是深入剖析教育史所反映的种族和其他统治力量之间的关系。

一、种族批判理论的少数族裔教育史研究案例

20 世纪 90 年代以来，种族批判理论与方法打着明显的种族符号和批判大旗进入当代美国边缘群体教育史研究领域。在种族批判理论的原则中，种族既然是社会的普遍存在，那么这种存在必然是历史的。美国教育发展的历程不再是自由主义者口中的"进步"与"一致"，而是一个给教育嬗变披上合法外衣的种族化过程。在当代美国边缘群体教育史研究中，"种族"仍旧是一种强大而显著的社会结构和教育标志，贯穿历史叙事的始终。

（一）声音的赋权：一项教育口述史研究解析

种族批判理论主要用于对教育历史上的种族问题进行分析，并将常用的历史叙事转用在边缘群体教育史研究中。之所以出现这种转化和应用，一方面是因为黑人少数族裔本身就具有讲故事的文化传统，另一方面也是种族批判理论本身对法律历史事件的偏好和溯源习惯所致。20 世纪七八十年代，种族批判理论研究的代表人物德里克·贝尔就撰写了一部题为《我们并没有得救》（And We Are Not Saved）的法学编年史，旨在梳理最高法院在民权事业实践中的得失。一时间，学界"人人都在写故事"。①对故事真实性的特殊要求，对个体视角和元叙事的强调，使得种族批判理论的叙事手法很容易融入多元文化主义时代的美国教育史研

---

① 转引自 Delgado R. 1989. Storytelling for oppositionists and others: A plea for narrative. Michigan Law Review，87（8）：2411-2441

究范畴。几乎在同一时期，美国教育史研究也受到历史哲学领域语言学转向的影响。"回归历史""文史相通"，以及"多声部""复调"的历史书写特点，与种族批判理论中的"讲故事""反叙事"等方法自然合流。边缘群体教育史在一种特殊的教育史叙事中找到了发声的渠道，以求表达他者中的自己。

1. 声音的选择

凡妮莎·托西（V. Tossie）的教育口述史研究成果《她们的故事、我的故事、我们的故事：非裔美国女性教育家对文化相关教育学的逆向探索口述史》（Their Story，My Story，Our Story：Oral Histories of African American Women Educators Paradoxical Navigation of Culturally Relevant Pedagogy）即为此例。作者将种族批判理论作为研究的理论框架，探讨了其家族几代人（包括母亲卡洛琳·西姆斯、姨妈娜塔莉·乌兹和她本人）作为非裔美国女教师的教学生活。这项研究同时借鉴吸收了大量关于非裔美国人教育历史的已有研究成果，比如，美国历史学家卡特·伍德森（C. Woodson）关于非裔美国人教育史的研究，曾任《教育史季刊》（History of Education Quarterly）高级编辑的詹姆斯·安德森关于美国南部非裔美国人的教育研究，以及非裔美国女性教师研究、文化回应教学研究、成绩表现差异或教育债务研究，等等。这项研究以一种强有力的、令人信服的方式讲述了美国历史上那些"沉默者"的教育故事。研究展现了以作者的姨妈、母亲以及作者本人为代表的非裔美国人在种族隔离、取消隔离和后种族隔离等不同时期的矛盾经历。该项研究打破了以往的叙述，在作者看来，只有这样，才能够尊重边缘群体的文化和语言遗产，以及他们为之奋斗的一生。

在种族批判理论中，有色人种的声音具有独特的价值，他们的发声是为种族正义而行，因此在撰写教育史时运用这样的声音理所应当。认清这一点，对于分析和理解这一研究中反映出的白人特权与种族关系至关重要。在这项独特的教育史研究中，口述史成为种族批判理论反叛主流叙事陈规的重要载体。

2. 口述的力量

一般来说，口述历史为人们讲述过去的故事提供了一种方式。在非裔美国人的社区，故事总以口头形式代代相传。虽然这些故事从未被主流社会认真讲述过，但长久以来，黑人女性善于借用口述传统，通过对自我经历的再现，从自己的视角定义自我的身份，建构自我主体性。[①]在这个世界变化如此迅速的时代，

---

① 方小莉. 2020. 美国黑人女性文学的口述传统研究. 英美文学研究论丛，（1）：233-242

少数族裔的口述史展现了他们对个人生活的洞察和许多曾经被忽略的生动细节，能够对记忆中的"老故事"产生新思考。少数族裔在口述中不仅告诉人们他们做过什么，而且告诉人们他们想做什么，他们认为自己做过什么，以及他们现在认为自己该做什么。研究通过叙述生活中发生的变化来表现历史，同时进行深入的个人采访、日记记录，以阐明个人的兴趣和价值感与他人更大的社会关切之间的联系。①从这个意义上看，种族批判理论在当代美国边缘群体教育史中的应用就是一个对边缘群体赋权的过程。

凡妮莎·托西的教育口述史研究中，大量的口述史信息是从研究者与母亲、姨妈和堂兄妹之间的交谈中收集来的，研究过程重视对信息进行补充和矫正，以弥补各种信息疏漏，从而解决自我叙事型文本的有效性问题。作者之所以选择她的母亲和姨妈作为这项研究的参与者，是因为她们在生活中就一直是当地非裔美国妇女的积极榜样。与自己的母亲交谈，听她讲述关于教育的故事，有助于作者更好地理解在种族隔离、取消隔离和后种族隔离三个不同历史时期，这些女性家族成员通过承担与文化相关的教学活动，进一步了解了这些教育教学经历是否对她们的人生产生了影响。这些采访能帮助作者进行历史记忆和历史想象。在受访者经历的历史动荡时期，非裔美国女性教育者所发挥的作用不容低估。

3. 故事的采集与处理

访谈是在作者的老家进行的，她在那里度过了自己的童年时期。选择在这里进行故事采集，是因为在这样一个熟悉而具有历史感的私密场所，受访者能够最大限度地快速回忆个人历史，并在回答问题时毫不保留，感到安全舒适。作者在采访中同时使用了开放式的、指向明确的具体问题。作者记录并转录了采访内容，另外撰写了一份采访日志，以便对应查找母亲和姨妈某些时期的重要经历。这样操作的好处就是研究人员可以审查信息，允许受访者再度核实记录的准确性和完整性。

研究按照其母亲和姨妈的生活经历分为早期、中期和晚期，这三个时期分别对应不同的历史背景。"早期部分"的场景回到美国教育史上的布朗案发生之

---

① Tossie V S. 2011. Their Story，My Story，Our Story：Oral Histories of African American Women Educators Paradoxical Navigation of Culturally Relevant Pedagogy. Statesboro：Georgia Southern University，103

前，镜头对准了美国第一起黑人反抗教育领域种族隔离的历史事件。[①]事件的主人公因种族问题被学区剥夺了到白人公立学校就近上学的权利，因此上诉到法院，在当时引起了较大反响。作者概括了彼时的法院判决对美国实施教育上的种族隔离，以及对后来学校合并的影响。"中期部分"主要描述了民权运动时期美国南方城市黑人社区对于废除公立学校系统中种族隔离所进行的艰难斗争。这一时期，大量的黑人公立大学和学院建立，它们大都是在州政府的主导下发展起来的，以继续保持实际的种族隔离，避免现有的白人学校招收黑人学生。"晚期部分"设定在千禧年的世纪交汇期，这也正是美国教育领域进行重大辩论和轮番改革的年代。这一时期的第一波改革涉及教育问责制和实施严格的课程规定，并以标准化考试作为衡量学生成绩的首要标准。第二波改革主要是与评价程序相关的学校结构的改变。在作者的评述中，自 2000 年以来，美国每届政府都会进行新的教育改革。克林顿政府出台了《2000 年目标：教育美国法》（Goals 2000：Educate America Act）；小布什政府主推《不让一个孩子掉队法案》（No Child Left Behind Act）；奥巴马政府实施《力争上游——早期学习挑战计划》（Race to the Top——Early Learning Challenge Program），鼓励各州大胆制订全面的计划，以提高全美早期学习课程的质量。[②]

在对每一个阶段的教育时代背景阐释完毕之后，作者巧妙地引出了对应于那个阶段的访谈对话内容。在"早期部分"的访谈中，作者向她的母亲和姨妈抛出这样一些问题："妈妈和娜塔莉姨妈，你们的小学时光是怎样的？""妈妈和娜塔莉姨妈，给我讲讲你们上高中的时候是什么样子？"在"中期部分"，访谈问题包括"你职业生涯的重要里程碑是什么？""你是怎么决定去斯皮尔曼学院的？"等等。作者在访谈时对娜塔莉姨妈在大学里接受白人教授的指导感到惊奇，遂发起进一步追问，希望获取更多历史细节信息。作者运用大量的篇幅描述了受访者的学生时代，特别是在家庭对子女教育的重视和支持方面着墨较多。令受访者印象最深的是，在人生不同阶段，包括几次转学带来文化冲击时，都会有不同性格的非裔教师给她们带来温暖和支持，鼓励学生拥抱自己的文化，确保家

---

① 此处指 1849 年美国马萨诸塞州发生的"萨拉·罗伯茨诉波士顿"（Sarah C. Roberts v. The City of Boston）一案。该案是 19 世纪中叶美国少数族裔为子女教育反抗种族隔离和种族歧视采取的重要司法行动之一。该诉讼案开启了同类型案件（包括之后著名的"普莱西诉佛格森案"）的先例。

② Tossie V S. 2011. Their Story，My Story，Our Story：Oral Histories of African American Women Educators Paradoxical Navigation of Culturally Relevant Pedagogy. Statesboro：Georgia Southern University，110-156

庭和学校之间的联系。例如，娜塔莉姨妈在访谈中特别提到了她的一位数学老师在开课前总会在黑板上写下一位著名的非裔美国数学家的名字，这个人通常与本节课的课程内容有关。教师以这种方式促进学生对非裔美国数学家的了解，通过榜样的作用增强文化自信和学习动力。诚如访谈所言："它让我们看到，作为一名年轻的非裔美国女性/男性，只要我们下定决心，任何事情我们都可以完成。"①

当然，访谈中也呈现出非裔美国人的令人愤慨和不安的教育经历。作者的母亲和姨妈上的是当地唯一一所非裔美国人高中。在一次数学课上，她们竟然在自己的课本里找不到老师所说的内容。后来才发现，她们用的是被废弃停用的教材，而且这些教材大都是当地高中白人学校用过的旧课本。这时作者母亲的叙述充满了愤懑和不平："我觉得我们作为学生所经历的是真正的不公正。仅仅因为我们的肤色，我们就该被拒绝接受适当的教育吗？""……我童年的朋友雪莉和其他学生下定决心，要把受教育权掌握在自己手中。我们希望被赋予权利，物质上的不公正似乎点燃了我们的求知欲。我们计划每周至少去两次公共图书馆，这样我们就可以获得所有科目的教科书中所缺乏的知识，而不仅仅是数学知识。我们的目标是为上大学做好充分的准备。"②在"晚期部分"，作者和受访者共同批评了当前过于注重分数和考评的做法，认为学生作为公民应该获得全面发展。她们也提出了面向未来的教育愿景——为所有非裔美国儿童创造希望，让他们都能够在一个公正和平等的世界中接受良好的教育，茁壮健康地成长。

通过叙事研究和声音表达，种族批判理论融入这项关于边缘群体非裔美国女性教育家的口述史中。就像前面我们反复申明的，口述历史可以让黑人女教师获取声音的权威。作者的母亲、姨妈和自己的故事是一种令人振奋的被逐步赋权的历程。对于倾诉者来说，这是一个用记忆书写历史的过程，展开了教育史领域属于少数族裔的种族批判，有时甚至起到了情感疗愈的作用。对于倾听者来说，他们摆脱了主流叙事对黑人教师的忽视、歪曲和误解，清晰地记录了少数族裔教育者是如何通过自己的努力塑造学生的人格，又是如何不断激励自己的学生找到历史的归属感挖掘自身最大潜力的。

① Tossie V S. 2011. Their Story，My Story，Our Story：Oral Histories of African American Women Educators Paradoxical Navigation of Culturally Relevant Pedagogy. Statesboro：Georgia Southern University，123

② Tossie V S. 2011. Their Story，My Story，Our Story：Oral Histories of African American Women Educators Paradoxical Navigation of Culturally Relevant Pedagogy. Statesboro：Georgia Southern University，123-124

（二）方法运用的特点与意义

当代美国边缘群体教育史对种族批判理论的应用主要体现在叙事、口述史和反叙事等方法中。因而，种族批判理论在美国少数族裔教育史研究中的运用也具有明显的特点，在运用过程中彰显了内在蕴涵。

1. 建构性的叙事

在以往的教育史研究中，边缘群体并不是研究者关注的主题，也不是创造美国教育历史的主体，他们的声音、观点和重要性一度被压制、贬低和畸形化。在当代美国少数族裔教育史研究中，讲故事的传统形式对少数族裔而言不足为奇，最重要的是少数族裔所认定形成的叙事撰史模式被逐渐理论化、学术化。讲故事与口述史的内容和方法都冲破了主流叙事的界限，获得了学术上的合法性。如果说占主导地位的群体创造了自己的故事，那么处于从属地位的外部群体也在创造自己的故事。这些故事在内部群体中作为一种反现实而流传，外部群体的故事则旨在颠覆内部的现实。少数族裔所阐释的教育故事建构了他们自己的身份特征和精神纽带，代表了新的凝聚力，那就是他们对消除各种歧视、接受公平教育的期许和追寻。

2. 研究主客体价值立场的统一

在一项对非法移民的拉美裔大学的研究中，研究人员运用种族批判理论探索了那些没有移民签证的无证学生获取学术身份的教育经历。研究中有 8 名受访者参与，进行教育经历的故事讲述。最后展现的叙事中既有访谈者作为第三方的话语转述，也有对访谈内容的直接引用。很多叙事都透露了一名没有移民签证的无证学生在上大学时遇到的障碍，比如，缺乏政策和资金支持、难以寻找注册班级、无法提供州身份证购酒、不能开车或合法工作。有些移民学生对自己见不得光的身份感到羞耻，他们会故意隐瞒自己的移民身份，以免在同龄人中被污名化。[①]作为无证学生，他们感到"被困在这里"，因为作为没有证件的移民，离开美国的风险太大了。其中一个名叫亚历克斯的受访学生解释说，公众并不完全了解无证人员的现实。他抵制媒体上流行的将移民描述为"吃白食的人""罪犯"的说法，并用自己在大学的学业表现来反驳这种言论。"这是一个艰难的局面，

---

① Tangalakis C. 2014. From Illegals to Dreamers：Undocumented Latino/A College Students' Counter-Stories of Constructing Academic Identities. Los Angeles：California Lutheran University，55

因为这些人（移民）不是因为他们想这样做而这样做。谁会想离开自己的国家，去一个你没有权利或者只能提供更糟工作的国家？这些人只是出于绝望，而不一定是来这里白吃白喝、搭顺风车的。"①亚历克斯觉得大学是他生活中积极变化的一股力量。研究发现，构建学术身份的行为本身就是在抵制国家主流话语中带有的普遍反移民情绪。在许多方面，建构学术身份是一种自我解放的行为。这项研究也从教育史的角度记录了现在被称为"梦想家"的无证学生是如何构建自我信念，继续他们的求学之路的。

3. 消除历史中的固有"意识""心态"

在少数族裔教育史的研究方法中，种族批判理论将故事、寓言、编年史和叙事作为摧毁固有"意识"的有力手段。这里的"心态"指的是在主流法律和政治话语发生的背景下的一系列预设、公认的智慧和共同的理解。②种族批判理论也拿起同样的武器在边缘群体教育史中使用历史叙事、口述史等"反叙事"的方法来摧毁传统教育史学遗留下来的"瓦斯普式"价值观和主导偏见。区分少数族裔的心态和意识，需要承认美国历史上在社会体系和智力能力方面处于边缘化的人特有的感觉与无形的感知模式。③理查德·德尔加多认为，有色人种说话带有先验知识，即我们的社会带有种族主义的深刻烙印。这个结构为边缘群体教育史中的故事提供了一个共同的框架，这就是"声音"这个术语的功能和意义。种族批判理论家试图插入少数族裔文化的观点，边缘群体教育史中的口述历史源自共同的压迫历史，他们努力将一个被种族霸权挤压崩溃了的社会回炉重造。在当代美国边缘群体教育史对种族批判理论方法论的应用中，"说出你的历史"恐怕就是其中蕴含的最大功能和意义，因为它将边缘群体教育经历的形式和实质联系起来，连接了当下和现实。

（三）研究方法的扩展维度

种族批判理论在当代美国边缘群体教育史中的使用，使得教育史中的定性研

① Tangalakis C. 2014. From Illegals to Dreamers：Undocumented Latino/A College Students' Counter-Stories of Constructing Academic Identities. Los Angeles：California Lutheran University，56

② Delgado R. 1998. Storytelling for oppositionists and others：A plea for narrative. Michigan Law Review，87（8）：2411-2441

③ Barnes R D. 1990. Race consciousness：The thematic content of racial distinctiveness in critical race scholarship. Harvard Law Review，103（8）：1864-1871

究得到了进一步扩展，它时刻提醒我们进行边缘群体教育史研究更要思索研究者的立场或价值判断。"谁在发声""为谁撰史"等问题都成为需要关心的前置选项。[①]同时，由于种族批判理论叙事方式的存在，边缘群体教育史研究也开始进一步思考定性方法中的主观性介入问题。从无数知情者的视角的确定，到研究者的兴趣和价值观的渗透，再到对个人思想感情和世界观的重新定义……有学者将这些应用特点集中在一起，称之为"非对称主观性"[②]。它最大的贡献就是让少数族裔作为教育史叙事的主角，给予边缘群体自我陈述的机会，让更多的人看到边缘群体是如何在叙事表征中解释这些问题的，这一点尤其值得我们思索。

如前所述，种族批判理论首先是一个学术概念，是 20 世纪七八十年代由美国一批少数族裔法律学者发展起来的理论分析形式。种族批判理论的出现及其在美国边缘群体教育史研究中的使用，表明美国国家的种族和种族主义教育史植根于法律与公共政策，并通过各级各类教育进一步影响美国黑人和其他有色人种社会资本的代际累积以及阶层向上跃升。一些批评者选择将理论方法的跨学科特性与他们口中的"别有用心"的政治宣传混为一谈。特别是近些年美国社会在讨论种族批判理论的时候，早已不再局限于理论方法的学术使用层面，而是将其视为一种极具代表性的重新审查（如果没有到推翻地步的话）美国种族历史的武器，它的"杀伤力"与《纽约时报》公开介绍被奴役的非洲人抵达弗吉尼亚的历史项目，以及公立学校在 K-12 课堂上对开国元勋的蓄奴史直言不讳不分伯仲。种族批判理论的研究成果和研究方法似乎很容易直达学校教学中，但一旦对美国种族历史和相关教育史采取批判性态度的时候，就可能会引发特权阶层对种族问责和解决种族不平等之类的社会问题的焦虑。这才是对种族批判理论恐惧的来源。反对者将种族批判理论扭曲为推翻美国宪法原则、丑化国家历史、加剧社会分裂的恶魔。

这种反应也在现实中得到了实践，美国田纳西州、爱达荷州的学校董事会和州立法机构都明确禁止在课堂上教授关于种族主义的教义。从这一点就引出了种

---

① Parker L，Lynn M. 2002. What's race got to do with it?. Critical race theory's conflicts with and connections to qualitative research methodology and epistemology. Qualitative Inquiry，8（1）：7-22

② 种族批判理论在少数族裔教育史研究中的"非对称主观性"应用特点其实是由美国种族结构化过程中关系的不对称、权力的不对称导致的，它强调由非对称的主观性研究介入来反抗或扭转传统教育史中从属的叙事关系。参见 Guess T J. 2006. The social construction of whiteness：Racism by intent，racism by consequence. Critical Sociology，32（4）：649-673；Lindner A. 2018. Defining whiteness：Perspectives on privilege. Gnovis，18（2）：43-58

族批判理论研究方法的另一限度。种族批判理论的使用容易将美国教育史描述成为完全的种族压迫史，无差别地将所有白人视为教育压迫者，而将所有少数族裔归类为受压迫的受害者。这种种族对立的思维与美国教育史编纂中的白人至上主义并无本质上的差异，因为它们实际上都是将历史的发生发展进行单线条处理，简单而充满偏见。事实上，种族批判理论并没有将种族主义归咎于某一白人个体甚至整个白人群体，当其作为一种研究方法时，力图阐明的是包括美国刑事司法系统、教育系统、劳动力市场、住房市场和医疗保健系统等在内的美国社会制度与嵌入在法律法规、规则和程序中的种族主义带给不同种族的不同结果。[①]就算没有种族主义者，种族主义照样可以存在。少数族裔教育史的撰写也并不是要让现在的白人为美国历史上的种族主义负责，其最终目的在于修正错误、偏狭的教育史观，展现历史全貌，进而为现代人创造全国性的平等对话议题，扫除追求公平、民主的障碍。

种族批判理论在对当代美国边缘群体教育史主题进行丰富的过程中，也逐渐显现出这些扩张的基本条件和边界。在这种情形下，边缘群体的异质性显得尤为突出。边缘群体教育史研究需要根据个人对复杂情境的不同反应来理解不同的主题立场。种族批判女性主义和拉丁裔批判理论的出现，使得对有色人种的"种族"问题的剖析更加深入，同时也为自身教育史的编纂提供了更有针对性的理论基础。举例来说，同样是应对校园中白人占主导地位这一历史问题，美国非裔中产阶级女学生与亚裔男性大学院系行政领导的观点就有所区别。[②]基于此，学者对于种族关系的理解不再局限于"黑-白"二分法，或者压迫与被压迫的简单关系。这就是为什么边缘群体教育史能够在种族批判理论框架中寻求新的解释维度，书写多元而复杂的美国故事。

二、种族批判理论对美国教育史叙事传统的反转

从近代美国史学的发展历程来看，历史研究也曾受到兰克学派的深刻影响，

---

① Ray R，Gibbons A. 2021-11-21，2022-01-23. Why are states banning critical race theory. https://www. brookings. edu/blog/fixgov/2021/07/02/why-are-states-banning-critical-race-theory/

② Tanaka G，Cruz C. 1998. The locker room：Eroticism and exoticism in a polyphonic text. International Journal of Qualitative Studies in Education，11（1）：137-153

一度秉持如实直说、据实记事的原则，客观主义史学思想一时风光无两。但是，自美国新史学出现以来，几乎从詹姆斯·鲁滨逊（J. Robinson）开始，人们便日益感到西方社会的深刻变革冲击着历史学研究范式。传统史学已经无法解释日益复杂的社会关系，美国社会现代化进程成为新史学诞生的大背景。新史学充分利用其他学科的最新研究成果，不仅更新了历史学的研究视角，而且丰富了研究方法和研究内容。①在新史学那里，人类过去所思所想所做的一切都应成为历史学的研究范畴，历史不仅仅属于帝王将相、精英人物，更应将默默无闻的普通人推向历史舞台。新史学开阔了历史学研究视野，也开启了文化史学之路。同时，新史学提倡研究生活中的普通人，因为它认为任何单一的解释都不足以全面理解历史。因此，新史学尤其注重与社会科学进行广泛合作，为历史提供多元解释。②

美国传统教育史学视域中也有"普通人"的身影，其中包含了早期的边疆开拓者、殖民地传教士，以及独立后的一些美国公民。这些群体与美国公立教育的民主进程相伴相生。毫无疑问，这里的"普通人"是撰史者眼中的普通人，他们是美国社会白人男性主体，是那些默默享有白人特权的人。在"普通人"的教育史叙事中，他们的故事没有种族身份的差异，传统教育史是在共同的国家价值观和宪法框架内书写完成的，这种和谐一致性一直被认为是美国文明生成与发展的主导模式。沿着当代美国教育史学发展轨迹探索，我们不难发现，美国教育史学研究也在同一时期受到新史学的影响，当代边缘群体教育史学进一步拓展了"普通人"的范畴，同时借用种族批判理论的叙事方法，实现对传统教育史叙事的反叛和逆转。

其一，少数族裔教育史将种族批判理论置于特定的社会历史背景下，并着重从种族的角度显示不被主流教育史关注的矛盾和冲突。比如，教育上的种族隔离对于种族在美国的历史建构中所起的作用；历史上少数族裔与白人之间的教育权利和教育政策的差异；少数族裔的教育抗争与教育贡献；等等。

其二，少数族裔教育史将现实批判性作为教育史研究的重要功能，在种族批判理论中加强了与其他定性研究的结合。利用种族批判理论，美国教育史学在历史回声中找到解决现实教育问题的启示，美国学校族群冲突的历史叙事蕴含着未来边缘群体的教育愿景。

其三，种族批判理论赋予边缘群体教育经历历史价值。不同于以往，当代美

---

① 肖华锋. 2004. 鲁滨逊"新史学"的起源. 史学理论研究，（1）：73-77，160
② 于沛. 2009. 20 世纪的西方史学. 武汉：武汉大学出版社，194-195

国边缘群体教育史中的"普通人"聚焦于少数族裔、有色人种、移民群体及其交叉身份。种族批判理论的应用使这些"普通人"的声音在美国教育史研究中获得了历史赋予的真实性，然后通过将其中囊括的叙事或故事合法化，来洞悉教育史中的权力运作和社会不公。但我们不应忘记在大多数时候，这些"受害者"也是"追梦人"，他们的故事在种族批判理论下具有历史效力。因为这些经历也是他们的真实感受，至少具有属于他们的真实性。所谓的"局外人"只有通过倾听这些经历，才能理解人类复杂而真实的历史经验。美国教育史学的演变也反映出了美国教育史学家对少数族裔的身份认同和文化认同。

种族批判理论的跨学科迁移使得美国边缘群体教育史学加速了"颜色演变"[①]，从传统教育史学的白色颂歌到新教育史学的颜色改良，再到边缘群体教育史学的"百衲衣"色，其间对美国教育史叙事传统的反转并不意味着对美国教育史学体系的抛弃或颠覆，也不是在传统教育史叙事中简单地添加黑人故事。这么做的真正意图是使边缘群体教育史研究获得一定的学术地位，打破传统美国故事的内容限制，促进形成多元、复杂的视角，从而得出新的历史结论。

三、种族批判理论对美国传统教育史学的批判和超越

在美国教育史学发展道路上，最早对以保罗·孟禄、埃尔伍德·克伯莱、亨利·巴纳德（H. Barnard）为代表的美国传统教育史学进行批判和反思的当属修正派。20世纪80年代以来，随着美国边缘群体教育史的兴起，以少数族裔教育史为代表的跨学科理论和方法继承了修正派的批判精神，从边缘群体的立场和视角深化了对美国教育史发展的整体理解，在古今关系、编纂方式、价值取向等方面都出现了新的超越和转向。种族批判理论对美国传统教育史学的批判和超越主要集中在以下三个方面。

第一，种族批判理论反对传统教育史学中"以今评古"的倾向。众所周知，"以今论古"的弊端主要在于用今日今时的视角看待过去或进行抽象并置，扭曲了历史原貌。以今人标准评判过去，或将今天的现象与历史上的情况进行机械对应，是美国传统教育史学为人诟病之处。这种倾向容易使美国教育史编撰出现

---

① 关于美国教育史学经历"颜色演变"一说，参见冯强. 2019. 多元文化：美国教育史学的族群课题. 外国教育研究，（3）：14-27

"时代错乱"或"无历史"的谬误。因此，种族批判理论的要求使美国边缘群体教育史中的"种族"因素浮出水面。边缘群体的各种身份属于一种历史的社会建构，它在美国教育史发展过程中亦是不断变化的。今日的"种族"内涵和昔日的"种族"内涵更是不可同日而语。传统教育史研究及当前美国一部分无视种族议题的教育史研究其实是在慢慢消解美国历史上的种族因素。埃尔伍德·克伯莱在总结美国公共教育开展的动机和原则时，对贫困儿童和劳工阶层都曾有所讨论，但在论及公共教育的"七大战役"时，却没有一项与种族直接相关。[①]一些持有新自由主义立场和坚持"肤色色盲"的当代学者又总是对历史现场重新进行"去种族"式的"装潢"。种族批判理论在当代美国边缘群体教育史中的恰当运用，能够帮助我们更深入地认识教育历史上的种族问题，这样才能以历史之事实做出历史之评价，并随历史源头之活水理清今日渠中之动向。

第二，美国边缘群体教育史研究运用种族批判理论背离了传统教育史学的辉格史观。种族批判理论竭力打破的就是教育和历史中的元叙事，否认存在任何先验预设的历史模式。少数族裔在美国历史中长期遭到歧视、压迫和排斥，其自身的历史记忆和历史事实也在不断反证那种直线上升、不断进步的历史发展观在美国边缘群体教育史研究中已经不具有说服力。少数族裔在进行口述史的"反诉"过程中，受访者往往就是历史当事人，历史存在于他们的回忆中，历史和现实合而为一，最大程度地摆脱了主流教育史研究实践中"先入为主"的目的论倾向。

第三，种族批判理论打破了传统教育史学中隐含的历史一致性。传统教育史学始终认为美国公共教育的和谐大于冲突，或在冲突中走向一致。[②]即便存在冲突，这些冲突也只存在于公共教育制度形式中，不过多牵涉具有不同身份和文化特征的"人"的冲突。种族批判理论在边缘群体教育史研究中以自身的理论视角延续并深化了修正派对美国传统教育史书写的反思和批判。种族批判理论观照下的教育史的书写并未仅仅停留在理论展现或非此即彼的历史追忆中，它的立场和主张以少数族裔的生活经验为依据，并在他们的生活经验中得以体现。从这一点出发，当代美国边缘群体教育史要积极考察正在出现的与种族相关的更广泛的理论框架，以及考虑运用"黑-白"二元模式之外的其他视角，这将有助于发展一

---

① 这"七大战役"分别为：①为税收资助而战；②为消除贫儿学校思想而战；③为实现学校完全的免费而战；④为建立州的督学制度而战；⑤为消除教派主义而战；⑥为实现制度的向上拓展而战；⑦建立州立大学，最终完成制度构建。埃尔伍德·帕特森·克伯莱. 2012. 美国公共教育：关于美国教育史的研究和阐释. 陈露茜译. 合肥：安徽教育出版社，98

② 陈露茜. 2015. 美国公共教育研究中的"一致"与"冲突". 中国人民大学教育学刊，（2）：39-53

个关于不同种族、不同学生群体教育史的更多层次的研究讨论。

貌似长满尖牙利齿的种族批判理论也难免受到外界的质疑和批判，这是每一种理论走向成熟的必经之路。一些主流批评家担心对"种族"维度过度重视会使该理论无法与资本主义生产方式联系起来，以致难以抵达"种族"问题的根源；也有人指责种族批判理论过于消极和偏激；还有一些人讽刺种族批判理论在方法实践中只顾"打种族牌"，迎合"政治正确"，却陷入了相对主义的泥潭不能自拔。①这些学术批评也是美国教育史学跨学科多元化发展道路上需要汲取的经验和教训，相关学者宜对各方意见加以辨别、吸收，更需要当代美国边缘群体教育史研究者在未来进行反思与回应。

本 章 小 结

种族批判理论植根于 20 世纪 60 年代美国兴起的民权运动，并受到批判法学运动的直接影响。该理论广泛探讨了种族与压迫、种族与经济赋权、种族与政治、种族与性别等社会建构过程，20 世纪七八十年代开始呈现跨学科发展态势。种族批判理论维护少数族裔的身份、文化及其权利，反抗社会压迫和不平等，通过剖析种族的社会建构来揭露白人至上主义和白人特权等社会不公现象。

种族批判理论强调种族问题的历史背景和历史生成，同时又在美国中小学和高等教育领域取得了丰富的研究成果，因此"历史镜头中的种族主义""教育镜头中的少数族裔"就成了种族批判理论跨学科进入美国边缘群体教育史研究的"通行证"。美国少数族裔教育史研究对种族批判理论进行了初步运用，集中体现在以下几个方面。

一是积极探索种族主义在美国教育史上的系统性。美国主流社会和传统教育史学秉持以"瓦斯普式"价值观为基础的叙事，也是种族问题的原子主义建构模

---

① 参见 Levit N. 1998. Critical of race theory：Race，reason，merit and civility. The Georgetown Law Journal，87：795；Subotnik D. 1998. What's wrong with critical race theory：Reopening the case for middle class values. Cornell Journal of Law and Public Policy，7（3）：681-756

式。在这种类型的叙事中，少数族裔既没有地位也没有足够的发声机会，少数族裔的教育经历和独特贡献被淹没在主流偏见与陈规定型之中。种族批判理论在美国边缘群体教育史研究中将种族问题视为内嵌于社会结构中的一种系统性力量，在具体研究中更加注重个体与外界的互动，以及特权制度对个体教育经历的影响。

二是采用讲故事、反叙事等研究方法展示边缘群体教育经验的复杂性和独特性。作为对抗"无知认识论"[①]的手段，种族批判理论采用有别于主流视角的另类反转叙事，捕捉边缘群体的教育经历和生活状态，从而挑战关于权力关系的规范性假设，保护边缘群体的身份安全。在少数族裔教育史研究中，种族批判理论以身份为载体，以种族为中心进行历史书写，利用边缘群体的记忆输出和理论观点提升人们对多元认识论的认同度，试图撼动以白人为中心的教育史价值体系，真正以少数族裔的身份认同和种族意义还原少数族裔（如非裔、华裔、拉美裔、印第安人等）在美国历史上受到的种族歧视与教育隔离，同时肯定他们在美国教育发展历程中做出的努力和贡献。

三是试图在批判的过程中实现对美国新教育史学的扬弃与超越。种族批判理论一方面认同修正派对传统教育史学的批判，另一方面又对非主流叙事和边缘群体教育经验进行更加牢固的理论建构，提升了边缘群体教育史研究对教育制度和教育主体的整合度与分析力。它不仅有利于解决复杂关系背景下的教育历史问题，还促使美国教育史学在多元文化主义时代形成融合与多元的发展特征。

海登·怀特（H. White）曾经说过，历史只能以叙事的方式存在。[②]在一个开创性的种族批判理论文本中，知识具有社会建构的性质，真理只存在于某个历史时刻的困境中。种族批判理论在当代美国边缘群体教育史中通过捕捉种族统治的"反故事""反叙事"进行历史叙事，个体经验、个人主观性是其强调的重要内容。这类研究加深了人们对于被剥夺者教育经验的特殊性的理解，种族批判理论的基本主张因此得到丰富和发展。从这个角度看，种族批判理论具有自我批判、自我更新的内在活力，其带有解放性质的跨学科理论属性得以展现。

---

① "无知认识论"是美国学界对新自由主义影响下的个人主义意识形态和话语体系的一种概括，反映了美国白人出于自身利益而伪装成肤色色盲或种族中立，进而掩盖美国历史和社会中存在种族主义的事实与证据。

② 转引自郭剑敏. 2008. 文学与叙事之维的历史存在——论海登·怀特的后现代历史叙事学. 内蒙古师范大学学报（哲学社会科学版），（1）：93-96

第四章

美国边缘群体教育史研究中的交叠性

我是全新的存在，

历史造就了我。

我的第一语言是西班牙式英语。

我就出生在交叉路口，

我就是完整的我。

——节选自莫拉莱斯的诗歌《美洲之子》①

---

① 参见 Morales A L. 2018-05-05，2022-10-17. Aurora Levins Morales "Child of the Americas". https:// nanopdf.com/download/aurora-levins-morales-child-of-the-americas-5aedee1c02bb0_pdf；《美洲之子》(Child of the Americas) 是波多黎各犹太裔美国诗人、历史学家奥罗拉·莫拉莱斯（A. Morales）创作的一首诗歌。全诗以自述口吻描述了作者对于多元文化、多重身份和社会多样性的特殊感悟。作为一个拥有加勒比和波多黎各犹太裔混合血统的人，诗中的"我"出生在美国，操英语和西班牙语，带有移民后代、纽约贫民窟穷人等多个标签，亦深受拉丁美洲、非洲和欧洲文化的影响。尤其值得注意的是，诗中使用了"交叉路口"的隐喻，为那些努力寻找自我、祈求发出自己声音的人理解交叠性、进行诗意的想象提供了窗口。

　　20 世纪六七十年代，美国新教育史学流派打破了人们对于美国教育历史，尤其是对于公立学校教育制度发展的一元颂歌化崇拜，将研究目光转向了更宽广的教育历史发展背景，由此引发美国教育史研究视角、研究方法、编撰方式等方面的嬗变。批判性的理论省思与开放式的方法运用成为 20 世纪 80 年代以来美国教育史研究转型的重要驱动力，推动了美国多元文化主义时代教育史学的发展。我们在此背景下以面向有色女性族群的交叠性①为例，讨论当代美国边缘群体教育史研究对该理论和方法的跨学科运用，管窥当前美国教育史研究的发展动态和拓展维度，展望美国边缘群体教育史研究未来的发展走向。

---

　　① "交叠性"的英文 intersectionality 一词在国内学术研究中也被译为"交叉性""交织性""交叉性理论""交错性""交错性理论"等。本书之所以将其译为"交叠性"，是因为在实践运用场景中，此译法不仅表现了两种以上因素的"相交""相遇"，而且更强调多重不利因素（一般指歧视、压迫或危险性因素）共时性地交织和叠加。本书认为"交叠性"这一译法能够更好地传达边缘群体遭受压迫时层层叠叠、不断累积的负重感。"交叠性"本身既有理论也有方法之意。国内亦有其他学者用"交叠性"一词指代 intersectionality。参见韦清琦，李家銮.2019. 生态女性主义. 北京：外语教学与研究出版社；韦清琦，李家銮. 2020. 生态女性主义——作为交叠性研究思想的范例. 外语与外语教学，（2）：111-120，150

第一节　交叠性的形成与运用范畴

20 世纪早期，"交叠性"一词便进入美国学者、决策者和相关从业者的视野。此术语所指称的现象既新颖又复杂，因而在发展的过程中，人们对交叠性并没有形成统一的概念界定。但是，交叠性所研究的中心范畴始终未发生大的变动，主要是指一种用以理解人类世界和群体经验之复杂性的理论框架及分析工具。也就是说，无论是人本身，还是其所处的社会环境、政治生活，都不能简单地被理解为单一元素或单一维度。[①]交叠性揭示了多种形式的不平等和多重身份相互交叉关联的现象，旨在批判在种族、性别、年龄、国籍、阶层、能力、性取向、宗教信仰等多种因素共同影响下的社会不公和社会歧视。[②]

一、交叠性的来源与流变

交叠性来自对边缘群体所遭受的交叠性压迫的现象的认识和概括，来自美国历史上黑人女性对自身命运的抗争和自我身份认同的觉醒。从早期废奴运动中黑人女性对自由的疾呼到三次女权运动对性别平等和女性权利的争取，以黑人女性为代表的有色女性族群对层层叠叠的压迫和权力体制的理解愈加深刻。交叠性形成于革故鼎新的社会运动急流之中，手持"实践""批判"两大剑戟，刺穿了以父权制为核心的同质化历史书写模式。

20 世纪 80 年代以来，交叠性在法学、社会学、历史学领域获得了丰富经验，又恰逢教育史学多元文化主义时代的启幕。交叠性使得美国教育发展历程中的"她史"得以补白。"她"中隐藏着有色群体和少数族裔的身份交叉，"史"中细数"瓦斯普式"文化之外的独特记忆，在当代美国边缘群体教育史学中呈现出

---

① Collins P H，Bilge S. 2016. Intersectionality. Malden：Polity Press，2

② Gillborn D. 2015. Intersectionality，critical race theory，and the primacy of racism：Race，class，gender，and disability in education. Qualitative Inquiry，21（3）：277-287

独特的理论和方法形态。

（一）在废奴运动与女权运动洗礼中生根萌芽

交叠性的出现最早可以追溯到美国非裔废奴主义者、黑人女权运动的先驱索杰纳·特鲁斯于 1851 年在妇女权利大会（Women's Rights Convention）上发表的一场经典演说《难道我不是女人吗？》（Ain't I a Woman?）。彼时美国北方的一些州已经废除了奴隶制，各州的废奴运动愈演愈烈。废奴主义者一方面通过组织"地下通道"秘密帮助大批黑人奴隶逃向北方；另一方面积极争取联合各方政治势力，推动形成具有影响力的政治运动。女奴出身的索杰纳·特鲁斯历经千辛万苦，摆脱了自己的奴隶身份，最终成为废奴运动的一名主将。在那场震动全场的演说中，索杰纳·特鲁斯四次发出"难道我不是女人吗？"这一惊世之问，明确宣示黑人女性（在当时多为女奴）的自我认同不仅来自性别的塑造，也来自种族与阶级的影响。在索杰纳·特鲁斯看来，身份认同是在与白人女性和所有男性的关系中建构形成的，黑人女性的身份就是这种关系的表达。这清楚地证明外界所说的"认同"不是一种实物对象而是种种过程，这些过程就体现在权力关系之中并通过权力关系得以建构。[①]

20 世纪 60—80 年代，由于第二次世界大战的影响，越来越多的女性打破传统母亲和妻子的角色，参与社会生产，经济地位大幅提高。在整个美国社会平权运动的推动下，美国女权运动掀起第二次浪潮。女性主义者不仅反对"将男性作为规范"，同时开始强调"基于女性的女性经验"。黑人女性由于长期遭受多重压迫而具有特殊、复杂的身份，她们在这一时期的女权运动中天然地担负起反对种族主义和性别歧视的双重重担。面对着"白色的"女性主义者阵营，女权运动内部也不再是铁板一块，黑人女性——尤其是黑人底层女性更加质疑社会上看似带有女权色彩的主张和支持究竟基于哪些女性的经验？在黑人女性群体看来，迄今为止的女权运动和女性主义流派的共同缺陷在于，其总是将自身有限的经验扩大为所有女性的经验，以中产阶级白人妇女的核心利益替代所有女性的利益，从而使得有色人种妇女、底层妇女，抑或第三世界妇女所面临的遭遇和真正诉求被边缘化。女性主义的理论输出必须包括迄今为止被女性主义思想边缘化的那些女性

[①] Brah A，Phoenix A. 2004. Ain't I a woman? Revisiting intersectionality. Journal of International Women's Studies，5（3）：75-86

的声音、经历和观点。①

20 世纪 70 年代末，活跃在美国波士顿的一个黑人女性主义组织康比河公社（Combahee River Collective）提出了"压迫的共时性"（simultaneity of oppression）这一概念。这一概念被视为交叠性最早的表达，用来形容那种被发现且难以割裂的种族、阶层及性别的整体性压迫。②这一组织包括许多批评白人女性主义的黑人女同性恋者，她们处于更加边缘的地带，因此她们也更为敏锐地意识到了其生活经验是由种族、性别、阶层与性取向的共时性压迫累积而成；女性主义理论应该更加明确地承认社会立场与群体成员身份重叠并存对个体社会认同造成的影响，而不是错误地对业已存在的压迫进行排名和区隔。因为在边缘群体女性的生活中，这些压迫通常是同时被体验到的。1982 年，康比河公社发布了著名的《康比河公社宣言》（Combahee River Collective Statement）。该宣言极力反对有关女性身份的本质主义理解模式，向当时的女权运动投射一束来自角落一隅的黑人女性群体之光。③"身份政治"一词也正是源于这一历史时期康比河公社的研究和社会实践，并与交叠性一起打开了认识边缘群体特殊身份的大门。

正是出于对以黑人女性为代表的、复杂的历史性身份的重新认识，在美国废奴运动和三次女权运动的洗礼下，黑人女性主义围绕多重歧视、交错的不平等、统治和压迫的生产与再生产机制等现象展开了持续而深入的研究，极大地推动了交叠性的发展。

（二）从社会运动跨入多类别研究领域

交叠性与美国原生态的社会问题以及由此引发的社会激进主义运动相伴相生、如影随形。20 世纪 60 年代末至 80 年代初，美国民权运动，特别是黑人女权运动此起彼伏，并伴有反对种族主义、殖民主义、性别歧视、资本主义剥削等时代烙印，同时催生了具有批判醒世色彩的"交叠性"概念。交叠性涉及的社会不公、权力建构、社会关系、社会公正、复杂性等关键议题逐渐生成。其间，女性

---

① Smith C M. 2007-03-30，2021-03-12. Gender plus：Toward a more inclusive feminism. https://repository.upenn.edu/curej/56/

② Napikoski L. 2019-01-30，2020-07-19. Combahee River collective in the 1970s. https://www.thoughtco.com/combahee-river-collective-information-3530569

③ Smith K. 1986. The Combahee River Collective Statement：Black Feminist Organizing in the Seventies and Eighties. Latham：Kitchen Table/Women of Color Press，1-21

有色人种身处美国的种族/民族隔离区，经受着各种社会运动的涤荡——民权运动、黑人权力运动、奇卡诺人解放运动、"红种人权力"运动、亚裔美国人运动等。与此同时，这类女性群体深感自身境况相异于周遭他人；自己的声音总是无可奈何地被淹没在同族男性或非同族女性群体之中；自身的权益往往在这种似是而非的"非我"代言中被无视和消解。诸如黑人女性主义者、墨西哥裔女性主义者纷纷在那个时期第一次旗帜鲜明地建立了自己的政治组织，开展了带有自治性质的妇女运动。①

20世纪80年代是美国社会急剧变革的时代，跨学科交叉研究在全球范围内蓬勃兴起，种族/阶层/性别研究（race/class/gender study）发生了明显的视域融合，这也在某种程度上促进了交叠性从社会运动向学术领域的转化与发展。来自不同领域的政治活动家、女性主义者、激进主义者在进行各自活动实践的同时纷纷著书立说。她们不断深入探讨性别、阶层以及性取向之间的交叠性问题，强调非裔美国女性的经验不仅由种族所建构，而且由性别、阶层以及性取向等诸多因素共同建构。毫无疑问，在"交叠性"一词正式进入学术研究领域之前，许多种族批判女性主义者就已经开始运用交叠性的分析视角来弥补以往理论的缺失。美国社会学家帕特里夏·柯林斯（P. Collins）、非裔女性主义学者安吉拉·戴维斯（A. Davis）和女性主义激进派贝尔·胡克斯（b. hooks）②等是其中的急先锋，她们反对将种族、阶层、性别问题割裂对待，认为找到多重压迫的交叉点是分析问题的关键。③

20世纪90年代之后，"交叠性"成为一个快速传播的概念和流行理论术语。不同研究领域的学者从学科特点出发，抓住交叠性本身具有的交叉复合性的特点，从不同角度观照研究对象，有利于打破学科本位的思考边界，同时也将新的问题线索引入了原有的研究范畴。例如，把交叠性应用于文学批评的人物形象分析时，自然就有了这样一种审美趣味，即文学艺术世界中不应存在扁平的个体，

---

① Zavella P，Arredondo G F，Hurtado A et al. 2003. Chicana Feminisms: A Critical Reader. Durham: Duke University of Michigan Press，1-10

② 贝尔·胡克斯是一位女性非裔美国作家，更是一位以研究种族、阶级、性别关系见长的女权主义理论家和活动家。贝尔·胡克斯原名葛萝瑞亚·珍·沃特金（G. J. Watkins），1952年出生于美国肯塔基州霍普金斯维尔。胡克斯之名源自她非常钦佩的外曾祖母贝尔·布莱尔·胡克斯（B. B. Hooks）。她沿用自己外曾祖母的名字作为自身名讳，并将首字母改为小写以示区分，同时也依托此种"离经叛道"之举表示对主流文化的不满与抗衡。

③ McBride A，Hebson G，Holgate J. 2015. Intersectionality: Are we taking enough notice in the field of work and employment relations?. Work，Employment and Society，29（2）：331-341

每个人物都是多重身份的交叠与集成，每个场景又都是这些复杂人物的交织与集合。①在生态女性主义领域，交叠性不仅维护了"自然"与"女性"同构的基本理论传统，也为该领域建立了研究对象之间的接口。它聚焦女性与自然的"后天性"关系，即两者及所有的边缘群体都同处在父权制的二元性压迫结构之中。②在法学和社会学的跨学科研究中，帕特里夏·柯林斯提出了"连锁的压迫系统"（interlocking system of oppression）和"权力矩阵"（matrix of domination）两个核心概念，从宏观的制度层面与微观的人际层面探讨权力关系问题，从而将交叠性视为一种强调种族、阶层、性别、性取向、民族以及年龄等社会认同系统对社会组织的交互建构特征的分析方法。③美国南加利福尼亚大学性别研究教授，也是全球公认的交叠性领域知名学者安吉-梅尔·汉考克（Ange-Marie Hancock）则从政治学角度出发，主张扩展交叠性的应用空间，既把其当成一种规范理论，也把它看作一种强调统筹分析多元分类范畴的实证研究方法。④

越来越多的学者认识到，只对种族、阶层或性别进行单一的分析并不能充分地描述个体的经验，要想理解个体所处的复杂情境，只能从多重交错的身份（multiple intersecting identity）出发来理解个体经验，它是社会认同的多元交错建构的结果。⑤与此同时，国际上以交叠性研究为主题的学术会议、论文集和研究项目大量涌现。德国、法国、南非、伊斯兰等国家和地区的学者也纷纷开始运用交叠性框架进行学理剖析。例如，《国际女性主义政治杂志》（International Feminist Journal of Politics）曾在 2009 年设置专刊，讨论欧洲国家如何将交叠性理论运用于制度实践，以解决各种不公平的问题。1975 年创刊的女性研究核心期刊《标志》（Signs）也在 2013 年度夏季专刊第 38 卷第 4 期开设了交叠性研讨专栏。总之，从学科门类的跨越到地域文化的穿梭，交叠性以其独有的洞察力，揭示了边缘群体内部的异质性，以及社会中重叠、交织的歧视和不公，引导着学科内部发现"隐秘的角落"，构建学科间沟通与互鉴的桥梁，以期在对权力进行理

① Lanser S S. 2010. Are we there yet? The intersectional future of feminist narratology. Foreign Literature Studies，（4）：32-41

② 韦清琦，李家銮. 2019. 生态女性主义. 北京：外语教学与研究出版社，xix

③ Collins P H. 2000. Black Feminist Thought：Knowledge，Consciousness，and the Politics of Empowerment（2nd Edition）. New York：Routledge，299

④ Hancock A M. 2007. Intersectionality as a normative and empirical paradigm. Politics & Gender，3（2）：248-254

⑤ 郭爱妹. 2015. 交错性：人文社会科学研究的新范式. 国外社会科学，（6）：113-120

论化剖析之后，进一步对理论进行赋能，促进整个人类社会的公平与发展。

（三）在黑人女性史学研究领域崭露头角

第二次世界大战结束以后，在美国的社会科学中，行为主义大行其道，研究者追求研究过程的价值中立和价值祛除，一些社会学家甚至宣称"意识形态终结"，并把研究重点放在了基础研究或纯理论研究上，希望通过使用更加严格的资料收集等技术性方法凸显学科的"科学性"。学者的研究兴趣从社会政策的制定、社会问题的解决、社会应用的发展转移出来，对社会批评和公共热点的关注则退出一射之地。

20世纪60年代末至70年代初，美国陷入经济危机和持续萧条，国内社会矛盾日益凸显，普通民众反战情绪高涨。随着民权运动的兴起，特别是美国最高法院对布朗案中的"黑人教育隔离"这一关键议题做出反对性裁决，美国的文化骚动与文化战争为此后十年的后现代主义转向埋下了伏笔。在最广泛的意义上，女性和少数族裔的地位与要求重新被锁定，环境、性、贫穷和其他社会不平等问题重新被认识，对"多数-少数"的复杂关系的考察成为许多学科新的研究范式，人们更多地来思考差异与冲突，而不是一致与稳定。①

从这一时期开始，社会学、政治学、人类学、历史学等学科的交叉和学术合作逐渐增多。一度因科学主义和实用主义导向而被削弱的历史学与其他学科的关系在20世纪60年代之后重新得到了加强，这种强化又反过来促进了人们对社会结构及权力与冲突等问题的深入理解。也正是在这样的大环境下，到了20世纪八九十年代，"交叠性"渐渐走向美国史学界的前台。当我们将交叠性的扩张式发展放到当代美国整体发展动态中进行考察时，就多少可以理解为什么交叠性在美国有色女性族群历史研究中能够占有一席之地。

此后，又经过30多年的快速发展，交叠性已经被诸多学术领域所吸纳，成为跨学科视野下政治学、社会学、心理学、地理学、历史学、文学、哲学、人类学、法学等相关人文社会科学领域的重要研究范式。无论是研究者还是社会工作者都明显感受到了交叠性快速扩展的张力。有人甚至颇为担忧地感叹："'交叠性'一词已然泛滥成灾，连政治候选人都要在他们的竞选演说中用交叠性的观点

---

① 拉尔夫·H. 特纳. 1993. 寻求认同的美国社会学. 见单天伦. 当代美国社会科学. 北京：社会科学文献出版社，25-28

来包装话语。一个又一个的机构发布报告，大谈特谈关于创建交叠性项目的好处。每个人似乎都在用这个流行语来增强自己立场的合法性。"①由此看来，交叠性并不是一块等待美国历史学研究领域去发现和开垦的处女地，理论本身的发展产生一定的影响，致使许多学科都无法忽视它的存在。

二、交叠性的主要观点

理论的出现总会带来新的探索空间，引发不同的问题追索。理论方法的推进常常伴随着学术观点的碰撞和争鸣，有时也会随着研究和实践的深化而不断产生新的界定与补充。越是经典和热门的理论、概念，越容易出现这种情况。交叠性在当代美国学术世界也面临相似的境况。研究和使用交叠性的学者观点不一，但这并不妨碍他们对交叠性本身的发展保持开放而谨慎的态度。交叠性在发展过程中特别注意自我批判，避免将这一概念"据为己有"或单凭一家之言形成知识霸权。不少研究交叠性的学者本身就是少数族裔女性②，她们在学术领域大都有过被边缘化的经历。她们排除重重阻碍，才取得了今天的学术成就。这条学术之路简直就是活生生的"现身说法"，这些"受压迫者"贡献了受压迫者的理论。因此，无论对以西方为中心的知识生产和控制系统的认识，还是对已有学术藩篱的破除，交叠性的代表人物和主要观点大都具有激进主义立场。

（一）边缘群体的多重身份属性

交叠性存在多种形态，它既是一种规范性理论，又是一种方法论；既被一些学者称为研究范式，也被某些研究当成分析视角。无论人们对交叠性做出怎样的功能性归类，在边缘化和社会公正问题上，交叠性都坚定地站在少数族裔女性的一方，对只以种族或性别进行统合性的单维度分析传统提出挑战和猛烈批评，强

---

① Pioske H. 2016-07-08，2020-07-24. What does "intersectionality" mean for international development?. https://www.cipe.org/blog/2016/07/08/what-does-intersectionality-mean-for-international-development/

② 交叠性研究领域的代表人物如非裔美国女性主义批判法学家金伯莉·克伦肖、社会学家帕特里夏·柯林斯、韩裔美国学者朱海言（HAE YEON CHOO）等均为女性。值得一提的是，2008 年，帕特里夏·柯林斯当选美国社会学学会主席，这是该学会问世 104 年来首次由非裔女性担任该席位。美国学术体系内的性别与种族歧视等制度化梗阻由此可见一斑

烈呼吁从多维视角看待以美国黑人女性为代表的少数族裔女性所遭受的多重歧视问题。

对任何事物进行简单处理和草率定义都是危险与不明智的，因为那意味着对事物复杂性的严重忽略或极大蔑视。长久以来，无论是历史书写还是种族批判，无论是法庭诉讼还是民权运动，甚至连女性主义者都会不约而同地否认黑人女性处境的复合性，更是否认黑人女性处于更大群体（如女性群体和黑人群体）的中心。黑人女性要不然就被归类于女性，要不然就被归类于黑人，而她们经历的复合态的独特遭遇被融入了女性或黑人群体的集体经验；抑或因为黑人女性太过与众不同，以致黑人女性的"黑人"特质或者是"女性"特质使得她们的需求和主张置于女性主义者和黑人解放论者行动议程的边缘。简单地将少数族裔女性视为同一化的均质性群体，简单地将所有黑人男性视为黑人群体的代表，简单地将所有白人女性的观点套用在全部女性身上，简单地将少数族裔女性的交叠性歧视进行单维拆分……这些"简单"的背后隐藏的是根深蒂固的父权制僵化思维，这一主流思维至今仍旧依靠经济、政治、历史、文化、社会、体制等交织而成的压迫系统来维持。

美国学者金伯莉·克伦肖曾用生活中的十字路口作类比，帮助人们更清楚地审视交叠性：当一个人站在交叉的十字路口时，各种压迫与危险就像通过这个十字路口的车一样，从四面八方呼啸而来。如果在这样的岔路口出现交通事故，它可能是由任何一个或几个方向，抑或所有方向的车流引起的。同样，如果一个黑人女性受到伤害，那是因为她正身处这样一个交叉地带，她的伤害可能是性别歧视、种族歧视等多重歧视同时交叠所致。[①]2016年，在美国一档受众广泛的视频博客节目中，金伯莉·克伦肖做了一场关于交叠性的主题演讲。演讲中，她再次用"十字路口"的图示向观众展示了交叠性的重要旨趣，极力强调理解与掌握交叠性的紧迫性（图4-1，图4-2）。

在交叠性研究中，许多颇有建树的社会学家从不同角度揭示了同样的问题。黛博拉·金（D. King）将交叠性转译为"多重风险"（multiple jeopardy）[②]；帕特里

---

① Crenshaw K. 1989. Demarginalizing the intersection of race and sex: A black feminist critique of antidiscrimination doctrine, feminist theory and antiracist politics. University of Chicago Legal Forum, 1（8）: 139-167

② King D K. 1988. Multiple jeopardy, multiple consciousness: The context of a black feminist ideology. Signs: Journal of Women in Culture and Society, 14（1）: 42-72

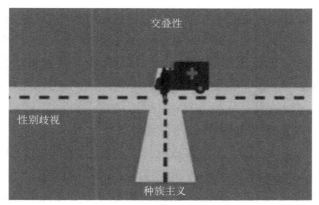

图 4-1　十字路口暗示种族主义与性别歧视的交叠状况

资料来源：Crenshaw K.1989. Demarginalizing the intersection of race and sex：A black feminist critique of antidiscrimination doctrine，feminist theory and antiracist politics. University of Chicago Legal Forum，1（8）：149

图 4-2　十字路口象征着交叠性的含义和研究方式

资料来源：Crenshaw K，Dobson A. 2016-11-14，2016-12-19. The Urgency of interestionality. https://www.ted.com/talks/kimberle_crenshaw_the_urgency_of_intersectionality

夏·柯林斯则运用"相互交织的压迫体系"（interlocking system of oppression）[1]来寻找少数族裔女性被边缘化的深层次根源。各领域的研究对交叠性的认识都基于这样一些基本共识：其一，交叠性反映的是各种压迫的叠加状态，它可能在不同情境下分别或同时作用在个体或群体之上，造成特殊的难以解脱的不利处境。其二，这种交叠性压迫和歧视在少数族裔女性身上最为普遍和突出，当代美国学者对美国黑人女性遭受的性别、种族和阶级的交叠状压迫的认识即为此例。其三，美国少数族裔女性承担的多重共时性歧视和压迫千差万别，具有历史生成性和社

___

① Collins P H. 2015. Intersectionality's definitional dilemmas. Annual Review of Sociology，41（1）：1-20

会文化的差异。在对以往割裂而压制的意识形态进行批判的基础上，交叠性所要揭示的是这样一类复杂现实，即少数族裔女性既会经历与白人女性和少数族裔男性相似的歧视，也会遭受与之不同的问题；少数族裔女性有时经历的歧视和白人女性相似，有时她们又和少数族裔男性有着非常相似的遭遇。但少数族裔女性承受了基于种族和性别的多重歧视造成的共同影响，它们并非种族和性别歧视的简单加和，而是少数族裔女性这个整体所受到的歧视。

此外，由于交叠性语境对于"多重身份"属性的强调，加之对少数族裔族群（ethnicity）、种族（race）、性（sex）和性别（gender）等问题的关注，交叠性与美国当代身份政治（identity politic）和多元文化主义（multiculturalism）的发展互动密切。在认识论层面，身份政治作为一种认知资源，高度肯定了"身份"的重要性，"因为它能给你提供关于'某某身份究竟在社会中会被如何对待'的独特而切身的体验""……不同身份往往对应着不同形态的歧视或特权，因此在提出补偿救济的政策诉求时需要有一定的针对性"①。多元文化主义则从多元化社会的一个方面逐渐上升为一种价值立场，它既是一种文化观，也是一种历史观，争取的不仅是对美国社会不同种族和族裔的文化、传统的尊重，而且是要对传统的主流文化进行重新界定，它要求的不只是在文化和民族传统上对有色种族的尊重，而且要求将种族平等落实到具体的政治和经济生活中。②

可见，从价值观念上讲，交叠性与身份政治、文化多元主义一样都主张多样化、差异化存在的权力，挑战白人至上主义和文化霸权，强调弱势、边缘群体的自我文化特质和本身的价值，反对沦为由强势文化定义的一元性集体身份的牺牲品。交叠性还试图解决民族国家中主流群体与边缘群体、少数族裔之间的历史性矛盾。在20世纪60年代以来的各类新社会运动的洗礼中，产生了诸多身份冲突和实践弊端，采用针对成员的某一种身份进行社会动员的运动策略在美国基本已经破产。交叠性较好地解决了身份之间的化约与竞争，同时又修正了身份政治"跑偏"后产生的扭曲和偏激，譬如，过度强调少数族裔的群体身份而削弱并消解了公民身份，进而造成共同价值观和集体行动的破碎；过分强调"政治正确"而造成美国式的"文字狱"，甚至连曾经具有进步意义的平权运动，也被当成少

---

① 林垚. 2020-07-16，2020-08-16. 与许纪霖、刘擎等商榷②｜"身份政治"的歧义性. https://www.thepaper.cn/newsDetail_forward_8295960
② 韩家炳. 2006. 多元文化、文化多元主义、多元文化主义辨析——以美国为例. 史林，（5）：185-188，191

数族裔利用身份特征获得"超级待遇"的方式；一味给各类人群加贴标签，只会让媒体、政客和学者随意披上身份政治的外衣，摇身一变为边缘群体代言，完全陷入"个体即政治"的"表演"中。从这一点来看，交叠性在理论和实践中更加靠近多元文化主义，它从不同身份之交叠，批判各种社会不公；通过关注边缘群体的多重身份，来明确与社会的复杂关联，避免自身沦为文化精英的集体意淫或谋取政治利益的工具。

（二）交叉性歧视导致边缘化倍增效应

"交叉性歧视"指向的就是交叠性理论力图解释的多重歧视现象。交叉性歧视使少数族裔女性陷入边缘之边缘的境地。交叠性的最大贡献是揭示了少数族裔女性长期以来遭受的排斥、歧视及压迫的本质属性和特殊之处，进而厘清了由性别、种族、阶层、国籍等多重要素交叠形成的复杂作用力，达成对"少数族裔+女性+更多"复合身份的认同。只有真正厘清与认同少数族裔女性的身份边界，那些在局外人（outsider）视界中隐去的若有似无、似是而非的理论和实践问题才会真正得到重视和解决。

在法学研究领域，曾有一些案例生动地显示了交叠性视角的运用为美国黑人女性摆脱了因复杂身份所带来的无法可依的困境。其中几个经典案例包括 1976年的"德格拉芬瑞德诉通用汽车公司"（DeGraffenreid v. General Motors，Inc.）案，1982 年的"佩恩诉特拉维诺制药厂"（Payne v. Travenol Laboratories，Inc.）案，以及 1983 年的"摩尔诉休斯直升机公司"（Moore v. Hughes Helicopter）案，等等。美国法院在对上述三案进行审理时，均将 1964 年美国《民权法案》的第七章内容作为判决依据。[1]1964 年的美国《民权法案》是美国国会主导建立的民权措施体系，综合了行政、司法、教育、就业和技术援助等多种渠道，致力于解决美国社会在公共场所的种族隔离和各类歧视问题。《民权法案》的颁布成为美国历史上具有里程碑意义的大事件，也是美国民权运动时代具有实际助推力的大举措。在该法案出台之前，根据美国普通法传统，雇主拥有无理由雇佣或解雇员工的权利。但自从 1964 年修订了《民权法案》之后，依据该法案相关规定，雇

---

① Crenshaw K. 1989. Demarginalizing the intersection of race and sex：A black feminist critique of antidiscrimination doctrine，feminist theory and antiracist politics. University of Chicago Legal Forum，1（8）：139-167

主、劳工组织及就业机构不得由于个人的种族、肤色、宗教信仰、性别以及原国籍等因素而拒绝雇用或解雇员工，或在工资、工作条件、工作待遇等方面给予差别待遇。法案中的相关规定虽然仍然存在原告举证难等漏洞和弊端，但是不得不承认相关条款内容在一定程度上纠正了美国社会政策制度的差别性对待以及系统性歧视问题。

前文所举案例中的黑人女性（个体或群体）雇员均对其所在公司或企业发起诉讼，要求法院解决针对她们的多重歧视问题，因为这些歧视造成了侵害其利益的晋升瓶颈、薪金拖欠等问题。在上述三项诉讼中，法院要么驳回了原告的诉求，要么只是以"黑人""女性"的单一身份为主体满足部分诉求。在这些案件中，法院认为，原告不能引用任何法律依据来证明案件中的黑人女性雇员是一个需要保护、免受歧视的特殊阶层。法庭的调查和研究无法完全支持原告的诉求。若其曾受歧视，理应对其进行补救，但是法律不允许交叉使用不同种类的法定补救措施，进而获得一种"超级补救"，这会超越相关法律条文原本规定的补救范畴。因此，诉讼理由就不得不在种族或性别歧视之间"二选一"，不可兼而有之。①

遵从美国民权法案的修订轨迹，以及长久以来种族和性别各行其是的理论与行动轨迹，各级法院倾向于认为，一旦判例依据由排列组合的数学法则划分存在新的、需要受法律保护的少数群体，那么法律判定的缺口便会越来越大，未来社会就一定会被这个频频打开的"潘多拉魔盒"所侵扰。吊诡的是，在上述案件中，企业里的黑人男性雇员因为是"男性"而没有遭受性别歧视，白人女性雇员因为是"白人"也没有受到种族歧视，因此法院和被告方都以此为证据证明企业并不存在任何针对性歧视，所以原告的诉讼理由不成立。黑人女性陷入了"两头不占"的身份窘境。黑人女性的整体性、特殊性、复合性遭遇在此类案例中并没有得到法律层面的认可。

长久以来，性别歧视与种族歧视的相关法律原则和理论边界必须根据白人女性与黑人男性的经历加以划定。在法律层面上拒绝承认"黑人女性"这样一个新范畴，就是维护并进一步强化了固有模式。有鉴于此，一些黑人女性只有"碰巧"与黑人男性或白人女性这两类群体的遭遇相同时，在法律实践中才会受到保护。当她们主张自身的独特经历时，一些黑人女性就难以获得法律保护。交叉性

---

①　Crenshaw K. 1989. Demarginalizing the intersection of race and sex：A black feminist critique of antidiscrimination doctrine，feminist theory and antiracist politics. University of Chicago Legal Forum，1（8）：139-167

歧视并不能得到法律的充分认可，黑人女性"既是黑人又是女性"的交叉身份变成了"既享受不到基于种族的法律保护，也享受不到基于性别的法律保护"。

从解决黑人女性群体在法律上的边缘地位问题出发，交叠性的一个重要观点就是交叉性歧视使边缘处的少数族裔女性更加边缘，造成边缘化倍增效应。这从少数族裔女性视角为美国边缘群体教育史研究提供了新的破题法。第一，交叠性反对将性别作为无差别的单一整体进行理论构建，要求学者在相关研究中拓展视角，纳入拥有各类不同身份的边缘群体。特别是对于美国少数族裔女性教育史研究来说，不能不顾及种族、移民身份、社会阶层等历史因素，或只将性别或其他因素作为单一分析框架。因为这样根本无法解释在美国教育史不同时期少数族裔女性复杂而特殊的身份归属，以及她们在教育上遭遇的不公。第二，面对交叉性歧视带来的边缘化倍增效应，交叠性提倡女性个体或女性群体在不同的历史环境中以不同的方式明确自己的女性身份和各种连锁压迫或转化，也就是说在一种身份下的压迫甚至可能会变成另一种身份下的特权。边缘群体教育史研究中由于使用交叠性，从而使得"边缘群体"的身份感和交叠性的身份政治要求达成统一。从这一点看，美国边缘群体教育史运用的理论和方法大都来自对现实困境的省思，从中发展形成了新观点和新认识。当换一个透镜重新审视教育历史时，美国少数族裔女性教育史便从边缘走向中心，从幕后走向台前。

（三）社会权力运行机制的互联共时特性

交叠性以黑人女性主义理论为出发点，在解释历史化的多重压迫、社会权力运行、社会公正方面具有强大的包容性和开放性。它不仅在学科之间穿梭转化，同时在学术研究机构以外得到许多关注，甚至出现了跨国应用现象，逐渐成为一种跨学科、跨领域、跨地区的理论研究范式。也正是由于交叠性的具体应用场景各有差别，研究者的视角也不尽相同，再加上研究对象和研究性质存在差异，交叠性的分析框架并无定式。人们甚至可能并不直接使用"交叠性"这个词，但仍然在自身的研究或社会实践中加入了交叠性分析方法。

在交叠性发展历程中，交叠性的方法论也不断得到丰富和发展、修正和调整，存在"单维叠加""多维交叉""复杂互动"三种模式。这三种模式基本代表了交叠性方法论的三个发展阶段，它们共同指向社会权力运行机制的互联与共时性。当然，进行这样的划分，只是为了方便明晰交叠性方法论的特点和成熟过程，并不提供绝对的方法论路径。在实际应用中，研究者仍会根据具体情况和自身理解形成不同的方法论模式，三种模式之间存在程度不一的延续和联结。交叠性的本质更强烈地体现在分析和解决问题的过程中，而非纠结于"大一统"的边界框定。

1. 单维叠加模式

"单维叠加"是交叠性方法论发展初期的一种常见视角。无论是性别与种族的交叉，抑或性别与阶级的交叉，都从方法上帮助黑人女性主义在学术领域开疆拓土。纵然这种维度内部"1+1"式的组合仍显粗糙，但它仍然为后续关于美国边缘群体尤其是有色人种女性群体的研究、教学和社会工作提供了新的方法论模式，试图批判长期居于主导地位的男性视角下的理论偏见。单维叠加模式在性别、种族、阶级等几个重要又相互独立的领域之间搭起了联系的桥梁，进一步转变了以性别为中心的妇女研究和以种族为中心的民族研究。在早期交叠性研究路径中，研究者一般只从单维的研究基点出发做简单叠加，在性别、种族、阶级等维度内部或维度之间形成两两搭配。比如，在研究中将某一类群体（女性、工人或黑人）作为关注的焦点，然后将过去研究过的亚群体（白人女性、男性工人、黑人男性）作为参照，寻找那些被忽略的其他亚群体（黑人女性、女性工人）的经验。[①]这类模式重视解释与剖析个体体验和独特经历，是为了更好地说明群体类别"交界处"所独有的差别和困境，让外界发现并承认相关理论和既有实践存在漏洞与局限。

2. 多维交叉模式

交叠性在弥补单维叠加模式的不足过程中产生了"多维交叉"模式。在跨学科应用背景下，交叠性方法实现了从"类别内交叉"到"类别间交叉"的转型，产生了"多维交叉"的研究模式。该模式更加注重跨类别分析，关注多个社会群体之间关系的复杂性，而不只是对单个社会群体、单个类别进行分析或做简单累加。依靠这种模式，交叠性方法论摆脱了还原论的束缚，确立了新的理论观点，即生活中的压迫经历不能仅仅分为性别和种族两个毫不相干的类别，性别与种族既同时存在又彼此关联。不同类别或范畴维度交织带来多元交错的压迫，多维交叉成为分析的焦点。在这一模式中，有学者提出"以过程为中心""交叠性+"等

---

① 苏熠慧. 2016."交叉性"流派的观点、方法及其对中国性别社会学的启发. 社会学研究，（4）：218-241

分析方法。①它们都在强调动态成因而不再纠结于交叉类别，把分析的重点放在"种族化"而非"种族"，"经济剥削"而非"阶级"，"性别化过程"或"具体性别表现"而非"性别"，也就是承认权力在特定领域运作的独特性。由于这些分析方法更关注相互转化的过程，它们在运用时即会凸显交叠性随着时间的推移以及地点和制度的改变而不断改变的动态过程。因此，交叠性在方法论上能够与历史学研究产生共鸣。

美国女性主义学者安吉拉·戴维斯在 1981 年出版的经典著作《妇女、种族和阶级》（Women，Race & Class）一书中，运用这种方法论模式对美国近代女性史进行了研究。她也因为这部作品成为对种族、性别和阶级问题开展综合研究的先行者。尽管这本书没有明确使用"交叠性"这一术语，但其坚持种族、阶级和性别"三管齐下"，运用丰富的史料向世人展示了 19 世纪黑人妇女，以及黑人女性运动领袖作为女性、黑人和劳工所拥有的独特、复杂、环环相扣的历史经历。书中还专列一章讨论了当时黑人女性对于教育积极而渴望的态度，深切感受到了受教育与摆脱奴隶命运之间的重要关联。②此后，更有学者直接呼吁社会理论家认真对待人们生活中不断出现的种族、性别和阶级的交叉，进一步肯定了以交叠性为代表的黑人女性主义在理论方法方面起到的推动作用，因为它们所阐释的多维交叉能够帮助人们统合地理解各类压迫问题。③

3. 复杂互动模式

交叠性方法论的第三种模式复杂互动模式强调揭露共时性复杂关系。同第二种模式一样，复杂互动模式关注不同压迫和不公的交错性现象，但不同之处在于复杂互动模式的整体性概念更强。它将所有关系看作一个权力运作的网络体系，交叠性便是这样一种系统运行的动态机制，也是这种机制带来的结果。金伯莉·克伦肖在研究为什么美国历史上有色人种女性群体更容易受到暴力侵害时，运用"结构交叠性"这一理论来寻找原因。④层层叠叠的从属结构致使某些女性

---

① Choo H Y，Ferree M M. 2010. Practicing intersectionality in sociological research：A critical analysis of inclusions，interactions，and institutions in the study of inequalities. Sociological Theory，28（2）：129-149

② Davis A. 1981. Women，Race & Class. New York：Random House，99-109

③ Belkhir J A. 2009. The "Johnny's Story"：Founder of the race，gender and class journal. In Berger M T，Guidroz K (Eds.)，The Intersectional Approach：Transforming the Academy through Race Class and Gender. Chapel Hill：The University of North Carolina Press，303

④ Crenshaw K. 1991. Mapping the margins：Intersectionality，identity politics，and violence against women of color. Stanford Law Review，43（6）：1241-1299

群体不仅容易遭受虐待，也容易受到不恰当的社会干预所带来的二次伤害。这些干预没有考虑具体情境中的结构体系和权力运行模式，也无暇顾及更宏观的多层次和制度化的统治体系。

　　这种方法论模式特别善于解释不平等现象是如何在不同领域、不同层次、不同群体之间形成和蔓延的。它既是对上述两种模式的吸收和完善，也是交叠性从方法论角度对"身份""权力""结构"等理论支点之间的关系的进一步说明。对于个体而言，身份是一个整体建构；对于社会关系来说，交叠性方法论用来显示独特的社会权力关系是如何相互构建形成整体作用力的，而不仅仅是社会等级的存在。以这种方法论模式为指导，无论是定性研究还是定量研究，都必须设计出能够反映交叠性的问题，同时找到恰当的研究（测量）对象，进而分析交叠性资料（数据），并且有责任在社会历史和结构不平等的背景下对这些资料（数据）做出最后的解释与说明。这一点也使得交叠性与历史研究在方法论上形成了天然联盟。

　　对于上述交叠性方法论模式，研究者普遍认识到，在具体研究中无论以定性分析为主还是定量研究为主，都要避免对复杂身份或社会关系进行机械切割。比如，在做调查问卷时，问卷设计便有可能存在这样的题目：

　　下列哪一个选项最能代表你所遭受的歧视？

　　A. 种族　　B. 性别　　C. 性取向

　　这类带有引导性的问题，将种族、阶级、性别等因素作为因变量，诱导回答者不得不将自我身份进行剥离，还要对诸多身份进行排序，从而将某一种身份"高亮表示"，将其他身份隐去不谈。以这种思路收集到的材料很容易得出这样的认定结果——拥有多重身份的研究对象会陷入引导性的身份误读，他们不得不认为自己首先是一名黑人，然后才是同性恋者或双性恋者；或者他们首先认为自己是同性恋者，然后才能考虑是黑人或是女性。这里面没有包含多类身份的选项，研究对象其实无法也不应该对所有身份进行排位。这样的问卷根本没有预留"没有孰先孰后，我是全部，我是整体"的表达空间。

　　同理，为了提高对不同社会文化群体之间的差异的敏感度，充分显现种族、阶级和性别等因素在研究结果中的共同作用力，研究者应该有意识地探寻交叉的隐含经验，即使参与者没有看出其中的联系，或没有指明这些结构性的不平等体系。譬如，在对历史上被剥夺教育权的黑人社区女性群体进行访谈时，研究者可以询问类似这样的问题："作为一个黑人女同性恋者，你以前在教育方面遇到过什么样的困难？"而不是"请您从种族、性别、性取向等方面分别谈一谈您以前在教育领域遇到过什么样的困难"。这样一来，多少就避免了用分层或简单加和的方式描述与思考问题，因为黑人女同性恋的身份不是"黑人+女性+同性恋者"这么简单。①

以上三种模式反映了交叠性自身的发展过程，也说明交叠性是一种逐步走向成熟的理论方法。无论是单维叠加模式还是复杂互动模式，交叠性都日益强调社会权力运行机制所具有的互联共时性，也正是权力运行的这一特点，才造成边缘群体中少数族裔女性承受着机制下的多重压迫。在交叠性观点的影响下，学者不仅对边缘群体在传统教育史书写中呈现的不足加以批判，也对在边缘群体教育史研究内部可能存在的少数族裔女性群体表达不足等问题保持清醒的认识。

三、交叠性的实践场景

20 世纪七八十年代以来，交叠性的出现创造了许多新的讨论与实践空间。伴随而生的既有集中在"象牙塔"内的科研与教学探索，也有扎根在社区治理、权力运动和法治建设等政治领域的社会活动与政策实施。交叠性作为一种批判性理论，因其关注社会不公、交错性的压迫与歧视等问题，对美国及其之外的一些区域产生了一定的影响。然而，这些问题又植根于美国历史遗痛，与教育历史上的不公和种族隔离紧密相关，因此交叠性的诸多实践场景为美国的边缘群体教育史研究提供了更多切入点。

（一）高等教育研究与教学实践

高等教育机构是全球文化传播的集散地，美国高等教育发展过程也显示出美国所信奉的理想、价值观与实践之间的冲突。从事交叠性研究的学者有很大一部分属于有色人群，他们广泛分布在高等教育体系，其中以历史、人文、国际关系、法律和商业等学科为主。许多学者以其自身的学术研究为基础，在教育教学实践中形成了交叉分析的批判性思路，并通过学术和其他社会活动相联结，为交

---

① Bowleg L. 2008. When black + lesbian + woman≠black lesbian woman: The methodological challenges of qualitative and quantitative intersectionality research. Sex Roles，59（5）：312-325

叠性建立了学术话语空间，使种族和文化多样性在教育领域发挥更大作用，以期改变美国学术界以白人、男性和异性恋规范为统领的传统格局。自 20 世纪 80 年代以来，交叠性在高等教育学科教学方面的影响力不断提升，"学院化""制度化"的特点日益显现。①

但令人担忧的是，交叠性越来越被作为一种学科知识圈禁锢在学术"象牙塔"中，交叠性在高等教育领域的实践不乏偏狭之处，其本身对于教育大系统的批判和反思作用并没有得到充分发挥。大学里的学生、教师，抑或是行政管理人员，一旦触及与自身有关的种族、阶级和性别等日常问题时，往往会遇到政策、文化或实践等方面的阻碍，或展现"言行不一"的一面。尽管有些大学也愿意吸收交叠性的理论原则去设计和讲授课程，但只要走出课堂，回到现实，有时是面对需要边工作边学习的在职研究生，有时是需要在生育和完成学业间进行选择的女学生，整个教育体制又会重蹈覆辙，难以从这些群体的多重需要出发提供教育辅助。实际上，大学里的餐厅服务人员、图书管理员甚至体育馆的保洁人员都是系统内部的一环，他们共同构成了交叠性运用的教育教学实践环境，但交叠性在大学内部的日常实践常常难如人意。

（二）边缘群体教育史的知识生产与理论迁移

交叠性的应用推动了一个创新的、新兴的知识生产链条的形成，特别是它提供了一个批判性的分析视角，以审视种族、民族、阶级、能力、年龄、性和性别等方面的综合差异，并质疑分析不平等结构的既有模式，进而试图改变原有研究范式以及生成这些范式的社会制度。这种改变过程其实也是交叠性理论和方法创生新知识的过程。除了前文已经提到大量的女性主义研究和"性别-种族-阶级"研究外，乘着盛行的新史学之风，当代美国教育史研究中也开始出现交叠性的身影。

当代美国教育史研究受到社会学和历史学的影响，将交叠性更多用于对边缘群体，尤其是少数族裔女性的教育经验研究。有学者运用交叠性考察了黑人女性对于家庭、社会和自我的认知的变化过程。②同样地，苏伦·霍伊（S. Hoy）在对

---

① Collins P H，Bilge S. 2016. Intersectionality. Malden：Polity Press，32

② Moore K T J. 2009. "She Who Learns，Teaches"：Black Women Teachers of the 1964 Mississippi Freedom Schools. Chapel Hill：The University of North Carolina Press，i-140

芝加哥天主教女子学校历史的研究中，利用交叠性的理论和方法分析了投射在学生身上的种族、宗教的矛盾交叉①；德文·米喜苏娃（D. Mihesuah）②则通过切罗基族（Cherokee，北美易洛魁人的一支）女子神学院内的寄宿学校这一特殊场所，观察到了离开保留地的美国土著女性师生的教育史，对她们身上交织着的种族和阶层特性进行了研究③。在这些研究中，交叠性是活跃的跨学科研究催化剂，相关研究者始终致力于思想实践、制度实践和行动实践。其中的交叉分析需要跨越许多不同类型的边界，包括学科之间、学术女性主义和女性主义之间以及地方和跨国政治之间的边界。

在学术思想与政策行动的相互转化过程中，交叠性获得了内在生命力。从实践的角度来看，研究者有必要在地方组织和跨国政治之间建立更强有力的联系。从交叠性视角考察涉及塑造日常生活的复杂历史、权力运行、相互联系以及不同边缘群体的抵抗策略，就是一种可行的研究方法。因此，交叠性的运用和实践也带来了一种跨国性的理论迁移和政策批判，值得具有不同历史文化背景的人进行思考。

需要指出的是，交叠性的跨国"迁移"绝非西方学术的简单移植。交叠性的跨国应用更多呈现出的是交叠性与地域性研究的碰撞和融合。有时即便是在学术范围内谈论种族、性别等问题，也难免会遇到本土社会文化因素的过滤和对冲。在理论迁移的同时，交叠性既用来分析不同国家和地区的不同类型的多重压迫，也用来进行自我批判，有意识地反省自身在理论发展和知识生产过程是否缺少"欧美以外"妇女的视角和声音。④当代美国边缘群体教育史研究也同样从这样的实践反思中汲取营养。交叉框架促进了新的"被压迫者"的教育史知识增长，产生了异于美国传统语境的分析价值，为理解全球范围内复杂的不平等体系带来了理论和方法上的启示。

① Hoy S M. 2002. No color line at Loretto Academy：Catholic sisters and African Americans on Chicago's east side. Journal of Women's History，14（1）：8-33

② 德文·米喜苏娃本人就是美国乔克托人（Choctaw）中的一名女性学者，因此她对少数族裔女性历史，特别是美洲印第安人历史有更深入的理解

③ Mihesuah D A. 1997. Cultivating the Rosebuds：The Education of Women at the Cherokee Female Seminary，1851-1909. Champaign：University of Illinois Press，7-116

④ 参见 Collins P A，Bilge S. 2016. Intersectionality. Malden：Polity Press，2-5；Nash J C. 2008. Rethinking intersectionality. Feminist Review，89（1）：1-15；Robert S A，Yu M. 2018. Intersectionality in transnational education policy research. Review of Research in Education，42（1）：93-121

（三）社区干预、政策实施与权力运作

交叠性实际应用的最大功效就是通过政治杠杆来干预各种社会活动、社区工作和救济补偿政策等。在交叠性概念小荷初露之时，政策应用场景问题就已浮出水面。特别是理论落地在基层服务场景时，交叠性的实践价值得到了更多释放。在各种社区活动和政策实施过程中，交叠性意欲纠正单维度僵化思维所遮蔽的复杂社会矛盾，重新审视边缘群体身份的特点，进而正确发挥政策的杠杆作用。譬如，在社区暴力问题的司法实践中，人们更加清醒地认识到，除非考虑到遭受暴力的妇女的身份交叉问题，否则对暴力侵害妇女行为的理解将是有限的。种族、阶级、移民身份和性别之间的交错将会带来不一样的权力关系，它们会影响女性的选择。①在这方面，如果缺少交叠性的分析视角，那么许多政策和社区干预都将药不对症、大打折扣。

其实，从一开始，交叠性就致力于解决最能够影响底层边缘群体的社会问题——贫困、教育质量低下、医疗水平低、住房不足和暴力，凡此种种都需要通过种族、阶级和性别交叉的权力关系的视角重新进行解读。在解决这些复杂社会问题时，人们不能仅仅使用一个交叉的框架来理解具体的社会问题，同时要学会将对具体问题的理解转化应用于更大的政策实施场域。种族主义和性别歧视是如何相互影响的？阶级立场和异性恋价值观是如何相互构建的？公民身份（国籍）是如何与能力和年龄等问题联系在一起的？凡此种种已经直接影响到了美国诸多政策的出台和法律进程的推进。

追根溯源，交叠性越来越多地投射在"权力本身的意义"这个大问题上，并引导我们将这些内容作为公共议题进行全球化审视。在近些年的全球性人权会议中，基于交叠性的政策表述逐渐增多。2000 年，消除种族歧视委员会（Committee on the Elimination of Racial Discrimination，CERD）通过了关于种族歧视与性别有关方面的第 25 号一般性建议，该建议提出种族歧视对于男女的影响并不相同。在许多情况下，种族歧视主要针对女性。选择恰当的工作方法将有助于人们发现、比较和解决各种针对妇女的交叉性歧视问题，进而采取措施给予补救。比如，按种族或族裔分类，进而在种族和族裔群体中按性别分类的方法，就

---

① Dill B T，Zambrana R E. 2009. Emerging Intersections：Race，Class，and Gender in Theory，Policy，and Practice. New Brunswick：Rutgers University Press，viii

更有利于比较或解决那些不易被发现的问题。[1]2001 年，联合国在南非召开反对种族主义世界峰会，开启了致力于根除种族主义、仇外心理和相关不容忍行为的全球总动员。会议通过了具有里程碑意义的《德班宣言和行动纲领》（Durban Declaration and Programme of Action，DDPA），更为明确地显示出交叠性在实践中的作用力，其中专门提到"种族主义、种族歧视、仇外心理和相关不容忍行为正以各种不同的形式叠加于妇女和儿童身上，这是导致她们遭受困境、贫穷、暴力和多重歧视的因素之一"[2]。交叠性就像一盏穿透雾霾的探照灯，不仅能够凸显边缘群体身份叠加的现象和特质，也为后续行动指明了方向，敦促相关行动者更加注重修正"多重交叉的压迫""历史上的不公正""系统性歧视"等顽疾。

交叠性在不同的实践场景中都致力于消除不同边缘群体所面临的多重歧视，为解决历史顽疾提供更多思路。无论是自上而下的政策实施，还是草根阶层的社区干预，交叠性框架和分析视角在实践中反映的都是相互建构、相互影响、相互联系的权力关系。交叠性实践更加真实地还原了权力运行的复杂状态。种族主义和性别歧视本就彼此交织着呈现在历史动态图景中，只有我们以交叠性视角进行观察，才能够完全明白其中千丝万缕的联系，才有可能认识到边缘群体的真实境遇。

第二节　交叠性的史学功能

在跨学科研究中，无论是理论的借鉴还是理论的衍生，首先都需要达成理论自洽，唯其如此，才能够为另一领域寻找到更为合理的解释提供足够支撑。在当代美国边缘群体教育史研究中，理论与方法的应用场同样需要有与之适应的问题域，即在一定层面能够形成耦合，为理论方法的落地与内化提供必要的基础。伴

---

[1]　United Nations General Assembly. 2012. Report of the committee on the elimination of racial discrimination. https://docstore.ohchr.org/SelfServices/FilesHandler.ashx?enc=dtYoAzPhJ4NMy4Lu1TOebB0mkdSAL5ZNA5Ak KH2FwrNBGBIt2f2ITtqG8kIKl5SE82XF28crAHHG3TNFCDWRfTGdxmAKo04wVmSaMCzUSkOI%3d

[2]　Maran R. 2002. A report from the United Nations World Conference against racism，racial discrimination，xenophobia，and related intolerance，Durban，South Africa，2001. Social Justice，29（1-2）：177-185

随自身鲜明的理论特点，交叠性在与历史学研究的交流互融中，将理论方法的运用投射在美国少数族裔和女性史的研究中，不仅扩充了当代史学发展前沿阵地，也使将其应用于当代美国边缘群体教育史研究有了更大可能。

一、凸显复杂问题背后的历史因素

历史研究通过引入交叠性让人们更清楚地看到了边缘群体的历史遭遇、受歧视根源以及问题的复杂性。这远不是通过零碎而带有误解的"社会常识"就可以解释清楚的。在这方面，较为系统的专项口述史项目更有说服力。它们大多利用历史当事人和见证者的自述与回忆进行，研究对象即为实证的一部分，口述者所给予的内部证据与研究者运用的外部交叠性理论形成了闭合的逻辑，因而能够较为深入地探究边缘群体长久以来的共时性风险和压力。比如，黑人女性历史上受到的性侵害曝光率、报案率低，很大程度上是因为受到来自黑人社区维护种族团结和家族荣誉的压力，正是这类压力导致长期以来黑人女性的权利难以得到保障。在就业问题上也是类似的，黑人女性在就业准备阶段受到的影响尤为明显，因为她们的"黑人"身份意味着受教育年限更短，进入劳动力市场更快，失业率更高，更需要为自己的教育进行融资。然而，她们的"女性"身份则意味着更少接受高等教育，更早生育。她们往往不得不满足于短期培训项目，委身性别隔离的劳动力市场。

与此相对应的是，一些口述史研究也致力于反映黑人女性群体中的成功者，即便她们在种族主义和性别歧视的综合影响下经历了或仍在经历着交叠性的压迫。交叠性框架下的黑人女性史从正反两个方面对黑人女性群体构建身份认同，反映了制度化的歧视和压迫体系。[①]

在解释复杂的事物时，简单化的理论总会显得力不从心，更不可能出现定于一尊的局面，成熟的理论会随着实践的发展和理性的思考而循环渐进。交叠性面

---

① 美国口述史学家露丝·埃德蒙斯·希尔（R. E. Hill）主持开展的《黑人女性口述史项目》（The Black Women Oral History Project）以及新墨西哥大学法学院毕业的第一位黑人女性芭芭拉·布朗·西蒙斯（B. B. Simmons）发起整理的《新墨西哥大学黑人女校友口述史集》（UNM Black Alumni Oral History Collection）即为此例。参见 Hill R E. 1986. The black women oral history project. Behavioral & Social Sciences Librarian，4（4）：3-14；Simmons B B. 2016-05-12，2020-02-21. UNM black alumni oral history collection. https://digitalrepository.unm.edu/black_alumni_interviews/

对的边缘群体身份复杂，在进行范畴内和范畴间的数据选取与方法比较时也比较复杂，并没有固定的模式可循。加之交叠性处理分析的是复杂的社会历史与现实问题，因此诞生或服务于少数派的交叠性尤其注重立足学术发展史，反省自身的理论表达，因为一旦表达失当，便有可能加剧社会对边缘群体的排斥，并使种种不公合理化。

正如温蒂·布朗（W. Brown）所指出的那样："我们不是简单地被压迫，发生在历史上的这些压迫是通过复杂且情境化的学术话语产生的，对那些原本很好区分的身份类别根本没有给予尊重。"[1]其实，不独在历史学的学术话语中才会有"历史因素"存在，当涉及社会公平、身份认同、民族自决、权力运作、法律和政治体系、话语结构等社会问题时，其复杂性往往源于复杂的历史背景，使得这些问题"你中有我""我中有你"。单纯依靠某一种学科的知识难以完全把握。任何学术或实际行动的干预都是"暂时的""视情况而定的"，交叠性也同样要将复杂的现实问题放在历史发展的动态中进行评判，也就是交叠性所强调的"历史情境"。

交叠性的方法论之一就是将一切事物视为复杂的系统，假设事物之间是相互作用而非某几种元素分别产生决定性作用。这就需要研究者花更大力气分析具体的历史情境，因为每个系统都具有路径依赖性。例如，当人们讨论19世纪后半叶至20世纪初美国西部黑人女性的受教育机会时，运用交叠性就意味着寻找性别、种族、阶级等要素之间深度互动，以及由这些要素共同决定的复杂历史过程。这些个别性的分析由此与整个社会系统的塑造联系在一起。[2]然而，20世纪后期以来，美国经济社会发展进入新阶段，整个国家的人口结构也在不断发生变化，种族、信仰、语言文化传统的构成越来越复杂，原本主流的种族、信仰、语言和文化认同日益呈现出不足以维系其原先地位与功能的颓势。一方面，美利坚民族要界定和维护主流的文化认同；另一方面，不同的群体，尤其是少数族裔也需要在这样一个各种身份的大熔炉中保持自身特性和身份认同。[3]这种复杂的局面伴随历史保留至今，无法逃避。我们需要借助历史眼光和历史思维，处理各种相互对立冲突身份下产生的认同竞争或不安全感、不信任感。交叠性在回答此类

---

① Brown W. 1997. The impossibility of women's studies. Differences：A Journal of Feminist Cultural Studies，9（3）：79-101

② McCall L. 2005. The complexity of intersectionality. Signs：Journal of Women in Culture and Society，30（3）：1771-1800

③ 彭刚. 2014. 历史记忆与历史书写——史学理论视野下的"记忆的转向". 史学史研究，（2）：1-12

棘手问题时引入了历史维度，增添了解决复杂问题的智慧和力量。

此外，作为彰显不同国家与地区边缘群体历史经验的有力手段，交叠性在不同国家的实践运用中，还需要考虑全球历史情境多样性所造成的复杂状况。譬如，在欧洲的学术背景下，相对于"性"与"阶级"，"种族"的分析功能并不突出，交叠性的学科实践并没有完全反映出欧洲和北美的历史差异。可见，无论是鉴于交叠性的复杂程度，还是在知识传播中所牵涉的研究传统的差异，交叠性理论和方法的应用都为研究对象引入了历史意识、历史情境和历史思维。

二、推动重塑历史记忆和认知

记忆与历史有着天然的联系，记忆功能可谓史学最基本的功能。"记忆"理论很早就被引入历史事件的叙事分析中，社会记忆、集体记忆、历史记忆成为各种记忆之场，以此建构新话语体系下的根基情感、族群身份认同与政治文化认同。[①]同样是在 20 世纪 80 年代初，美国历史学出现了"记忆转向"，以新社会史、新文化史为引领的新史学开始关注社会语境中的国家记忆、族群记忆和个体记忆等。记忆史学与交叠性的同轨并进并不只是时间上的巧合，二者都对维护现代性、决定论和本质论的历史叙事提出异议。在记忆史范畴中，历史研究是一种"回忆过去"的理性活动，但这种回忆难以摆脱社会文化的影响。在男性中心主义社会文化中，历史记载的往往是男性的活动，但在阅读这些史料，沉浸在相关记忆时，人们已然习以为常，不会过多计较记忆与历史之间的博弈。在后现代主义的学术觉醒中，学者便有意打破这种记忆隔离，开始注意一些多元的、边缘的、异常的现象，并从中分析这些现象的解构意义。[②]交叠性的运用在历史研究中正是为了更准确、全面地认识并记录边缘群体本身的记忆和社会对边缘群体的记忆。

从教育记忆和教育历史的角度来说，人对教育经历的回忆和理解，不可避免地要受到人际关系、社会价值观、发生回忆的实时场景等因素的影响，既可能产

---

① 关于"集体记忆、社会记忆与历史记忆"的区分和作用，参见张倩红. 2019. 历史记忆与当代以色列国家认同的构建. 世界历史，（6）：3-7；王明珂. 2001. 历史事实、历史记忆与历史心性. 历史研究，（5）：136-147，191

② 王明珂. 2001. 历史事实、历史记忆与历史心性. 历史研究，（5）：136-147，191

生符合历史事实的记忆，也可能产生记忆偏差，甚至有目的地选择性失忆。尤其是在回忆教育经历时，人们可能正置身于教育场景之中，现实教育活动与教育记忆就产生了交互性的影响。[①]交叠性也恰恰能从历史记忆的特性出发，说明教育记忆中的历史是如何产生和形塑的，为何相同的一段教育历史会给白人女性与黑人女性带来截然不同的教育记忆。边缘群体教育记忆史的书写更需要考虑群体身份特性的差异，以及记忆场景涉及的多种社会关系。

交叠性来自于对少数族裔女性及其他边缘群体所遭受的多重压迫的反思，其希望借助理论和方法之剑，全面看待多种社会范畴的综合联系，揭示种族与社会性别互动的不同方式对黑人女性经验的塑造，强调边缘化主体多维的生活经验。即使在女性视角的加持下，以黑人女性为代表的美国少数族裔女性的独特历史记忆也会被有意识地忽略，或因有别于"白人女性"的遭遇和诉求，导致根本无法产生历史的共情，黑人妇女或因此陷入刻板印象而无力扭转。[②]譬如，第二次世界大战后，受到罗斯福战争动员等多种因素的影响，美国中产阶级白人妇女要求走出家庭生活，外出工作，获得相应的劳动权益，提高社会地位。但是，对于美国黑人妇女来说，劳动和工作始终是她们生活的一部分，家庭和工作的双重负担才是她们命运的真实写照。白人女性与黑人女性生命体验的差异自是管中窥豹，可见一斑。白人女性主义者书写的历史只是注意到了性别差异带来的权力关系，总会不自觉地落入白人男性本位主义或殖民主义的窠臼；黑人解放运动往往过于强调种族压迫，而未能正确看待资本主义在美国经济社会中对黑人妇女进行的剥削，也未能抵抗异性恋霸权。难怪黑人女性主义学者发出了"难道我不是女人吗？"[③]的诘问，交叠性刺破了"所有的女性都是白人，所有的黑人都是男性"的迷思，也鞭策历史学者重新认识历史的完整性、真实性。

有不少历史研究由此开始运用交叠性对黑人女性中"母亲"这一特殊角色所发挥的作用和承担的重责进行分析。透过交叠性的框架，我们既看到历史上将黑人女性称为"福利母亲"的偏见是如何通过社会结构、历史文化和福利政策形成的，也看到经过历史的比较分析，来自草根阶层的普通黑人女性是如何通过有偿

---

① 周洪宇，陈诗. 2018. 教育记忆史：研究教育史的新视角. 教育学术月刊，（8）：3-10

② 美国历史上对黑人女性最具偏见、最典型的四个刻板印象包括荡妇、饶舌悍妇、保姆和福利母亲（welfare mother）。这些刻板印象形成于美国社会对黑人女性施加的性、性别、种族等多重压迫，具有很深的历史根源，它们对黑人女性和黑人群体造成严重污名化，其恶劣影响延续至今。

③ Hooks B. 1984. Feminist Theory：From Margin to Center. Boston：South End Press，153

或无偿的工作和服务，逐渐成为社区活动的核心人物的。她们因种族、阶层和社会性别的不同作用而选取不同的行动策略，进而为家庭中的女性成员和整个社区赋权增能。①

　　然而，将历史上受多重歧视和压迫的少数族裔女性迎向聚光灯下并非易事。处于美国白人文化和本土文化夹层的少数族裔女性学者（特别是历史学者）既要"破圈"又要"入围"——她们不仅要让历史上被隐去的声音、被遗忘的记忆、被忽视的人群、被搁置的问题统统显影，还要寻求理论和方法上的突破，竭力将上述内容学术化，将相关研究的地位由边缘移至中心。与此同时，他们还要迎击自身被主流学术和白人女性主义排斥的阻力。不管少数族裔女性处于何种境地，她们都不得不从相互撞击的身份中加以选择，而哪个身份又是第一位的？边缘群体教育史的研究学者又将如何自处？从这个角度看，用交叠性理论和方法为边缘群体女性发声的史学家也经历了带有交叠性的学术困扰，撰史者成了历史的一部分。

　　正是因为交叠性能够对以黑人女性为代表的少数族裔女性经历的历史进行归因，它促进了当代美国史学家重新对"群体之过去"进行描摹和勾勒。其一，交叠性聚焦少数族裔女性共同或共通的苦难记忆。这些历史记忆因包含"叠加累积"的复杂因素而成为构建少数族裔女性身份认同的基础，人们通过更新历史认知、重塑历史记忆来治愈创口，来厘定共同的当下，面向共同的未来。其二，历史记忆与历史遗忘总像一对"双生子"形影不离。黑暗历史的亲历者终会故去，少数族裔女性抑或边缘群体的文化特性和权利诉求也总是会被"选择性遗忘"，交叠性纠正了历史认识的偏差，坚定了人们对历史伦理和历史正义的守望，帮助历史学家敢于并至少在方法上能够为历史受害者著书立说，去做"过去的负责任的监护人"，随时准备好指出那些对过去不恰当的阐释。如果我们将历史学作为一个"批判性的学科"看待，那么就需要我们独立地思考过去及其与当前的关系，且不惮于加以区分。②

---

①　参见 McDonald K B. 1997. Black activist mothering: A historical intersection of race, gender, and class. Gender & Society, 11 (6): 773-795; Naples N A. 2013. Grassroots Warriors: Activist Mothering, Community Work, and the War on Poverty. New York: Routledge

②　帕特里克·格里. 2018. 历史、记忆与书写. 罗新主编. 北京: 北京大学出版社, 2-3

三、增强后学视域下历史学的跨学科应用能力

20 世纪六七十年代是美国社会的变革时代，民权运动和各种社会运动此起彼伏。"新社会史""新文化史"方兴未艾，成为美国史学发展的新潮流。广阔而丰富的实践背景，变动的社会格局，构成了属于那个时代激进、开放的民主视野，提倡批判精神，致力于推动社会正义，鼓励新一代历史学家以诚实的态度和由下而上、多元互动的视角来重新审视美国的过去，为一个追求更为平等、更具包容性的美国建构一种新的人文知识基础。①

交叠性理论和方法在美国少数族裔女性历史叙事中的运用就是这个时代的产物，它迅速融入当代美国新史学的浪潮中，主要出现在性别史，尤其是美国黑人女性史研究中，着力从社会性别、性、种族、阶级等角度对黑人女性身份进行新的历史建构。比如，在有关女性参与民权运动历史的研究中，研究者明确使用了性别、种族和阶级结构的连锁系统来探讨南方黑人女性是如何领导和参与民权运动的。依靠大量档案资料和对女性民权领袖进行的个人访谈，研究者向世人披露了黑人女性活动家独特的个人和群体立场，并对黑人妇女在公认的民权运动领导者中不被承认和接纳的历史遭遇做出了解释。不同背景的南方黑人妇女有着摆脱压迫的共同愿望，她们可能是厨师、家政和服务人员、教师、家庭主妇、美容师、学生或办公室文秘。但无论个体身份如何，她们都要生活在美国南部的历史氛围的笼罩下，其中包括合法化的偏见、劳动剥削、身体侵犯和侮辱，以及制度化的暴力和恐吓。相较于黑人男性领导者，投身南部民权运动的美国黑人女性尽管常常被人们有意无视，但在历史上经常成为发起抗议、制定战略战术、调动其他资源（特别是资金、人员和联络网）的关键力量。她们在集体行动的成功方面发挥着领导者的作用，无愧"英雄"或"领袖"之称。②

随着研究的不断深入，交叠性与后殖民主义、后结构主义、女性主义和新历史主义等其他新兴理论一道，不断修正、扩展并深化对黑人女性的历史研究，形成了独树一帜的黑人女性主义历史观。站在后学的批判立场，大写的单一的历史已无法高居多元历史之上，众学科对现代性的维护也随着现代性的危机而破产解

① 王希. 2020. 方纳：一个伟大美国学术时代的写照——为《19 世纪美国的政治遗产》而作. 美国研究，(1)：122-140

② Barnett B M. 1993. Invisible southern black women leaders in the civil rights movement: The triple constraints of gender, race, and class. Gender & Society, 7 (2)：162-182

体。地方性、非理性、主观性和不确定性成为新学术时代的特性。交叠性不仅仅为当代美国边缘群体历史研究提供了理论和方法，也培植了方法的哲学基础，并且在史学不同的分支研究领域应用中产生了新的历史视角和历史观。这些"新意"与新史学的发展和反思一起，融入以后现代主义为代表的后学视域中，对历史学科之外的领域也产生了影响。

浸润了历史形态的交叠性直接推动了当代美国黑人女性主义文学批评的发展，确立了"种族-性别-阶级"三位一体、交错叠加的黑人女性主义和黑人女性主义文学批评核心。黑人女性写作本身逐渐成为历史性、政治性与社会性的统一体。作为身份与边缘写作的堡垒，20世纪80年代以来，当代美国黑人女性主义文学更加自觉地使黑人女性话语在白人女性主义话语、黑人男性传统话语的遮蔽下得到彰显，还把辨析的目光延伸到自己种族内部。[1]在当代美国黑人女性主义文学批评的视域中，黑人女性在美国历史叙事中的缺席，使得当代美国黑人女性的文学创作更注重挖掘历史的文本性和文本的历史性。她们在历史（虚构）与现实（事实）、象征与想象、非线性叙述等后现代写作手法的辅助下，从自身经历出发，反对黑人女性群体所遭受的多重困境，努力重建黑人女性身份，彰显黑人女性的家庭观、母道、姐妹情谊、女性特质等属于黑人女性的独特传统。[2]交叠性亦混合着新历史主义的作用力在黑人女性主义文学研究中引入了主观多元、碎片、差异的历史叙事维度。美国黑人女性主义文学被注入一种特殊功能：消解中心或结构经典叙事，重构为边缘群体或不被重视的边缘文学传统发声的历史叙述。

交叠性就像一架飞梭牵引着历史学穿行于黑人女性文学、社会学、政治学的研究中，使得当代美国边缘群体史学研究的新诠释与新发现更容易被其他学科所注意和接受，从而在后学理论大营中为黑人女性主义思想赢得了一席之地。我们从交叠性在少数族裔女性历史研究中的应用也能够发现，学界在更多讨论当代美国史学借鉴吸收人文学科、社会学科养分的时候，也是学科自身汲取转型力量的时候，但我们不能将其视为单向输入，更不能忽视同一时期其他学科的"历史回归"和"历史转向"，不能低估历史学的基础性地位及其在学科外部产生的积极

---

① 王军. 2008. 西方后学语境下的美国黑人女性主义文学. 社会科学家，（11）：147-149

② 美国此类黑人女性主义文学作品数量颇丰、种类多样，如自传、小说、戏剧、诗歌、纪实文学等。但仍有不少作品在问世之初并未引起重视，被搁置主流外围，直到后期才受到广泛关注。其中含有交叠性视角的经典之作包括《他们眼望上苍》（Their Eyes Were Watching God）、《我知道笼中鸟为何歌唱》（I Know Why the Caged Bird Sings）、《宠儿》（Beloved）、《紫色》（The Color Purple）和《黑人开心屋》（Funnyhouse of a Negro）等

影响。也正是因为交叠性具备相应的史学功能，才为当代美国少数族裔女性教育史研究奠定了坚实的基础。交叠性围绕性别、种族、阶级等多个维度在更广阔的历史记忆空间进行教育史探究，同时汲取黑人女性主义、人类学、社会学研究中的方法和经验，为当代美国少数族裔女性教育史研究增添了新的活力。

第三节　交叠性与边缘群体教育史研究的内在关系

美国教育史学在经过传统阶段的形塑和修正阶段的拆解之后，进入了多元文化主义时代。这一时期的最大特点莫过于多变与整合。教育史研究既面临内在历史的真实问题，也存在外在历史表达不足的问题。交叠性既与"教育"相关，也与"历史"相关，具备理论解释力。作为一种解释框架和研究方法，交叠性在边缘群体教育史研究中也同样站得住脚。对于以黑人妇女为代表的少数族裔女性来说，交叠性继承了女性教育史的"性别维度"，但又不依附于传统的白人女性教育经验，而是帮助她们站在一个特定的种族、阶级、性别、政治、经济、社会、文化和个人因素形成的立场来书写别样的"她"史。交叠性从自身的理论角度尖锐地剖析了各方权力关系在教育场域的复杂运作，以及不同权力对边缘群体施加的多重压迫。交叠性成为连接少数族裔女性教育问题与少数族裔女性历史问题的一座桥梁，由此通向当代美国边缘群体教育史研究。

一、交叠性的实践理路契合美国教育史研究的路径

从美国思想史发展角度看，边缘群体的身份既是流动模糊的，也是无足挂齿的。在同样扎根美国历史的保守主义意识形态中，边缘群体寻求平等与个人自主的努力甚至会破坏美国的核心价值——"自由"。再加上美国从蓄奴时代就形成的社会等级和种族主义毒瘤，边缘群体长期处于教育隔离和被排斥的状态。美国少数族裔教育史并未被聚焦，长期处于学术史梳理的边角和外围。在教育史学的

分析框架中，不同发展阶段的代表人物及其撰史模式反映了美国教育史研究的主流。从 19 世纪的巴纳德到 20 世纪上半叶的埃尔伍德·克伯莱，再到 20 世纪 50—70 年代出现的伯纳德·贝林、劳伦斯·克雷明、乔尔·斯普林和大卫·泰亚克等修正派史学家，公立学校教育一直是研究主线，区别不过在于早期与后期两大阵营对公立学校的社会作用存在不同认知。但不管怎样，从总体上看教育史研究始终沿着公共教育制度和思想的"破"与"立"、"变"与"革"来进行。

　　尽管从 20 世纪中叶开始美国教育史学家就已经将女子教育、黑人教育、欧亚移民人口教育、印第安人教育等边缘话题放在美国独立之初的教育框架内加以讨论，但这些教育类别并未作为独立或独特的形态，反而多少变成美国新教育秩序中的"异类"和"阻碍"，统统融入美国化的多元教育组合方式和力量博弈之中。劳伦斯·克雷明就曾在他享誉世界的多卷本《美国教育史》中多次提及前述各类群体在不同时期的教育困境和缓慢发展，女子教育也在个别案例中偶有出现。但无论是奴隶教育、家庭教育、学校教育还是社会教育，各种教育组合形式中都不曾提及"少数族裔女性"这样一个群体。虽然书中基本能够正视边缘群体的教育遭遇，并愿意用一定篇幅进行论述，但"中心-边缘""主流-其他"的权重安排同样不言而喻。劳伦斯·克雷明在书中明确警示读者："奴隶种植园、印第安人居留区以及种种自觉或不自觉地因乌托邦式的追求和有组织的种族隔离所造成的种种特别的聚居区仍作为一种多多少少游离于主流组合之外的一种其他类型的教育组合继续存在。"①

　　温和修正派的突破在于看到了学校教育之外，如教会、图书馆、工作场所等教育力量的影响。但该派却止步于此，并没有真正认识到边缘群体教育史学的重要性，少数族裔女性的叠加伤害和群体身份更没有让温和修正派产生直接的撰史冲动。这一时期美国教育史学的发展主要来自研究对象中"物"的拓展和丰富，教育史学家可考察的教育机构更加自由，可运用的教育史料更加多样，影响人类发展过程的全部社会文化因素几乎都可以被教育史研究所用。即便这个阶段的教育观和教育史研究存在"泛化"的倾向，但直到 20 世纪 50 年代前后，美国的教育史研究重心仍然在"物"不在"人"，公立学校、科层组织、阶级关系、教育制度变革之类的研究更受重视。公立学校教育的价值观始终以"瓦斯普式"文化为中心，正规教育的服务对象自然对准白人男性，这似乎是不言而喻且不需再细

---

① 劳伦斯·A. 克雷明. 2002. 美国教育史 2：建国初期的历程 1783—1876. 洪成文，丁邦平，刘建永等译. 北京：北京师范大学出版社，445

分的事情。与此同时，主流教育史学形态中的少数族裔教育问题偶有涉及、零星可见。少数族裔教育史研究在美国"大熔炉""文化多元主义"的思想与社会背景下展开，只为凸显少数边缘群体的"成功"样板，以及早期殖民定居者的传教活动等。它们更多被用来讨论美国早期公共教育中具有一致性的美国化进程，美国多元文化与美国公民教育之间的矛盾，抑或作为种族主义和种族差别语境下的"例证"。就像当时女性教育中的女性只是白人家庭中的女性，少数族裔尚且没有成为教育史研究著述的主角，专门的少数族裔女性教育史研究更为稀少。

第二次世界大战之后，在新史学的影响下，美国教育史学界也逐渐向新教育史学转型，文化视角转向和问题意识萌发是这个阶段教育史学发展的特点。随着美国国内民权运动、女权运动和后来的同性恋运动相继兴起，种族关系、身份特征、族群权利等成为社会热点问题。这些运动被整个社会文化的转型和变迁所包裹。交叠性所强调的"身份认同""身份政治"与新史学视角下移、研究主题多元化的趋势不期而遇。于是，20世纪60年代末至70年代初美国的教育史研究慢慢开启"由物及人"的转变。诚然，以学校教育制度和变革为主体的研究依然不在少数，但教育上的不公与现实中的边缘化使得身处不利地位的、身份各异的人群进入教育史研究者的视野。

反观以米歇尔·卡茨、乔尔·斯普林为代表的激进修正派一脉，交叠性在那里虽未确证或言明，但是已有许多线索可循。少数族裔面临的教育问题和教育政策等内容在激进修正派的教育史著作中并不罕见。交叠性视角促使研究者开始关注教育活动中处境不利的学生。在"文化战争""文化差异""文化冲突"等语境下，教育史学家似乎更容易将教育进步史观下的"英雄史诗"改写成"丧钟为谁而鸣"的嘲讽。①交叠性帮助研究者打破原有的"和谐"与"一致"，不遗余力地挖掘美国教育的另一面。米歇尔·卡茨等认为，公立学校并没有推动美国社会的自由和民主，而是服务于占主导地位的意识形态和经济发展的工具。他们一方面强调精英人士在教育政策制定过程中具有影响力，另一方面也开始批判课程和教育测试中的种族主义中心与种族主义偏见，认为学校通常强化了阶级的不平等和社会的不公。②在这个阶段的城市教育史研究中，教育管理者、家长、教师和学生也常常被交叉的不利因素所左右。这就使得以批评、反思和重构为核心的激进

---

① 冯强. 2020. 文化战争：美国学校族群冲突的历史叙事. 民族高等教育研究，8（4）：51-56

② 转引自 Reese W J, Rury J L. 2008. Introduction: An evolving and expanding field of study. In Reese W J, Rury J L（Eds.），Rethinking the History of American Education. New York: Palgrave Macmillan，1-16

修正派更容易通过少数族裔教育史的撰写找到美国教育史上的"冲突"与"控制"因素，更容易与交叠性的理论关切产生视域融合和研究共鸣。

本身就具有印第安人血统，且对自身少数族裔身份引以为傲的乔尔·斯普林在他后续的一系列教育史著作中多次运用了交叠性的处理方式，使得"族裔身份"与"去文化化"、"种族主义"与"阶层劣势"等形成了交叉研究网络。譬如，他持续修订不断再版的《美国学校：教育传统与变革》（The American School：1642—2004）一书就始终保留了美国公立学校创立和发展历史中的种族主义，以及殖民地教育中处于文化战争深渊的土著美国人和被奴役的非洲人等内容。①交叠性的处理方式是其用以解读和批判美国学校教育体制进行的意识形态操纵及其全球性扩张的"秘密武器"。当代美国教育史研究领域的另一名著《美国教育》也表现出了交叠性的端倪。虽然从 1978 年出版开始，这部由乔尔·斯普林撰写的著作始终是围绕着形塑美国教育体系各种内外部因素和力量来进行的，但是它对教育的权利与控制、教育机会均等方面的关注同样一以贯之。在 2020 年问世的最新版本中，乔尔·斯普林将种族、性别和其他特殊需求等内容一同放在"教育机会平等"这一章节之下进行讨论，有关跨性别学生的内容也有所增加。②从某种角度来讲，《美国教育》经历的若干版修订编撰、增添变化也成为当代美国教育史发展的一面镜子。特别值得一提的是，乔尔·斯普林对美国历史上土著人的教育经历进行了"沉浸式"研究——撰史者本人就是历史上少数族裔的后裔，延续着历史上边缘群体的教育经验，进而能够更好地站在边缘群体的立场达成现场和历史书写的统一。乔尔·斯普林就是用交叠性来处理教育政策和教育压迫、文化冲突之间的复杂关系的。

1996 年出版的《1763—1995 年美国土著人家庭及其部落文化变迁：一篮子苹果》（The Cultural Transformation of a Native American Family and Its Tribe 1763-1995：A Basket of Apples）则是建立在乔尔·斯普林个人寻根之旅基础上的教育史研究。该书将个人叙述与传统历史方法相结合，通过追溯其家族所在的乔克

---

① 乔尔·斯普林. 2010. 美国学校：教育传统与变革. 史静寰，姚运标，张宏等译. 北京：人民教育出版社，30-39

② 截至 2020 年，乔尔·斯普林撰写的《美国教育》一书已修订发行 19 版，该书所关注的美国教育史领域的文化战争也可被理解为一种交叠性的理论视角，反映了宗教、社会、种族等多种因素对美国教育发展的交错影响

托部落①在历史上的归属，详细介绍了早期美国联邦政府教育政策对其家族和部落的影响。整个历史叙事从 18 世纪 90 年代开始，乔治·华盛顿（G. Washington）和托马斯·杰斐逊（T. Jefferson）在美国南部部落（包括乔尔·斯普林家族所属的乔克托部落）施加所谓的"文明政策"，并借助一系列教育政策将权力集中在部落精英手里，由部落精英控制着学校系统，美国政府以此作为博弈筹码俘获了南部部族所占领的土地。②这段历史涉及政府政策、白人教育者的教育理念和议程以及美洲原住民的自身诉求和教育愿景之间的复杂互动，也正是这种教育场域的复杂性成为交叠性理论和方法运用的切口。在当时的部落环境下，乔尔·斯普林采用交叠性的方法分析了遭受社会等级和种族隔离压迫的学生群体，以及丧失社区或家庭安全网后面临多重教育困境的单亲土著人家庭。

由上观之，这一时期的交叠性只是教育史研究中的一部分或一个环节，大多作为讨论教育史领域事关种族、性别和阶层等问题的辅助工具。专门的少数族裔教育史研究虽没有上升为主流，但交叠性仍在适合其应用的领域迅猛发展。尤其是经过民权运动和其他社会运动的洗礼，由非白人群体主导的非裔美国人历史研究、女性主义批判、少数族裔文学等领域的独立边界日益明显，并取得了丰硕成果。这也为交叠性在此后少数族裔教育史研究中的迁移提供了更多借鉴和更大的说服力。非裔美国人历史专业的发展状况与非裔美国人自身的发展状况非常相似，这个长期被忽视和边缘化的研究领域一度由白人掌握话语权。直到 20 世纪六七十年代，越来越多的"左翼"历史学家（其中以犹太裔居多）投身这一领域。在民权运动的巅峰时期及之后的一段时间里，这一学术群体才逐渐变得更"黑"、更年轻、更女性化，其观点日益多元且激进；关于黑人经历的学术出版物和大学课程激增；出版商、基金会、学术团体和期刊，甚至连大学历史教科书也对非裔美国人的历史越来越敏感。由于新技术和新方法论的发展，特别是"自下

---

① 乔克托部落为美洲第三大印第安民族所在部落。他们早期散居于美国东南部，擅长农业耕作。美国 2004 年人口普查结果显示，该族得到认证的人口约为 160 000 人。1795—1830 年，美国政府与乔克托族先后签署了九项条约，逐步将乔克托族的领土瓜分，该部族因而被迫迁徙到印第安人领地，成为最早一批参与美国西进运动的土著人。从此，乔克托族被瓦解。历史上曾有乔克托族领袖将美国西进运动形容为一条"充满泪水和死亡的道路"，于是此运动在美国文化和历史记忆中便有了"血泪之路"的指称。乔尔·斯普林的这部带有家族史色彩的边缘群体教育史著作描述的即为这一时期乔克托族一支的教育处境

② Spring J. 1996. The Cultural Transformation of a Native American Family and Its Tribe 1763-1995. New York：Routledge，113-200

而上"的史学旨趣的盛行，非裔美国人的历史就像"房间里的大象"①被推到了研究前沿，进而成为"一个合法甚至广受欢迎的学术专业"，跻身美国历史上最热门的研究领域。②特别值得注意的是，此时的黑人历史学家已经认识到黑人女性历史的特殊价值，并以此作为一种新的研究美国历史的基石，即通过对黑人女性复杂经历的重新解释来呈现美国历史的新叙事。具有此种功能和目的的交叠性及其他一些理论和方法正是在这样的背景下受到了黑人女性史研究者和其他少数族裔研究者的关注。

这些努力及转变与20世纪80年代之后美国新史学向新的综合方向发展的趋势不谋而合。特别是激进派的学术价值遭到质疑后，教育史学中的"解构与颠覆"也一度被批评、反思和再修正。"修正过的传统"和"被修正的新教育史学"大有互鉴、调和的趋势。但不管怎样，被新教育史学扩展了的研究主题和研究方法得到保留，而完全否定公立学校教育变革的过于激进的意识形态也得到回避。在新美国史（New American History）的推动下，美国历史学界更强调自下而上地看待历史，关注少数族裔和边缘群体，将种族、性别、阶级作为基本的分析范畴。③交叠性的应用方式和运用特点也随之发生变化，这种变化又反过来带动了20世纪80年代之后美国边缘群体教育史研究的发展。

交叠性所阐释的教育史既不是单纯的黑人/白人教育史，也不是简单的社会性别教育史，它实际上是教育史学家在多元文化主义时代面对更加复杂的教育进程时进行的"反思性重塑"。它不满足于在传统美国教育历史文本中粘贴彩色面孔以符合"政治正确"，更没有一味地迎合既有的史学传统和叙事惯性。实际上，以交叠性为代表的跨学科理论与方法开启的或反映的是未来少数族裔史学所拥有的更宏大的愿景——摒除文化、社会或制度建构的历史"失真"和"失实"，反对对少数族裔教育经验的简化与抹黑，唤醒人们对边缘群体独特教育经历和教育贡献的重视，丰富美国教育史研究的样态。

---

① "房间里的大象"，即"The Elephant in the Room"，它是英语中的一则谚语，通常用来说明那些显而易见但又被人有意忽略的事实。社会学中也用其比喻对某些过于庞杂或棘手的事物集体保持沉默的现象

② McMillen N R，Meier A，Rudwick E et al. 1987. Up from Jim Crow：Black history enters the profession's mainstream. Reviews in American History，15（4）：543-549

③ 杜华. 2022. 方纳的史学. 读书，（3）：32-40

二、交叠性的理论特征顺应了女性教育史研究新趋势

就宏观角度而言，美国女性教育史研究与整个美国教育史学保持基本统一的发展脉络。在殖民地时期，美国女性教育史学尚未形成专业领域，女性教育活动的记述散见在当时的历史著作中。这些记录相对简单而粗糙，缺乏史料考证。尽管殖民地时期的妇女因为身份、地域、族裔、宗教信仰等不同存在着一定差别，但在社会生产和家庭生活方面的从属地位和无权状态则是共通的。美国女性教育史的记录内容局限在家庭教育和基本的读写训练、宗教训练等方面。女性教育史研究在初始阶段因为女性教育本身的局限而处于缺席或边缘状态。

在传统史学的影响下，整个社会对女性形象、妇女角色、女性社会功能的认识不断深入，女性教育发展成效等因素直接作用于女性教育史研究中。随着教育史的专业化程度加深，南北战争后的美国女性教育史研究边界逐渐明晰，被认为是美国教育史撰写中不可缺少的一部分。在美国第一次女权运动兴起之后，公立学校中接受正规教育的女性数量不断增加。美国女性，特别是中产阶级精英妇女希望获得政治、经济、就业、社会活动、教育等各方面的平等和自由。美国女性教育史研究者在这个时期更加认识到，教育在提升女性社会地位、维护女性各类权益等方面发挥着重要作用。也正是从这一阶段开始，女性文化、社会变革和政治元素相互交织，构成了美国女性教育史学的重要研究基础，也为后来交叠性在少数族裔女性教育史研究中的运用提供了较为契合的分析维度。[①]

第二次世界大战后，美国社会变革风云激荡。传统辉格史观和进步主义史学理论面对社会变迁与文化主体变更已站不住脚。被主流历史忽略、压抑和边缘化的少数民族女性小历史开始进入新历史主义研究者的视野并成为主要研究对象。[②]与此同时，少数族裔女性文学采用文史交错的话语特点，大大强化了与历史学的联系，二者共同致力于重构族群属性和女性身份认同。20世纪70年代，黑人女

---

① 诸园. 2017. 美国女性教育史学史. 北京：中国社会科学出版社，26-71
② 胡丽霞. 2016. 美国少数民族属性重构与女性身份认同——从新历史主义视角解读艾丽斯·沃克的《紫色》. 贵州民族研究，（2）：104-107

性作家群体通过"寻找卓拉"的运动①重新认识了黑人女性文学的奠基之作《他们眼望上苍》(Their Eyes were Watching God)。该小说扭转了此前黑人文学只强调反对种族歧视和压迫的单一倾向，首次把性别歧视和种族压迫的相互作用及其对美国黑人妇女和儿童的影响写入小说中。②这一时期，在少数族裔女性文学，特别是黑人女性主义文学研究中，性别政治与种族和阶级政治成为极其重要的内容。在此基础上，黑人女性主义及其批评异军突起，文学与历史研究者都更加关注自身身处的多重历史背景，"种族–阶级–性别"构成了当代美国黑人女性"三位一体"的主体意识的内核。就像民权运动对于美国少数族裔教育史和美国历史书写所产生的巨大影响一样，第二次女权运动的浪潮为西方的妇女解放事业拾薪助燃。美国的整体政治文化和社会政策都发生了积极转变。更具"草根""边缘"性质的黑人女性主义与 20 世纪 90 年代席卷而来的后现代主义不期而遇。去中心化、反本质主义和反父权制，提倡差异和多元等，最终形成了一股解构传统文化的强大力量。

面对这样的文化洪流，美国教育史学也难掩内外多重困境和生存危机，这一时期对于女性教育状况的解释显然力不从心。越来越多的少数族裔学者进入专业史学领域，为自己的族群发声，对美国现存教育制度的不平等进行鞭挞。交叠性所持的"身份批评""边缘观"承接这样的视角和路径，为美国女性教育史学诠释当代女性如何反抗多重压迫提供了别样的切入点。相较于白人女性主义所呼吁的两性平等教育权，黑人女性主义更关注黑人女性如何取得受教育权以及获得受教育权后如何以教育作为手段鼓励被边缘化的沉默的黑人女学生发声。③当代黑人女性主义学术研究开始倡导多元本土话语建构，"美国女性历史"也成为这一时期美国高等学府女性研究的核心课程。这些特征与交叠性具有基本的理论共性，同时传导至女性教育史学中的性别主义、种族主义及其与教育之间关系问题的批判上。交叠性投身的少数族裔女性教育史研究打破了传统二元论的分析方式，与教育史学激进修正派视域融合，增加了社会性别与阶级、种族、身体、

---

① 卓拉全名为卓拉·尼尔·赫斯顿（Z. N. Hurston），是美国哈林文艺复兴的领军人物，也是美国文学早期多产的非裔女作家之一，其作品生动地反映了美国黑人的独立自尊精神和鲜明的种族态度。但在卓拉生前，这些著作却无人问津。卓拉的晚年生活尤其寂寞、悲凉。"寻找卓拉"运动是在 20 世纪 70 年代美国社会掀起的对黑人民俗学的调查，其中对卓拉作品价值的发现直接影响了美国黑人文化精神和种族意识的觉醒

② 翁德修. 1997. 美国黑人女性文学回顾. 外国文学动态，（2）：12-17

③ 赵思奇. 2017. 美国黑人女性主义批评的理论建构. 河南大学学报（社会科学版），（5）：111-118

性等问题的联动分析模式，促进了当代美国女性教育史学与边缘群体教育史学的融合。

总的来说，第二次女性主义思潮下的黑人女性研究，不仅提出了连锁压迫、社会性别等中心问题，同时更加自觉地从历史寻根，由自我掌控"从何而来，去向何方"的命运之轮。交叠性作为深受影响的重要理论工具，将"历史是小写的、复数的""个人的就是政治的""美国教育发展离不开边缘女性群体的参与和贡献"等新观点导入美国女性教育史研究取向中，从而对传统美国女性教育史学的"修正转型"产生了重要影响。这些长期被父权制主导的社会理论和白人女性主义话语所压制的独到见解成为交叠性重要的理论基础和理论来源，使之与当代美国边缘群体教育史研究同频共振、相得益彰。

三、交叠性的分析方法切中了"被压迫者"的教育问题

交叠性的研究视域与教育历史和现实中的压迫和歧视问题存在一定重合。换言之，边缘群体所受到的教育压力和教育困境也能够从交叠性理论方法中找到答案。自交叠性问世以来，美国学界就已经开始对"被压迫者"的教育问题进行新的探索。

首先，交叠性尝试从具体社会情境出发，分析少数族裔女性教育生活和教育体验上的差异。20世纪80年代初期，非裔美国女性学者便致力于开拓一种分析黑人女性生活的研究取向，以探究社会性别、种族、阶级和性取向对她们生活体验的形塑。[①]无论是帕特里夏·柯林斯坚持的"支配矩阵"（matrix of domination），还是康比河公社提出的"连锁压迫"（interlocking of oppression），它们均属于交叠性分析方法范畴。从本质上看，提供这样一种教育观念：任何儿童、家庭和社区，其种族、阶级、性别及能力（缺陷）之间的共时作用都应得到关注；教育问题从来不会只凭单一维度就能解释清楚。[②]譬如，有学者侧重研究性别与社会阶层的关系，重点探讨美国进步运动期间富裕阶级和工人阶级妇女教

---

① 杜平. 2017. 重申交叉性：男性特质的理论突破与研究启示. 南开学报（哲学社会科学版），（4）：101-110

② García S B，Ortiz A A. 2013. Intersectionality as a framework for transformative research in special education. Multiple Voices for Ethnically Diverse Exceptional Learners，13（2）：32-47

育存在的一些差异。①也有学者运用相似的分析发现，中产阶级和下层阶级的女孩和男孩在教育期待上存在显著的差异。②

其次，交叠性尝试从社会公正视角解释少数族裔的多元文化教育实践重点，并对教育政策的制定产生了影响。美国当代政治理论家和女性主义学者艾里斯·扬（I. Young）曾指出，社会公正就是消除制度化的统治和压迫。③美国的批判理论代表人物南希·弗雷泽（N. Fraser）也提到，在用交叠性分析问题时，经济再分配和文化认同都会被包括在内。④在当前美国教育领域，交叠性已经被作为构建教育政策的理论依据，也被当成多元文化教育实践和教育研究的有效方法。交叠性通过审慎、批判的教育实践和教育政策，培育多元文化的教育相关群体，使教育积极参与多元文化的社会变革，进而为构建一个公正平等且多元包容的社会做出贡献。

这方面的研究内容也非常丰富，研究者日益认识到对种族或性别等单一维度进行分析容易简化多重身份学生的在校行为，并可能会导致性别和阶级偏见的固化。有文章在研究辍学问题时运用了交叠性分析方法，即通过整合种族、社会阶层和性别去描述与那些辍学者（或被排挤者）相关的复杂因素模式。该研究发现，在美国，母亲的教育水平越高，黑人和白人女性留在学校的可能性越大，但母亲的教育水平对白人男性或西班牙裔青年的影响很小。母亲是黑人青年和白人女性的重要教育榜样，父亲是白人男性更重要的榜样。对于西班牙裔青年来说，其他因素对其是否留在学校的影响更大。对于低收入的西班牙裔男性来说，辍学的主要原因是需要挣钱养家。经济原因对其他群体的成员来说很重要，但家庭责任对下层西班牙裔男性来说更为重要。⑤此外，有关少数族裔教师教育者的多重身份、育有孩子的有色女性在校研究生的困扰也都进入了交叠性分析的范围。甚至在一些多元文化教育和其他教学实践中，交叠性也成了一项教学实施与教育反

---

① Biklen S K. 1978. The progressive education movement and the question of women. Teachers College Record：The Voice of Scholarship in Education，80（2）：1-15

② Marini M M，Greenberger E. 1978. Sex differences in educational aspirations and expectations. American Educational Research Journal，15（1）：67-79

③ Young I M. 2011. Justice and the Politics of Difference. Princeton：Princeton University Press，41

④ Grant C，Zwier E. 2012. Intersectionality and education. In Banks J A（Ed.），Encyclopedia of Diversity in Education（Vol. 1）. Thousand Oaks：SAGE Publications，1263-1270

⑤ Rumberger R W. 1983. Dropping out of high school：The influence of race，sex，and family background. American Educational Research Journal，20（2）：199-220

思的指导性原则。①总之，在教育领域中的交叠性以维护社会公正和多元文化为宗旨，其实践指导力和现实影响力较为突出。

最后，交叠性尝试对"被压迫者"的教育问题进行历史溯源。当前，美国此类教育问题几乎都是历史后遗症。教育权利、教育公平、多元文化教育等议题都聚焦在被历史欠账的边缘群体身上。交叠性首要关注的是那些具有多重身份的"被压迫者"。他们通常处于某一系统的最底层，是"少数中的少数""边缘中的边缘"。美国的黑人女性、女性土著人、西班牙裔女性等少数族裔女性群体的身份属性和教育历史尤为典型，成为洞察当前美国教育现实问题的窗口。从这个角度来说，用交叠性观察和分析现实教育问题的方法便可以转用在不同历史场景之中。交叠性鼓励人们在历史环境中探究少数族裔女性身份的多重属性，以及不同身份范畴的相互关系。交叉性就像是对特权与压迫关系的激光扫描仪，时刻提醒我们思考这样一些问题：学校或社会在何时何地以何种方式行使特权和权力？个人或群体遭受过怎样的压迫？这些问题之间又有着怎样的交叠关系？

第四节　交叠性在少数族裔女性教育史研究中的运用

当代美国边缘群体教育史研究除了使用一般意义上的历史学的理论和方法之外，还因自身对象的特殊性而具有某些研究特性。从研究对象来看，教育史学家着眼于边缘群体的教育历史。"边缘群体"身份和教育经历的特点就成了研究特性的重要体现。在当代美国边缘群体教育史研究中，交叠性理论和方法的引入，就是为了充分利用它对于处境不利人群"复杂身份"的强大解释力，揭示边缘群体尤其是女性群体的教育历史，进一步阐释纠缠交织的社会不公和权力关系。从这个意义上讲，交叠性既是一种认识论，也是一种方法论。就像当代美国社会学家帕特里夏·柯林斯指出的那样："认识论塑造了话语本身，即谁来讲述交叠性

---

① Naples N A. 2009. Teaching intersectionality intersectionally. International Feminist Journal of Politics，11（4）：566-577

的故事；而方法论决定了什么是可信的故事。"①交叠性理论和方法能帮助研究者更深入地理解历史上那些"失语者"的教育困境和不懈努力，时刻提醒人们在过去与未来之间做出反思和超越。

一、交叠性在少数族裔女性教育史研究中的呈现脉络

如前所述，交叠性理论与方法同美国教育史的邂逅并非偶然，一方面，教育史外部出现了不断高涨的民权运动、女性主义运动、学生运动等；另一方面，教育史内部面临着明显的发展阻碍和转型压力。美国教育史研究在后现代主义、后殖民主义、黑人女性主义等思想的共同影响下，尝试寻找新的发展空间，促进边缘群体教育史研究的崛起。同这一时期少数族裔学者在社会科学和文学文艺领域的表现一样，很多美国教育史学研究者将目光投向了少数族裔女性，探究她们在多重压迫下的教育经历。虽然这些研究很少直接使用"交叠性"这一术语，交叠性也不是此类教育史案例中唯一的研究方法，但其中暗含的交叠性研究视角和理论运用仍然推进了当代美国教育史研究对知识与权力内在关系的求索，具有更深层次的意义。

在选取有关交叠性视角下的教育史研究案例时，本书适度拓展了教育史研究成果的边界，在学科研究惯例的基础上，既选取了教育史领域的成果，也选取了教育史相关领域内用交叠性讨论边缘群体教育问题时所进行的历史研究成果。这样做更符合当前美国教育史研究跨学科的需要和趋势，能促进学科间的学术交流，亦可以多学科视角审视边缘群体教育史的理论和方法实践。

（一）关系表达：交叠性与当代美国黑人女性教育史

交叠性与美国黑人女性教育史研究拥有共同的思想基础，同时随着美国女性史和少数族裔史的全面兴起，美国黑人女性教育史也亟须通过适合自身发展的理论方法加以推进。在这个问题上，虽然我们无法妄言交叠性究竟在多大程度上渗入到了美国黑人女性教育史研究中，但是交叠性所带来的复合视角和对少数族裔女性独特价值的确认，却为美国少数族裔女性教育史研究增添了新的可能性。从

---

① Collins P H. 2019. Intersectionality as Critical Social Theory. Durham：Duke University Press，123

20 世纪 80 年代起，我们以十年为一发展阶段，对交叠性与当代美国黑人女性教育史的关系进行梳理和呈现。

1. 阶段一：交叠性在少数族裔女性教育史研究领域的影响力初显

20 世纪 80 年代初，交叠性的分析方法开始出现在少数族裔女性教育史和高等教育领域，研究对象以黑人女性居多。然而，黑人女性交叉从属的生活经历却早已有之。从美国奴隶制时期甚至更早，大多数黑人女性就经受着生活的摧残和白人的奴役，她们不但要做工干活，还要哺育子女。因此，在黑人传统文化中，代表女性的"母亲"身份备受尊崇。①交叠性研究视角有着悠久的历史，它植根于黑人女性主义的遗产，认为从黑人妇女和女孩的经历能够说明性别歧视、阶级压迫、种族主义和统治制度之间更复杂深刻的内在关系。在跨学科应用时，教育史研究者也是从这一点出发，找寻历史上教育领域的交叠性压迫的根源和长久影响力。这是单纯依靠性别维度或种族维度解读历史时看不到的特殊因素，也是跨学科研究特性形成的基础。

交叠性在当代美国教育史研究领域的跨学科运用伴随着美国黑人女性教育史研究地位的提高而逐步得到扩展。1978 年，美国的《黑人教育期刊》（The Journal of Negro Education）迎来了首位黑人女性主编福斯汀·琼斯（F. Jones）。四年后，福斯汀·琼斯推出题为"黑人女性对教育领域的影响"（The Impact of Black Women in Education）的期刊年鉴夏季特刊。此后，这本对美国黑人教育研究及其发展做出历史性贡献的期刊又邀请贝蒂·科利尔－托马斯（B. Collier-Thomas）②担任期刊年鉴特刊的客座编辑。该特刊由来自全国各地具有多学科背景的黑人女性学者共同撰写，其中包括 14 篇文章和随笔，探讨了非裔美国女性在美国教育系统中的参与和贡献。③

贝蒂·科利尔－托马斯在她的客座评论中指出，为了更全面地评估黑人妇女在教育中的影响，我们必须更多地了解她们是谁、她们做了什么，以及她们生活的不同时期的问题和运动。在这篇评论中，贝蒂·科利尔－托马斯既回顾了美国黑人女性教师发展历史，也不断呼吁学界要加强对黑人女性教育史和教育家的关

---

① 孙麟. 2018. 美国黑人母亲的身份变迁——基于黑人女性主义视角. 世界民族，（3）：55-63

② 贝蒂·科利尔－托马斯时任美国国家黑人女性历史档案馆（National Archives for Black Women's History）馆长兼玛丽·麦克劳德·白求恩纪念馆（Mary McLeod Bethune Memorial Museum）馆长

③ Collier-Thomas B. 1982. The impact of black women in education: An historical overview. Journal of Negro Education，51（3）：173-180

注与研究。文中提到当时对黑人女性教育史的研究已经开始采用种族主义与性别主义交叉的分析方式，讨论黑人女性的就业和教育水平提升受到多大的限制。然而，贝蒂·科利尔-托马斯本人也在文章中用交叠性视角简单回顾了 20 世纪美国黑人女性受教育的情况。从南北战争开始前一直到 19 世纪后期，自由民中的黑人妇女并没有在教学领域占据真正位置。由于留给黑人的各种资源和机会极度匮乏，仅有的教学或布道的席位也被黑人男性所拥有。直到 19 世纪最后十年，在南方教育隔离体系中，黑人女性才成为黑人学校的生力军。在此之前，各种教育机构主要由白人教师承担领导者。白人教师离开后，代替他们的一般是男性，黑人女性是最后的选择。[①]

2. 阶段二：交叠性开始探索少数族裔女性在教育领域的历史贡献

20 世纪 90 年代，美国黑人女性教育史一方面注重阐述教育经历中的多重压迫，另一方面希望通过历史书写唤起人们对黑人女性教育贡献和成就的认可与尊重。多元文化主义时代的边缘群体教育史绘制了更加复杂的理解图景，希望从语言的转向和叙述的权威完成对历史的建构与想象。这一时期交叠性的使用也试图调节书证考释与历史解构之间的紧张关系。1994 年，高等教育领域的黑人女性学者贝弗利·林赛（B. Lindsay）发表了一篇名为《非裔美国女性和布朗案：是黎明还是夕阳》（African American women and Brown：A lingering twilight or emerging dawn?）的文章。[②]这篇论文并不是严格意义上的教育史研究，但文中主体结构通过采访历史当事人的形式获取了大量支撑材料，并用交叠性视角和方法对布朗案判决生效之后阻碍非裔美国女性担任高校关键性决策职位的多种因素进行了批判与探究。教育史领域也有学者运用类似方法对精英阶层的黑人女性教育经历进行研究。琳达·帕金斯（L. Perkins）通过挖掘美国久负盛名的"七姐妹女子学院"（Seven Sister Colleges）[③]的档案资料、校友公告，并通过对部分校友进行口头采

---

① Collier-Thomas B. 1982. The impact of black women in education：An historical overview. Journal of Negro Education，51（3）：173-180

② Lindsay B. 1994. African American women and Brown：A lingering twilight or emerging dawn?. Journal of Negro Education，63（3）：430-442

③ "七姐妹女子学院"以培养美国历史上最成功的女性而闻名。19 世纪末 20 世纪初，"七姐妹女子学院"被公认为培养精英白人妇女领导的机构。美国高等教育史学家琳达·帕金斯曾表示，"七姐妹女子学院"并不是一个完全统一的机构组织，其中有些学院早在 19 世纪末 20 世纪初就承认了非裔美国妇女的合法身份和受教育权，而另一些学院则迟迟不愿接受有色人种女性入学，并且在巨大的压力下一直不愿承认少数族裔女性的学习经历

访等方式，记述了这批学院从机构成立到民权时代非裔美国妇女入学接受高等教育的历史经验。在此期间，大约有 500 名黑人妇女从这些机构毕业。①

琳达·帕金斯的这项教育史研究揭示了年轻的黑人女性曾经遭遇的痛苦经历，她们在这些精英教育机构中被排斥和边缘化，但她们没有放弃学业或自我轻视。这项研究通过描述校园中持续的种族主义和交叠性压迫来反映当时美国社会对待黑人妇女的态度与处理方式。尽管在这些校园中时时飘荡着挥之不去的种族主义气息，但参加学校教育活动的非裔美国妇女最后都成了成功人士。所以，接受琳达·帕金斯采访的大多数黑人女性纷纷表示，很珍视在这样一个机构获得学位的机会，是这些机会为她们带来了工作前景和社会地位。②

类似上述多领域跨学科的研究方法也影响了后来的美国黑人女性教育史研究。特别是在交叠性的运用上，多种研究方式并存"混搭"成为常态，打破了学科的界限。多种理论和方法被集中应用在研究问题上，历史的回顾和梳理可能只是研究的一部分，而解释历史的多元化研究则方兴未艾。在一般研究和实践中，特别是在历史研究中，处于边缘地位的女性研究会利用其他学科工具，例如，经济、政治和人类学研究方法，来应对缺乏书面记录和非西方文化的异域历史。③这一点似乎已经成了当时学界的共识。

在这一时期的黑人女性教育史研究中，交叠性分析主要集中在"种族""性别""阶级"三大维度，其中围绕"种族""性别"的讨论居多。参与过民权运动或黑人女权运动的社会活动家和女性主义激进分子等成为书写边缘群体教育史的不可忽视的力量，这与美国教育史其他领域有着明显的不同。在少数族裔和女性群体的汇集处，特别是黑人女性率先从中站起发声，教育权、投票权与她们的政治地位、族群命运紧紧联系在一起。这就解释了为什么原生于批判法学，充实于社会学、政治学，又带有女性主义思想烙印的交叠性，也能在边缘群体教育史中找到一席之地。交叠性的批判性和实践性使少数族裔女性研究如虎添翼，加深了研究者对少数族裔女性教育贡献的理解和认识。

---

① Perkins L M. 1997. The African American female elite：The early history of African American women in the Seven Sister Colleges，1880-1960. Harvard Educational Review，67（4）：718-757

② Perkins L M. 1997. The African American female elite：The early history of African American women in the Seven Sister Colleges，1880-1960. Harvard Educational Review，67（4）：718-757

③ Woyshner C，Tai B. 1997. Symposium：The history of women in education. Harvard Educational Review，67（4）：v-xiv

3. 阶段三：交叠性在黑人女性教育史中的运用更为灵活多样

2000 年以来，交叠性在黑人女性主义思想遗产的助推下更广泛地传播开来。其中，颇具影响力的一些成果和现实世界的行动产生了积极互动。由此产生的学术著作不仅论述了黑人妇女的复杂经历，有的还专门探讨了黑人妇女身份的非规范性结构如何损害了她们的福祉。通过交叠性的多形态运用和进一步发展，黑人女性对其社会地位和教育历史形成了一种复杂的理解，这种理解仍然植根于黑人女性主义意识形态。这一阶段的黑人女性教育史，乃至许多其他族裔女性教育史研究对交叠性视角的运用都更加娴熟、灵活且具有创造性。研究中，交叠性的特点更加多样，作用也相对更加突出。交叠性面对的黑人女性身份群体有了细微的变化，除了对黑人女教师或女学生进行研究，还将目光转向高等院校中的黑人女性教育者、女性领导等。

交叠性方法不仅用以解释黑人女性在受教育过程中遭受的挑战和歧视，也被用来作为反抗者（有时还包括支持黑人教育事业的白人）进行抵抗的模式和维度。[①] 从某种意义上讲，交叠性在这一阶段的研究中转化成为观察分析特定历史时期地方教育隔离和系统性歧视的窗口，围绕着"身份属性"来解释经济、政治与教育之间的复杂关系。在权力体系里，交叠性压迫与交叠性反抗永远此消彼长、相互博弈。由是观之，只有首先明确了实现自身教育公平和权利的多重阻碍因素有哪些，才能够帮助边缘群体，特别是少数族裔女性挑战和抵制交叉压迫。在这个阶段的研究文本中，交叠性更像是一种"关系"的存在，贯穿少数族裔女性教育的过去、现在和未来。

（二）范式分析：交叠性与少数族裔女性教育史中的"言说"

在本书搜集整理的研究成果范围内，不同领域的学者倾向使用"话语"来反映交叠性，或使用"话语"来表达与交叠性类似的研究视角。边缘群体教育史中的"言说"就是制造或表现边缘群体"话语"的方式，它既是书写历史的手段，也是历史本身。由于少数族裔女性群体身份属性的多重性，对于她们教育经历的"言说"成为交叠性运用的极佳对象。交叠性所映射的复杂关系、多重压迫都蕴含在"言说"的过程和话语中，成了一种"交叠性言说"。虽然这并不是唯一或绝对

---

① Gregory S T. 2001. Black faculty women in the academy: History, status, and future. Journal of Negro Education, 70 (3): 124-138

主流的边缘群体教育史研究范式，但在少数族裔女性教育史研究中并不是个案。

1. 应用方式

从"语言"到"话语"，再从"话语"到"言说"，20世纪的语言学转向使交叠性与边缘群体教育史的"言说"产生了方法上的契合。交叠性关注特定的社会群体的身份特征，认为身份范畴中的任何一个方面都不能脱离其他方面而存在。少数族裔女性的身份是重叠和联系的。这类群体对一种身份的体验会深刻地影响她们对另一种身份的体验，尤其是当她们本人亲自"言说"自身的经历时，与教育交织的特权和压迫会以各种鲜活的面貌呈现在世人面前。不在场的价值阐释被悬置，取而代之的是深层的叙事规律。[①]

对于少数族裔女性教育史研究来说，"言说"的目的是描述那些女性边缘群体的学校生活，收集关于其教育经历的资料，并就这些经历的意义进行对话，通过采访、口述、他者的讲述和复述来深化对相关问题的理解。"言说"也可指代研究者的研究过程——先是收集事件素材，然后按照故事情节复述素材主干，进而让研究者从捕捉到的若干个体经历去得到历史的"在场感"，感知不同层面的复杂等一系列过程，这类"言说"常常涉及对交叠性的运用。

"交叠性言说"的一种常见形式就是从"言说"中体现交叠性原有的方法论框架，尽管这种框架并不是唯一的。《美国非裔女性高级学生事务官员生活史》（Life Histories of African American Women Senior Student Affairs Officers）就是这种类型的研究。这项研究深受黑人女性主义思想的影响，重点考察了7位非裔美国女性高级学生事务官员的教育生活史，以了解她们用来推进职业生涯的策略，其中包括6名负责学生事务的副校长（直接向校长报告）和1名学生主任（向负责学生事务的副校长报告）。[②]

在这项研究中，"交叠性言说"被用来反映非裔美国女性在学生教育管理和决策工作中的经历。一方面，"言说"的方式尤其符合黑人讲故事的文化传统。在这种传统中，知识、价值观和历史以口头形式传递，用来阐明他们在这个国家的身份，这种口口相传的文化传统也是将非裔美国人联系在一起的纽带。[③]这一

---

① 肖炜静. 2017. 语言与话语：从"无法言说之物"到"被排斥的人". 内蒙古社会科学（汉文版），（2）：169-175

② Scott T M. 2016. Life Histories of African American Women Senior Student Affairs Officers. DeKalb：Northern Illinois University，1-10

③ Collier A. 2019-02-27，2020-01-21. Why telling our own story is so powerful for black Americans. https://greatergood.berkeley.edu/article/item/why_telling_our_own_story_is_so_powerful_for_black_americans

点进一步支持了使用生活史来研究少数族裔女性教育历史的适当性。另一方面，交叠性通过"言说"这一载体更好地表达了黑人女性主义思想。研究者对这些人进行了系统的深度访谈，从这些半结构化访谈中获取丰富的描述性信息。从问题的描述、归类到最后的方法策略，研究者能够从"言说"得到的历史叙事中看到交叠性的主体维度。访谈涉及这样一些题眼，如"非裔美国女性高级学生事务官员的职业轨迹是什么？""非裔美国女性在她们的职业生涯中是如何应对种族主义和性别歧视的？""非裔美国女性为了在高校负责学生事务的高级职位上取得成功，采取了哪些策略？"等。[①]显然，这样一些问题是基于对交叠性的充分认知提出的，因为那些担任高等教育行政领导职务的非裔美国女性的经历中仍然存在种族和性别差异。

在访谈中，一位叫萨姆（Sam）的黑人女性分享了自己亲身经历的事件，以此说明她在争取获得博士学位时遇到的种族歧视，这些歧视限制了她的求学之旅，从而导致她通向高级领导职位的晋升概率大大降低。故事发生在一位白人主管的办公室里，当萨姆向白人主管提出自己要申请休假去攻读博士学位时，这位主管立即问道："你有休假资格吗？"之后又紧接着说："哦，我是说我不知道这样行不行。因为苏珊（萨姆的白人同事）也要求休假了。"文中进一步指出，萨姆与她的白人主管的谈话表明，主管不认为她这个非裔美国人应该获得这样的学位，好像她没有资格或天生不够聪明。然而，尽管萨姆的白人同事对其重返校园攻读博士学位的事不感兴趣，但在那位白人主管眼中，这个白人同事却是更合适休假的人选。[②]此后，在萨姆获得博士学位、得到指导与资助、养成职场领导技能与专业素质和自我定位等一系列教育领导者的人生必修课中，这类"言说"比比皆是，它们组成了这部黑人女性教育生活史的交叠性之网。

值得注意的是，这些"言说"中并不是都充斥着负面的经历，受访者也谈到了自己从家庭、朋友、姐妹情谊、指导老师以及资助者那里得到的支持，这些积极因素鞭策其在负责学生事务的工作岗位上持续前行。一些访谈在性别和种族的交叠性关系方面表现出积极意义，从而丰富了人们对交叠性方法应用的认识。在访谈的"交叠性言说"中，聘用她们的高校将少数族裔女性作为学校多元文化的

---

① Scott T M. 2016. Life Histories of African American Women Senior Student Affairs Officers. DeKalb：Northern Illinois University，78

② Scott T M. 2016. Life Histories of African American Women Senior Student Affairs Officers. DeKalb：Northern Illinois University，80-81

标志，以此消除形式上的种族主义和性别歧视。黑人女性领导者被迫成为装点校园多样性的"门面"，也被当成种族和性别的代言人。但这种代言人的角色功能或责任设定却身不由己，大多是由他人先入为主的立场所决定的。研究中的受访者认为自己在教育生活经历中是没有自主发声权的"发言人"，她们的种族和性别掩盖了其本有的工作能力。①

因此，为了更好地理解和萨姆一样的边缘群体的教育经历，研究者采用"交叠性言说"的方式向读者提供了每位受访者对事件的反应，以及他们所感知到的事件原因和事件影响。在教育领域，黑人女性领导者的多重身份和不利的工作环境，更加需要教育史学家利用交叠性理论和方法进行记录，探索这些身份特性如何塑造了她们的领导力，如何打破社会构建的刻板印象。受访者的共同经历反映出这些看似冲破职业天花板的黑人女性教育领导者对象征主义、系统性种族主义和性别歧视等问题高度敏感，她们个人的领导风格打破了外界有关"愤怒的黑人女性"的偏见。

这项黑人女性教育生活史研究基于这样一种理解，即非裔美国女性在高等教育领域充当领导者的经历存在多重差异。研究者将叙事和解释等"言说"置于更广阔的交叠性的背景中，受访者讲述了她们任职前后的一系列经历，这些个人故事与其教育工作、家庭生活和身份背景有关。由此形成的教育生活史研究可以围绕一个特定问题引申出更广泛的语境意义或历史意义。"交叠性言说"成为交叠性与少数族裔女性教育史的研究范式之一，强调在一种典型的无处表达和压抑"言说"的环境中增强边缘群体声音的权威性。

2. 总体特点

20 世纪 60 年代之前，黑人历史学家一直专注于种族主义思想和冷漠的种族关系，认为这是实现平等的障碍。他们为白人读者写作，以使主流群体相信美国黑人的经历同样具有历史意义。与此同时，他们也希望吸引黑人受众，以提升他们对自身传统的自豪感，并激发其为平等而斗争的意愿，但此时的历史编纂仍然被资料来源和研究框架所限。然而，解构与批判一直是美国黑人写作的主导模式，用以纠正美国人，尤其是白人历史学家的误解。美国近代著名黑人史学家威廉·爱德华·伯格哈特·杜波依斯也在此背景下工作，他同样需要强调黑人群体

---

① Scott T M. 2016. Life Histories of African American Women Senior Student Affairs Officers. DeKalb: Northern Illinois University，116-121

对美国社会的贡献，以此作为提高黑人社会地位的策略。他笔下的家长制模式仍
然是通过奴隶主的视角来看待奴隶制，而没有充分界定美国黑人文化的轮廓。对
于那个时代的黑人历史学家来说，压迫和剥削的存在主要是因为白人不知道非裔
美国人的重要贡献，而白人学者研究黑人只是为了加深他们对白人和白人制度的
了解。[①]

　　20 世纪 60 年代后，美国黑人史学界面临的挑战是如何处理内部差异和整体之
间的张力，这也关系到对黑人经历的内部变量和外部变量的认定问题。美国黑人历
史发生在美国历史的背景下，但不应被这一事实所淹没。交叠性在黑人女性和其他
少数族裔女性教育史中的应用就是对上述两大史学遗存问题的回应。通过建构不同
的交叠层级和分析范畴，如"结构交叉"（structural intersecticnality）、"政治交叉"
（political intersectionality）、"代表性交叉"（representational intersectionality）[②]，
交叠性试图将美国少数族裔女性教育历史的复杂性加以理论化，从而形成以黑人
女性为中心的言说形式，推动建立一个由黑人女性书写、具有黑人女性主义话
语和黑人文化特性的有机整体。这也是长期以来黑人女性反抗社会交叠性压迫
的结果。

3. 突破与挑战

　　在黑人女性教育史的"交叠性言说"中，口述史、生活史和历史叙事等成为
体现交叠性的方法与工具。交叠性与教育史中的"言说"携手讲述了一部与主流
记忆不同的美国教育史。记忆、声音与言说的主观性是历史意识的一种表现，它
们让我们注意到记忆是如何性别化、种族化和阶级化的，同时提醒我们应如何理
解不同的个人或群体的别样经历。譬如，美国俄亥俄大学教授莉娜·迈尔斯（L.
Myers）撰写的《打破沉默：学院里非裔美国女性的声音》（A Broken Silence：
Voices of African American Women in the Academy）[③]、北卡罗来纳州立大学克里斯
托·摩尔（K. Moore）撰写的博士论文《"她既学又教"：1964 年密西西比州自由学
校的黑人女教师》（"She Who Learns，Teaches"：Black Women Teachers of the 1964

---

　　① Jr Harris R L. 1982. Coming of age：The transformation of Afro-American historiography. Journal of
Negro History，67（2）：107-121

　　② Carastathis A. 2014. The concept of intersectionality in feminist theory. Philosophy Compass，9（5）：
304-314

　　③ Myers L W. 2002. A Broken Silence：Voices of African American Women in the Academy. Westport：
Greenwood Publishing Group，Inc.，1-108

Mississippi Freedom Schools）[①]、美国瓦尔登大学的萨拉·马克里斯（S. Makris）撰写的《教室中的交叠性叙事："局外教师"与向他者施教》（Intersectionality Narratives in the Classroom："Outsider Teachers" and Teaching Others）[②]等，都不同程度地采用了"交叠性言说"，从而让一部相同历史中的不同要素脱颖而出，载入史册。

总而言之，"交叠性言说"范式首先打破了教育机构和外部世界之间的区隔，打破了教育史专业和普通人之间的界限，力求阐明个人和社会历史意识之间的联系。这种方法上的突破将黑人女性的个人记忆转化为整个社会的集体记忆，反映了社会构建的不同类别因素（如种族、阶级、性别、宗教、国籍）之间的共生关系。其次，"交叠性言说"范式引起美国少数族裔女性教育史对研究可靠性和普遍性的思考。当前，交叠性在美国少数族裔女性教育史的运用中仍然面临许多问题，例如，什么时候、以什么方式、在什么情况下，"交叠性言说"能够更加可信地讲述一个社会的故事而不是心理的故事？如何确定所获得的个人言说材料具有足够的历史研究价值？最后，"交叠性言说"除了需要应对理论上的挑战之外，还需妥善处理研究主客体的关系问题，甚至包括采访者和被采访者、专业教育史学家和叙述者之间的关系等问题都将是未来边缘群体教育史，特别是少数族裔女性教育史不可忽视的方面。当口述历史学家唤起对学校经历的记忆时，他们也在制造身份的世界。这也增强了交叠性在跨国、跨学科教育史或教育政策中面对边缘群体时的解释力。这些意义相互交织，建构或挑战着当代美国教育史的书写方式。

（三）理论价值：交叠性与历史的赋能

19世纪末20世纪初，美国黑人历史研究向"系统性""科学性"方向转变，研究者致力于使用更加严格的分析方法，通过展现黑人群体内部的文化传统来强调非裔美国人对美国社会发展的贡献。[③]到了多元文化主义时代，美国黑人历史

---

① Moore K T J. 2009. "She Who Learns, Teaches": Black Women Teachers of the 1964 Mississippi Freedom Schools. Chapel Hill: The University of North Carolina, 1-123

② Makris S. 2018. Intersectionality Narratives in the Classroom: "Outsider Teachers" and Teaching Others. New York: Palgrave MacMillan, 1-84

③ Trotter J W. 1993. African-American history: Origins, development, and current state of the field. OAH Magazine of History, 7（4）: 12-18

研究的能见度日显，历史学家逐渐意识到少数族裔的声音不应被美国主流叙事所淹没。同时期的黑人觉醒运动（Black Consciousness Movement）[①]也从南非传导至美国，推动了美国黑人对自身权能的合理追寻。非裔美国人创造并保持了一种可行的文化，这种文化巩固了人们对非裔美国人历史的新认识。

观念的改变深刻影响着美国教育史学的转向，边缘群体教育史研究的重要性日益凸显。交叠性对少数族裔女性教育史的分析，以及对早期美国教育体制建立和发展阶段的分析，为丰富非裔美国人的文化遗产提供了宝贵的见解。黑人女性的教育、历史和发展权利在交叠性分析框架中有了更多的联系。更多的人开始承认非裔美国女童和妇女为种族正义与性别平等进行的长期艰苦斗争，以及他们发挥的不可忽视的作用。

交叠性对少数族裔，尤其是黑人女性的历史赋能就在于，它揭示了美国黑人女性多重复杂的族裔文化身份，以及这种身份对少数族裔教育和整个美国教育历史进程的影响，同时也唤起了外界对美国教育历史书写的反思与批判。作为美国历史上"被排斥的人""最底层的边缘群体"，当代美国黑人女性教育史中的交叠性渐渐融合了美国黑人的历史观和身份建构，使历史上处于话语权力之外的群体由"沉默的她者"开始"历史地言说"。[②]在厚描交叠性身份这个问题上，黑人女性戏剧、小说、音乐等文艺形式都具有类似的表达和相通的历史观。黑人女性作家托妮·莫里森（T. Morrison）的小说《宠儿》（Beloved）、阿德里安娜·肯尼迪（A. Kennedy）的戏剧《寂静的一课》（A Lesson in Dead Language）、苏珊·帕克斯（S. Parks）的代表作《美国戏剧》（The American Play）等都是以黑人历史为素材的，挑战了现有美国主流历史对黑人历史的忽视和扭曲，重新赋予黑人创造历史的能动性。这些作品对历史和文本有着双向关注，揭示了话语之间存在的"颠覆"与"遏制"。

交叠性理论和方法在少数族裔女性教育史中的文本表达特点与黑人女性其他文化形式不乏相似之处，但更多的时候超脱了种族仇恨和性别愤怒，不再以绝

---

① 　黑人觉醒运动指的是 20 世纪 60 年代末发生在南非的一场反对种族隔离的激进主义运动。该运动源自以黑人学生为主体的底层民众，同时伴随着广泛的黑人觉醒意识与黑人文化的兴起。相较于同时期的其他社会运动，黑人觉醒运动虽然持续时间不长，却将黑人从文化压迫和自卑情结中解放出来，打破了白人政权强加的文化道德优越感，激发南非全体黑人重新审视黑人文化和自身发展历史，为最终推翻南非的白人种族主义制度奠定了思想基础，也对美国同时期的社会运动产生了影响

② 　黄坚. 2015. 当代美国黑人女性戏剧家的历史书写与身份诉求. 华侨大学学报（哲学社会科学版），（2）：116-121，128

望、愤懑或控诉的口吻呈现历史，而是以一种理性批判的方式直言这类群体在社会中的生存状态。许多撰史者本身也经历过或仍然经历着同样的困境，她们自身也是少数族裔边缘女性群体的一员，自己的学术领域和交叠性的发展都面临着"从边缘走向中心"的境遇。研究的主客体在某种程度上有着天然的一致性，因此这种教育史书写的历史在场感更强，撰史者的同理心和使命感是其他领域的学者无法企及的。18 世纪末和 19 世纪初就出现了如索杰纳·特鲁斯和艾达·韦尔斯-巴尼特（I. Wells-Barnett）等从事交叉压迫研究和社会活动的黑人女性领袖。作为美国黑人民权运动的先驱，她们是交叠性视角下历史的亲历者，她们对教育权的争取就是一部活生生的边缘群体教育史。

交叠性作为阐释美国少数族裔女性群体教育史的有力工具，着重解释以学生、教师和其他教育工作者身份出现的美国少数族裔女性所遭受的性别、种族、阶级等多种社会排斥及社会压迫。通过交叠性的运用，当代美国边缘群体教育史研究试图显示不同历史环境中上述群体对复杂历史情境的不同"言说"，集中反映社会权力的建构与少数族裔女性身份的认同等重大历史课题。当代美国少数族裔女性教育史的书写使交叠性在"言说"中的作用合法化，但绝不会试图把学校历史发展放在一种必然的进步主义趋势中来为社会确定绝对的、超然的价值，在交叠性理论框架中并不存在一个有关"历史应该是什么样的"的研究预设。当代美国边缘群体教育史研究只是通过交叠性找到被遗忘的过去，解释遗留至今的教育问题，进而用现在"言说"的意义形塑未来。

二、交叠性在少数族裔女性教育史研究中的运用特点

当代美国少数族裔女性教育史研究似乎是一个极其限定的群体落入一个极其限定的历史领域后产生的结果。但是请不要忘了，这刚好也是一个最能反映美国权力运行、社会结构关系和身份政治的研究样例。交叠性本身的理论特征介入这样一个特殊群体之后，曾经尘封的历史有机会被重新解读。交叠性试图从全新的角度实现对当代美国教育史的批判与重构，为少数族裔女性认识自身与社会的关系另辟研究路径。交叠性在美国边缘群体教育史研究中的运用也再次表明，美国民主、平等、正义、多元等一系列意识形态与价值观都是不断变化、建构的历史过程，绝没有进入完成时。

（一）注重对美国教育实践及其研究的批判

自 20 世纪 90 年代交叠性得到广泛应用以来，交叠性本身持有的批判性得到了进一步丰富和发展。在当代美国教育史研究诸多领域中，交叠性以天然的批判精神投身边缘群体教育史研究。作为一种研究视角或者分析方法，当代美国少数族裔女性教育史中的交叠性是一种对理论与实践的批判性探究。

其一，交叠性批判现存的知识体系、教育史学传统中的"瓦斯普"式价值观视角、一元颂歌模式、僵化的理论与方法，以及与各种社会不公相关的学校教育实践。因此，交叠性注重批判教育史研究中曾经存在的"以偏概全"——黑人教育史不只是黑人男性的教育史，女性教育史也不只是白人女性的教育史。在交叠性的观照下，我们不难发现，其实就算分别检视美国教育史中的"美国""教育"两大范畴，它们也并不曾把少数族裔女性的特殊教育经历完全包含其中。带有交叠性的教育史文本就是要弥补对种族、性别、民族或其他分析范畴进行综合考虑的不足。

其二，交叠性注重对"坐而论道"的书斋式研究进行批判。交叠性是一种源自实践的理论和方法，在经过学术提炼过程后，容易走向"形而上"的异化，即过度学理化、抽象化，从而脱离社会实践。学者和行动主义者在实践中应该是统一的，交叠性本身就应被当成一种能够向群体和个人赋权的重要工具，并坚持将交叠性作为完成多样性工作的智力核心。[1]特别是在以往的教育实践领域，如何处理与教育经验相关的种族、阶层、性别和学习能力等交叠性问题，始终是边缘群体面临的核心问题。回顾这些"被压迫者"的教育史，无不关系到教师培训、课程设计和学校教育理念等方面的延续与变革。

从这个角度看，批判教育学一直为边缘群体教育史中的交叠性提供"批判"维度的营养，也架起了美国边缘群体教育史研究与交叠性之间的另一座桥梁。保罗·弗莱雷（P. Freire）的经典著作《被压迫者的教育学》（Pedagogy of the Oppressed）同样拒绝用单一的阶层分析框架来解释教育场中的权力关系。保罗·弗莱雷认为，这本书研究的应该是学校内外的各种压迫关系。[2]保罗·弗莱

① Dill B T. 2009. Intersections，identities，and inequalities in higher education. In Dill B T，Zambrana R E（Eds.），Emerging Intersections: Race，Class，and Gender in Theory，Policy，and Practice. New Brunswick: Rutgers University Press，229-252

② 转引自卡洛斯·阿尔伯托·托里斯. 2011. 教育、权力与个人经历：当代西方批判教育家访谈录. 原青林，王云译. 济南：山东教育出版社，4

雷用"压迫"和"被压迫"的关系来转译当今时代的"处境不利的人群""种族化的群体""性别化的群体""无权无势的人"等。阶级、种族、民族、年龄、宗教、公民身份等因素与教育领域的交叉互动同样是该书研究的实践来源。

其三，交叠性的批判加深了人们对于美国教育历史的理解，促进了现代社会对教育本质、教育价值、人学立场等历史哲学和教育哲学的反思。无论是批判教育学也好，抑或交叠性也罢，其中的历史观和教育哲学有利于刷新人们对于权力运行和社会公平的认识，消除长久以来的刻板思维或被特权意识歪曲的历史想象。交叠性自诞生之日，就以批判眼光不断为人类批判性思维和洞见能力提供新的智识。美国少数族裔女性教育史研究的批判色彩能够帮助世人从另一种角度理解纵横交错的社会不公及其背后的动力源和形成机制，促进整个社会进行批判性的思考，找到解决问题的路径。

（二）体现多元文化主义时代研究的复杂性

在激进派教育史学的影响下，交叠性在少数族裔女性教育史研究中得到迅速发展，美国教育史学界对新教育史学的"修正"也渐次启动。方法论的多元化与研究视野的进一步拓展，为美国教育史的发展提供了更多可能。在此背景下，"复杂性"成为少数族裔女性群体教育史研究的一大关注点。一般来讲，少数族裔女性具有两个或两个以上边缘群体的身份特征，她们不仅更容易遭受歧视，并且往往深陷多重歧视的危险。相关的学术讨论就是为了探究性别和种族等因素的交错影响，从而揭示其中所隐藏的不平等的复杂性和关联性。从这个角度看，交叠性所关注的就是少数族裔女性所受歧视的复杂性，而复杂性的表现之一也就是交叠性所揭示的那种特殊歧视现象。

首先，"复杂性"的研究特点表现为研究对象的复杂状态。在少数族裔女性教育史研究中，交叠性面对的是一个复杂的教育整体。少数族裔女性教育史的核心要素之一是"少数族裔女性"，这类群体的身份表征复杂而多样，其中既包含族裔的因素，也包含性别的因素。这些因素不是简单相加，而是互相影响、共时存在。此外，我们还需要看到其他社会隐性因素的叠加可能。这就意味着我们需要对少数族裔女性教育经历的差异性进行比对分析，从群体教育经历的独特性出发，看到传统教育史普遍书写模式中的"例外"，从而完善我们对本就复杂的教育史主体的理解。一直强调自己切诺基（Cherokee）身份的当代美国女性主义学者安德里亚·史密斯（A. Smith）在谈到美国土著女性历史研究时说道："这类历史研究使我们看到了从有色群体社区中兴起的各种各样的女性主义历史，它们之间既有相同之处，也存在相互偏离。这些历史的出现不会否定白人女性主义者曾经做出的贡献，但会将其从我们历史书写和分析的中心位置'请'出去。"①除此之外，不同时期、不同区域的教育理念和实践不同，也会造成不同地方教育对象的历史性因素出现矛盾互斥。这些不一致也构成了"复杂性"之所在。边缘群体教育史开始采用多学科交叉融合的方法。交叠性本身演变为教育史研究场域的一种复杂理论。其实，世界本来就是一个复杂的整体，我们对此了解得越多，就越需要打破原来的历史格局，充分阐释其复杂性和丰富性。换言之，我们所做的努力不过只是恢复原本就更为丰富、复杂的历史原貌罢了。

其次，研究使用的分析框架使教育史学的功能更加复杂。对于教育史中复杂现象的研究，特别是针对被忽视的复杂身份所带来的认识盲区，研究者必然需要掌握新的、更加全面的解释方式。任何试图以思维惯性和简单经验去固化类别的方法必然会被时代所淘汰。用简单理论解释复杂社会现实的逻辑很难成立。以交叠性缘起为例，交叠性诞生于20世纪80年代，正是女性主义者和后结构主义者对现代分析类别的有效性发起攻击的时代。少数族裔女性教育史之所以采用交叠性视角，也是因为交叠性本身就是一种复杂的理论，能够用来研究多重交叉的、复杂的社会关系和教育史实。美国社会学家和政治学家莱斯利·麦考尔（L. McCall）就曾撰文探讨了交叠性在方法论层面上的复杂性问题。文章阐明了当研究主题扩展到包括社会生活在内的多个维度和分析类别时，我们在方法论上应该如何回应这些复杂状况。莱斯利·麦考尔由此提出三种交叠性分析模式，即反范畴方法（anticategorical approach）、范畴间方法（intercategorical approach）和范畴内方法（intracategorical approach）。②反范畴方法建立在分析类别的结构之上，这种方法在一定程度上提高了人们对复杂事物的解释力；范畴间方法要求学者暂时采用现有的分析类别来记录社会群体之间的不平等关系，以及沿着多个相互冲突的维度改变不平等关系的配置；范畴内方法在概念上介于前两种方法之间，它质疑边界的形成和边界的界定过程本身。这些方法聚焦被忽视的交叉点上的特定社会

---

① Smith A. 2011-09-08，2021-04-01. Indigenous feminism without apology. http://www.oregoncampuscompact.org/uploads/1/3/0/4/13042698/indigenous_feminism_without_apology__andrea_smith_.pdf

② McCall L. 2005. The complexity of intersectionality. Signs：Journal of Women in Culture and Society，30（3）：1771-1800

群体，并揭示那些复杂的群体生活经历。范畴间方法和范畴内方法都承认社会类别在任何给定时间所代表的稳定与持久的关系，同时对这些类别保持批判立场。有研究者依据上述分析方法对"学校"做出了新的解释：学校不仅是获取知识、能力和社会资本的地方，也是权利关系的汇合地，其中必然会有一些学生会获得某些人无法企及的特权。因此，正规的学校教育就出现一种悖论：它既要教育学生适应并融入现有的社会层级，也要求学生具有独立的批判意识。许多教师和家长不只是把学校当成获取教育服务的场所，也把学校看作他们不得不为自己的孩子争取权利的地方。学校组织其实只是更庞大的教育体系权力场的一部分。①

交叠性视角下的少数族裔女性教育史研究运用类似的方法、立场，在复杂性实践中秉持教育公平、参与性民主和多元文化主义等教育哲学理念，从而兼具学术功能、政治功能和社会功能。在此类教育史研究中，交叠性对主体范畴的解构被理解为一种对不平等本身的解构。也就是说，由于象征性暴力和物质不平等植根于由种族、阶级、性和性别定义的关系之中，对它们的解构实践可能会产生积极的社会效应。少数族裔女性教育史研究者之所以愿意采纳这种分析模式，是因为研究者相信这种分析具有改变社会实践的巨大潜力。它将个人和社会群体从霸权秩序的规范中解放出来，并使政治形态变得更加复杂和包容。

最后，交叠性的运用处于一种复杂的研究环境。交叠性理论和方法在美国少数族裔女性教育史中的运用是近二三十年的事情。此间，人类社会正处于知识爆炸、科学技术快速更新的变革时代。人们不断获得新的方法和能力推动社会转型，教育内外部环境都发生了巨大的变化。知识权威日益消解，不同群体的多元价值追求需要得到满足，全球发展的不确定性因素增多，风险社会中的各种危机意识不断增强，由社会转型带来的一系列变量也使得历史的发展走向呈现出复杂形态。这些都是交叠性在少数族裔女性教育史中需要回应的问题，也是研究者所处的现实研究环境具有的时代印痕，这种印痕其实就是今人与前人感受到的迥然不同的时代感。每个时代有每个时代的历史总体观感，它不会因研究个体的好恶而改变。不仅如此，复杂科学的产生更推动着复杂思维的形成，支配工业化时代的简单的形而上学已经力不从心，人类对客观世界的认识呈现出非线性、非均衡、复杂综合等特征。在这一背景下，西方教育及其研究范式也发生了转变。在复杂教育观的指导下，西方的教育开始转型。②这些外界变动和发展成为当代美

---

① Collins P H，Bilge S. 2016. Intersectionality. Malden：Polity Press，165

② 么加利. 2011. 反思与超越——走向复杂的西方教育变革. 济南：山东教育出版社，35-259

国少数族裔女性教育史研究的外在推动力。它与交叠性内在的复杂性理论分析框架一道使这类边缘群体教育史研究具有了复杂性特征。

（三）形成多维度的一体性建构

交叠性视角下美国少数族裔女性教育史研究的一体性建构主要体现在几种主客体关系上。一方面，交叠性对历史研究的主客体进行了一体性建构。长久以来，在少数族裔女性教育历史中，性别与种族无论哪一种身份都是被主流社会践踏的。在白人所把持的美国社会里，一些少数族裔女性没有历史地位可言，她们的过去无人问津、无处下笔，她们的历史贡献被严重低估，随之而来的便是这个群体教育史的缺失。对于研究者而言，以非裔美国人为例，它属于少数族裔中的"主流群体"。但无论性别如何，黑人史学家进入历史研究学术圈层的经历就像黑人自己的历史一样，也是一个艰难曲折的过程。尽管早在美国独立初期就有黑人撰写自己的历史，但直到 20 世纪 60 年代，黑人历史仍然是学术上的非主流，偶有能占据一席之地的也不过是个例。[①]我们由此不难想象黑人女性教育史研究者的地位和遭遇。

另一方面，交叠性对教育实践与教育历史进行了一体性建构。历史这枚硬币用另一面在辩证统一地讲述同一个道理。20 世纪 80 年代以后是交叠性正式进入美国边缘群体教育史的时期，也正是美国着力改进教育质量、促进教育公平的时期。黑人女性接受平等教育的机会不断增多，教育质量有所提高。特别是接受高等教育的少数族裔不断增多，随后进入学术领域且具有话语权的少数族裔学者也相应地增多，因此才会有更多的人研究与边缘群体相关的各种问题，也才会有人深入挖掘最初美国公立教育与边缘群体教育史之间的关系，包括美国参与性民主的实质意义，等等。

可以说，是历史中的进步因素促进了历史的书写。少数族裔女性教育史透过交叠性的助力，将个人历史、族群历史与社会历史相融合。只有历史的重要性得到肯定，史学家存在的价值才会得到认定。边缘群体教育史的书写提升了自身的历史主体地位，而边缘群体作为历史主体的地位得到提升又反过来激发了边缘群体教育史研究能力的增进。少数族裔女性教育史学家在学术场域就像《苏菲的世

---

① McMillen N R，Meier A，Rudwick E et al. 1987. Up from Jim Crow：Black history enters the profession's mainstream. Reviews in American History，15（4）：543-549

界》（Sophie's World）中闪现的哲学隐喻，这类学者多少都经历过和她们笔下的历史亲历者一样的心路历程，如被排斥、被压迫、身份迷失、顺从或抗争，从边缘到中心，等等。也正因为这样，少数族裔女性教育史的一体化建构尤为重要和明显。历史研究的主客体是"你中有我、我中有你"的命运共同体。这也就是为什么在交叠性的观照下，口述史、个人访谈、历史叙事等方法会成为研究的首选。在这种情况下，历史的研究者也成为历史的参与者，她们皆由历史走向未来，成为边缘群体教育史本身的一部分。

三、交叠性在少数族裔女性教育史研究中的实践空间

多重交叠问题作为当代美国女性主义理论的重要研究内容，亦在近些年的美国本土教育史研究中初露锋芒。从某种意义上讲，交叠性在美国教育史研究中的生存空间和发展潜力预示着未来美国教育史研究的种种取向。美国边缘群体教育史研究受到历史学、政治学、社会学等学科的影响，将交叠性更多地用在了对弱势群体，尤其是少数族裔女性的教育史研究领域，在叙事方式等方面也有明显的突破，形成了独有的优势。与此同时，交叠性本身也处于发展和成熟过程中，美国少数族裔女性教育史也要注意避免故步自封和矫枉过正的倾向。

（一）交叠性聚集的研究优势

交叠性被美国学界评价为迄今为止在性别研究及其相关领域做出了重要贡献的理论方法之一。[1]交叠性带有明显的黑人女性主义色彩，提出了一种基于身份范畴的特定理论范式。一方面，它将为已有的研究主题提供新颖、独特的研究角度和研究方法；另一方面，它也试图将以往不曾留意、未受重视的内容纳入研究之中，形成新的研究维度。交叠性的跨学科运用拓宽了当代美国教育史学科的研究视野。交叠性在美国教育史研究中方兴未艾，尚未达到"盛行"的程度。但我们通过对有限的使用案例和使用特征进行分析后发现，交叠性若能充分发挥其理论优长，并与美国教育史中的种族、身份、性别和受教育权之间的关系进行深入

---

① McCall L. 2005. The complexity of intersectionality. Signs：Journal of Women in Culture and Society，30（3）：1771-1800

对话，那么它将会是一种对教育权利、教育主体性、知识生产和教育体系压迫等
问题进行有效批判的工具，也能够将其作为制定教育公平政策和制度审查的工
具。透过交叠性框架，我们可以清楚地看到美国教育多重交叉的社会建构图景，
也多少能够发现美国无缝对接的教育历史与教育现实，以及教育问题的延续、教
育政策的延续和教育行动的延续。

　　不仅如此，交叠性的渗透也将为美国教育史研究带来更多的变革契机。交叠
性植根于美国少数族裔女性运动中，并服务于现实的社会运动和边缘群体的利益
诉求。众多理论研究者本身也是社会运动的倡导者、组织者和参与者。[1]这样的
理论品质也将带动当代美国教育史学家进一步发挥主体作用和知识分子的社会担
当，将教育史研究转化为改进教育现状的变革性力量。首先，交叠性要求把教育
历史和教育现实看成多维的关系世界。鲜活的身份彼此交织，少数族裔女性所遭
受的歧视和压迫纵横如网、相互影响。其次，交叠性寻求对不同生活方式的认知
和政治认可。作为解释少数族裔女性教育生活关系的分析工具和理论主体，交叠
性将物质与话语联系起来，将宏观政治与微观生活联系起来。[2]特别是当交叠性
与历史上的教育制度实践联系在一起时，这种从边缘群体中获得的知识最具启发
意义。此外，交叠性不仅寻求社会正义和变革，揭示多种形式的权力和不平等产
生、运行的条件，更为重要的是，它重申了辩证统一的复杂性的认识论和方法
论。当代美国少数族裔女性教育史既是族群教育史，又是女性教育史，更是美国
教育史。它摒弃了非此即彼的同质化思维，寻求展现"既……又……"的复杂关
系模式，在哲学认识上遵从既普遍又特殊的辩证统一，从而保证了少数族裔女性
教育史既不囿于"边缘小众"的自说自话，又能保持独特的差异性，从而解决认
知权威的差异、历史记忆的不平衡和修辞空间的不平等一系列问题。

（二）交叠性研究存在的局限

　　以借鉴跨学科理论方法为特点的美国边缘群体教育史研究是当代美国教育史
学不可忽视的一部分。跨学科理论和方法的运用也具有一定的实验性与适应性。

---

　　①　对交叠性研究颇有造诣的美国学者金伯莉·克伦肖、柯林斯等既对种族、阶级和性别等问题进行
了深入的学术探讨，也发起并积极参与了许多相关社会实践，如接受各类媒体采访、参加面向公众的普及性
演说、发起对非裔女性群体的关注活动等。其中，一些倡议和活动与交叠性在教育政策上的介入直接相关

　　②　May V M. 2014. "Speaking into the void"? Intersectionality critiques and epistemic backlash. Hypatia,
29（1）：94-112

换言之，它不能"剃头挑子一头热"，亦需要足够的成长时间和试错。美国教育史的编纂从埃尔伍德·克伯莱到劳伦斯·克雷明，从伯纳德·贝林到乔尔·斯普林，也经历了长时间的摸索和演变，他们运用的研究理论和方法不一而足。跨学科理论的运用并不绝对，它不能代替或排除传统史料搜集和历史叙事，对于理论的选择和运用，也许没有"必须"如何如何，我们只能竭力选择对于研究问题最具解释力的那一种。更何况世界上本不存在完美无瑕的理论方法，在使用过程中理应注意有限的理论在跨学科运用方面存在的局限。

交叠性理论和方法的运用仍然面临诸多挑战，其本身所存的争议和缺陷也再次提醒我们在进行跨学科理论借鉴时，要注意理论的适用范围和使用前提，立足自身的选题合理选择、扬长避短。哪些差异已经被认可和集中，以及这些差异之间的交集如何被理论化，似乎成了少数族裔教育史研究者下一步需要深入反思和总结的问题。社会学家妮拉·尤瓦尔-戴维斯（N. Yuval-Davis）指出，交叉方法的差异在于学者持有特定的立场，以及倾向使用笼统的术语作为更广泛研究分层或分类的工具。①从事教育社会学的露易丝·阿切尔（L. Archer）教授对此也表示了类似的担忧。她指出，种族和性别一直是人们关注的焦点，而关于年龄、阶级或性别等其他差异维度的争论虽然很明显，但大多是同时进行的。②更确切地说，交叠性理论兴起的过程有可能导致教育史研究出现"唯交叠性"的错误倾向，譬如，身体与残疾等问题则沦为边缘群体教育史研究中的边缘问题。近些年来，美国少数族裔女性教育史并没有对教育身体史研究的新鲜成果进行很好的吸收，"种族""性别""阶级"三足鼎立之外的维度融合仍有很大的发展空间。

（三）交叠性引起的研究趋势

交叠性将人们的目光引向一种未被充分认识的教育历史，那也是无数被抹去的生活、被遗忘的故事和被忽视的意义系统。在少数族裔女性教育史研究中，交叠性试图使它们变得可感知。非裔美国女性学者、教育家安娜·库珀（A. Cooper）

---

① Yuval-Davis N. 2006. Intersectionality and feminist politics. European Journal of Women's Studies，13（3）：193-209

② Archer L. 2004. Re/theorizing"difference"in feminist research. Women's Studies International Forum，27（5-6）：459-473

通过引用"认知暴力""解释沉默"等概念，发出了美国历史上南方黑人女性的声音。这种声音不应该被解读为例外或异常，因为它代表了无数其他"迄今为止没有发言权"的黑人女性的声音。黑人女性被迫成为"一个沉默无声的音符"——不是因为她们无话可说，而是因为她们被剥夺了自我表达的权利，并被故意误解。①黑人女性的教育史书写在新的言说内容和个性化的叙事取向中构成了一个"未被理解的华彩乐段"，一种曾经难以被听到的"低沉旋律""生命节拍"。未来美国少数族裔女性教育史将会循着这样的足迹，继续探寻受到压制的黑人女性的教育经历和教育思想，呈现那些被历史和文化记忆否认的生命叙事。

交叠性是一种分析视角和思考方式，这在某种程度上决定了研究者的研究方向。运用交叠性中的分析交叉，不在于少数族裔女性教育史中是否使用了"交叠性"这一术语，也不只是让它位于一个熟悉的谱系中，与白人教育状况进行逐项对比，相反，使交叉分析成立的——无论它使用什么术语，无论它如何迭代，无论它处于哪个领域或学科——是它对相同和不同的问题及其与权力的关系采取交叉的思考方式。这样的研究更善于观察历史的变化。只有考虑了少数族裔女性群体内部的共性和特性，教育史研究才能对具体的历史情境展开交叠性透析。因此，当关于交叉性的对话以一种向心的方式穿越批判性研究时，少数族裔女性教育史便借鉴更多跨学科研究的优势，能够更恰当地从理论和方法上说明种族、性别和阶级的交叠性历史。

当前，交叠性在美国少数族裔女性教育史研究中的运用具有以下趋势性特征：①着重分析教育历史过程中非累加的、多元交错的权力系统与身份认同；②在教育全球化和全球史观的作用下，开始涉足其他国家（如南非、韩国）少数族裔女性教育问题的历史研究；③更加注重高等教育领域所反映出的交叠性问题；④以跨学科交流为载体，借鉴多学科的理论和方法开展研究。越来越多的少数族裔女性学者加入了边缘群体教育史研究的行列，也经常参与到教育公平问题的社会讨论和教育政策制定中。在上述发展趋势中，交叠性更多时候被视为一个节点，而不是一个完美无瑕的封闭系统。交叠性是可供选择的理论之一，但不是唯一的。保持少数族裔女性教育史对多重压迫与不公的敏感性才是确保这一领域拥有蓬勃生命力的关键。

---

① Cooper A J. 1998. A Voice from the South. Oxford：Oxford University Press，xxx-xxix

本 章 小 结

交叠性是一种用以批判由多重身份因素和社会因素共同导致的社会不公、社会歧视的理论和方法。这一理论和方法的突出特点就是批判对种族问题的单一性、片面化的刻板印象，打破"所有的女性都是白人，所有的黑人都是男性"的还原论迷思。交叠性帮助人们更加深入地解析了自身所固有的异质性和多重身份属性的社会建构，由此揭示了种族歧视和种族压迫所具有的系统性、持续性和顽固性。

美国少数族裔女性教育史研究主要凸显了交叠性的三个维度：一是关注历史上深受多重共时压迫和歧视的边缘群体的教育体验，尤其强调少数族裔女性"言说"的重要意义。二是关注教育历史上多维压迫交叠带来的倍增效应。这就如同以往习惯将多个独立的不等式链做加法运算，现在则需要做多项式乘法。以往总是分类描述某一因素的单方面影响，现在则要转向研究产生不平等的机制之间的相互作用。三是关注教育历史场域内权力关系的系统化和连续性，它们共同决定了边缘群体在教育历史上的不平等。这种不平等从一开始就构成了顽固的协同体系，而不是将"额外的"互动过程"添加"到主体范畴中。在用多维交叉方法处理历史问题、分析历史现象时，交叠性的历史研究积极纳入社会边缘群体的观点，而不仅仅是某一个案的观点。它们将不平等视为多重因素决定和交织在一起的历史过程，而不是一种由本质主义操纵的被已有范畴限定的历史想象。

以上三个维度要求当代美国边缘群体教育史研究更加注重对复杂历史的全景呈现，要为历史失语者提供发声手段，积极促成多维度的一体化建构。在当代美国边缘群体教育史研究领域，交叠性的运用主要受到了种族批判理论和女性主义教育史学发展的影响，以少数族裔女性所遭遇的多重教育不公为主要议题，拓宽了当代美国教育史研究的视野，促进了当代美国教育史研究范式的更新，并对美国教育领域延续至今的种族歧视、性别歧视和教育不公等问题具有较强的解释力。

自 20 世纪 80 年代以来，美国教育史研究对于边缘群体的观照日益增强，在研究理论和方法上讲究具体而实用、开放且多元，所运用的诸多理论和方法都已在历史学、社会学、法学和人类学等领域得到一定的锤炼。跨学科理论的运用为教育史研究提供了更多维的思路和发展空间。女性教育史、移民教育史、城市教育史和少数族裔教育史等分支领域都在积极开展跨学科合作，有些显像明确，有些暗藏其中，表现方式各不相同。

　　总体上看，这些运用仍处在积极探索时期，尚未成熟定型，这既为今后美国边缘群体教育史理论与方法研究提供了一定的思路，也显示出未来美国教育史学的一个重要发展方向。交叠性在当代美国边缘群体教育史研究中的运用好似学科范式转变的蝴蝶效应，也是学科演进过程中对于人类复杂经历和体验的"共情"。因此，交叠性与其他边缘群体教育史研究的理论方法一样，反映出教育史研究历史和逻辑的统一。

第五章

美国边缘群体教育史研究中的数字人文

数字人文代表了人文学科视野的一个重大扩展……

这是一种全球性的、跨历史的、跨媒介的知识和意义创造方法。

——节选自《数字人文》①

① Lunenfeld P，Burdick A，Drucker J et al. 2012. Digital Humanities. Cambridge：MIT Press，vii

　　21 世纪，新一轮科技革命和产业变革成为改变全球竞争格局的重要因素。人们的生产生活方式随着大数据、云计算和人工智能等技术的快速发展而发生深刻变革。信息数字技术的出现为数字时代的学术发展带来全新机遇和挑战。新兴学科层出不穷，同时学科交叉、学科综合也成为学术时代变革中的"弄潮儿"。数字人文就是颇具时代特色的新兴学科产物。数字人文为人文科学提供了一和充分利用科技进步成果和新鲜学术资源，跟进时代发展形势的机遇和方法。数字人文本身具有方法论的性质，因此本书所涉及的数字人文主要侧重于数字人文领域的研究理念、属性特征和应用方式。通常所讲的"数字人文理论"与本书所指的数字人文除了所辖内容不同，在其他方面基本契合。数字人文理论属于数字人文领域的一部分，在许多语境中可以通用。新的信息媒介是如何被运用到人文学科之中，并对人文学科产生实质性或潜在影响的？人文学科又是以怎样的方式对现代信息处理技术的发展做出贡献的？这些都是数字人文理论探索的重点。

第一节 数字人文的形成与发展

　　作为一种新生事物，数字人文仍处于不断发展和变化之中，学界尚未对数字人文的概念进行统一界定。学者首先关心的是如何描述这一领域的发展状况，并厘清它的边界起源，并不急于给出某种权威性的界定。尽管已经有许多专著和学术期刊发表文章尝试对数字人文进行界说，但数字人文领域仍处于不断丰富和发展的过程中，以至于没有哪一种定义能够完全将其收入囊中。

　　我们通过当前数字人文的形成与发展过程可以发现，数字人文至少包含以下三方面的意蕴：一是作为一种学术概念；二是作为一类实践领域；三是作为一门学科。当将其作为一个学术概念时，学者关注的是它的内生价值与基本属性；当将其作为一个实践领域时，学者偏向于描述数字人文包括哪些内容，而不是数字人文是什么，数字人文的方法论特性也随之浮出水面；当将其作为一门学科时，数字人文的目光就容易集中在各类研究型大学和其他科研组织所创建的数字人文研究中心，以及数字人文业已形成的带有学科性质的定期学术会议及其分支机构。无论在哪种意蕴下，数字人文都具有显著的理论特色和方法论功能。正如一些学者所言，数字人文学科的核心更类似于一种共同的方法论观点，而不局限于任何一套特定的文本内容或技术手段。①所有与之相关的学习、研究、教学和发明创造都属于数字人文领域的一部分。数字人文领域的研究者擅长以电子化形式对信息加以调查分析和系统综合，最终呈现在公众面前。

　　在上述三类概念指向中，将数字人文定义为"实践活动"或"实践领域"的用法最为常见，这并不是因为此种表述最严谨，而是因为这种表述的包容性最强。数字人文天然地具有学科交叉性，因此具有不同学科背景的学者在数字人文领域的描述侧重点也不尽相同。再加上该领域自身也正处于不断调整和生长的阶段，人们在给数字人文下定义时，稍显笼统的用词反而是最恰当的。

---

　　① Kirschenbaum M G. 2010. What is digital humanities and what's it doing in English departments?. ADE Bulletin，150（7）：55-61

一、作为一种学术概念的发展脉络

在"数字人文"这一术语出现之前，"人文科学计算"（humanities computing）、"人文主义信息学"（humanist informatics）、"文学与语言学计算"（literary and linguistic computing）及"人文科学中的数字资源"（digital resources in the humanities）等词语都曾用以表示计算机运算、数字化信息与人文科学的交叉融合产生的新领域。直到最近二三十年，数字人文逐渐被公众和学界认可，慢慢取代了上述词语，其意义更加集中而明确。虽然偶尔可见欧洲学者以"电子人文科学"（e-humanities）相称，但美国学者仍习惯于用数字人文指代这类研究内容。

作为一个专业术语，数字人文的快速流行要归因于一系列令人惊叹的孕育环境。在一些具有较大影响力的组织机构中，数字人文的使用便在某种程度上进一步体现了这一用语的权威性和通用性。比如，2002年，建立数字人文组织联盟（Alliance of Digital Humanities Organizations，ADHO）的工作拉开序幕，2006年，美国国家人文基金会（National Endowment for the Humanities）的"数字人文"项目正式启动，等等。反过来，数字人文概念的界定也进一步厘清了相关研究领域的范畴和边界。仅仅是简单地在人文科学研究中使用计算机并不能称为数字人文。在数字人文领域，研究者用计算机模拟人文科学类型的数据，并用计算机对这些数据进行分析和理解。我们用计算机完成的是所谓的"人文计算"，这一活动与使用计算机来模拟打字机、电话机或者留声机有本质的区别。对于这一点，有学者曾经做过形象的比喻："1608年，人们发明了望远镜，最初觉得它只能在战场上发挥一点作用。伽利略也曾拥有一部望远镜，略加改良后用于挑战当时的日心说。尽管望远镜本身是一项新技术，但直到伽利略利用它带来了新知，我们才能将望远镜称为一种科学工具。"[①]学者在界定"数字人文"时，并没有否认计算机使人文领域发生的巨大改变，但也提醒我们不要忽略了操纵计算机的"幕后能手"，是这些因素促使我们重新思考现有的知识系统。

2000年以来，多国学者开始积极探索并尝试讨论数字人文的意义和概念。多种学术期刊及学术博客相继发表了相关文章和评论。一些专业学术期刊甚至还专

---

① de Smedt K. 2002. Some reflections on studies in humanities computing. Literary and Linguistic Computing，17（1）：89-101

门为数字人文领域的研究搭建了交流思想的平台，如《数字人文季刊》（Digital Humanities Quarterly）、《文学与语言计算》（Literary and Linguistic Computing）和《数字人文期刊》（Journal of Digital Humanities）等也都曾发表过关于数字人文理论建构或批判的文章。特别值得注意的是，2021 年 3 月，中国首个数字人文领域的专业期刊《数字人文研究》创刊号正式出版。在其发刊词中，该刊物将数字人文定位为一种"新的学术形态"。①在种种或谨慎或乐观的界定争论中，一些学者认为如果一个人没有涉足编程，就算不上一名数字人文主义者；另一些学者则坚持认为数字人文不在于其中的构建与具体内容，而在于"分享"这一精神内涵。以拉斐尔·阿尔瓦拉多（R. Alvarado）为代表的学者则避其两端取于中。他明确表示数字人文是一个社会范畴，并不具有本体论方面的意义。作为一种新生事物，包括概念界定在内的数字人文理论体系仍在建设过程中。因此，一定程度的概念模糊将会为来自各方面的实践者提供额外的自由，更有利于他们确定自身的研究方向和职业路径。就像一些大学的数字人文研究生培养项目，设计者并不会与学生讨论"人文科学计算是什么"，而是将其转化为"我们希望人文科学计算包括什么"之类的主题。②从这个角度看，数字人文的概念尚未定型，仍需进一步探索。

二、作为一个实践领域的发展轨迹

几乎所有的人文学科都具有历史性和解释性，都需要我们将当下的情境与人类历史经验联系在一起来进行思考。这种思考既包含知识的生产、意义的创造，也包括对这一过程所需工具的认识和应用，后者在人文学科的发展中发挥着不可替代的重要作用。从这个意义上讲，作为人文学科的一种研究工具，数字技术始终处在人文学科存在与发展的中心环节。数字人文在相当大的内容范畴中涵盖了人文学科有关数字工具思维方法、写作模式和教学规程等问题。从广义上看，数字人文也可以作为一个实践领域。我们不妨把它理解为一个话语场，数字人文

---

① 《数字人文研究》是获得国家新闻出版署批准在国内外公开发行，拥有国内统一连续出版物号的学术刊物。此前，由清华大学和中华书局联合主办的《数字人文》通过"以书代刊"的形式于 2019 年 12 月面世

② Terras M，Nyhan J，Vanhoutte E. 2013. Defining Digital Humanities：A Reader. Farnham：Ashgate，1-3

将两种研究形态合并在了一起，一种研究形态专注于数字化和数字化表征方面；另一种研究形态则主要涉及数字工具和数字馆藏中的电子文本、电子写作和电子阅读等。

数字人文的早期形态可以追溯到人文学科对计算机资源的应用，其中最具有代表性的是意大利学者罗伯托·布萨（R. Busa）于1949年用计算机辅助编辑的鸿篇巨制《托马斯著作索引》（Index Thomisticus）。①这也是世界上第一个人文科学领域的电子文本项目，为此后西方电子学术资料编辑打下了重要的基础。最初，这项庞大的工程以政府、公司、专家学者三方合作的形式进行。20世纪50—70年代，美国国际商业机器公司（International Business Machines Corporation，IBM）将旗下的第一代大型数字式计算机用于该项目的研究。IBM 705型计算机由此诞生，推动磁芯成为商用计算机主流存储设备。它同时也具备了当时最强大的数据处理系统。这正好满足了罗伯托·布萨的研究初衷和设计要求，他希望寻求这样一类机器设备，既能使研究尽可能准确，又要最大限度地节省人力成本。②美国国际商业机器公司这一型号的计算机的硬件处理能力相当于在几分钟之内完成以往人工操作数周或数月才能完成的工作量。再加上该公司高级工程师保罗·塔斯曼（P. Tasman）与罗伯托·布萨携手合作，设计制定出专用的托马斯著作索引机编程序，至此IBM 705型计算机就实现了从卡片到磁带、磁带到卡片、磁带到磁带、磁带到印刷机等多种数据转录。正如保罗·塔斯曼所预测的那样，对托马斯著作的文献数据处理程序，经过必要修改、调整，也适用于法律、化学、医学和工程技术等方面的文献分析和信息检索。计算机检索技术的应用将开创"语言工程学"的新时代。③由于上述创举，罗伯托·布萨被奉为"数字人文之父"。毫不夸张地说，人文社会科学由此才开始了对数字技术更为深入的应用，数字人文的发展理念逐渐得到推广，迎来了属于数字人文的发展机遇。

由于越来越多的原始资料需要得到高效的收集、整理，大规模的学术编辑活动便随之而来，数字人文领域涌现出的一些专家学者为技术创新做出了自己的贡献。从研究过程来看，数字人文与电子工具的使用、研究资料采集和文本编辑等

① Smith M N. 2002. Computing: What's American literary study got to do with it?. American Literature, 74（4）：833-857

② Burton D，Blockley R C，Brahney K J. 1984. Review essay. Computers and the Humanities，18（2）：109-137

③ 转引自林穗芳. 2007. 罗伯托·布萨和世界最早用计算机辅助编辑的巨著《托马斯著作索引》. 河南大学学报（社会科学版），（4）：167-174

实践活动密不可分，并且促使人们反观数字人文对相关活动所涉学科产生了哪些影响。数字人文在档案学领域主要被应用于档案资料的电子化，在语言学领域侧重开展基本词汇的演变研究，而在历史学领域则更多运用绘图等可视化技术展现人类思想交流和传播过程。美国斯坦福大学人文中心就下设了空间与文本分析中心（Center for Spatial and Textual Analysis）、跨学科数字研究中心（The Center for Interdisciplinary Digital Research）及声乐计算机研究中心（The Center for Computer Research in Music and Acoustics）等研究机构。这些分支机构的研究项目着眼于 3D 绘图、算法的文学分析、高级可视化技术以及拉丁语之外的文本语料库的数字化等。在斯坦福大学人文中心，这些计算工具和数字技术正在被广泛应用。这证明，一方面，人文学科正在加强学科间的横向联系；另一方面，学科交叉使得研究团队吸纳了众多拥有不同学科背景的成员。

除了上述工具化应用得到发展，数字人文因其独特的优势还充分发挥了自身的服务功能。在社会实践领域，数字人文为人们提供了一种新的学习形式。例如，在数字图书馆，数字技术效应及社会影响力得到了很好的体现。数字图书馆的核心和本质在于，充分利用现代信息技术，以计算机网络为基础平台，构建一个有利于产生新知识的数据资源储备平台、研究工具及合作环境。这种作为环境的数字图书馆不仅仅局限于网络数字信息资源的开发利用，更是一个促进信息获取、传递和交流的知识网络。[①]

三、作为一门学科的发展动态

如果将 1949 年罗伯托·布萨创建的《托马斯著作索引》作为数字人文学科发展的起点，那么 20 世纪 40—70 年代初就可以被视为数字人文的初级发展阶段。在这一时期，数字人文活跃在各种计算研究中心内部，寻求与计算机领域的"亲密接触"。1963 年，剑桥大学的罗伊·威斯比（R. Wisbey）教授创办了文学与语言计算中心（Literary and Linguistic Computing Centre）。该中心运用数字人文的技术和理念开展有关早期中古高地德语文本方面的研究。1970 年，文学与语言计算协会（Association for Literary and Linguistic Computing）在剑桥大学召开第一次

---

① 孙坦. 2000. 数字图书馆理论与发展模式研究. 北京：中国科学院文献情报中心，19-20

会议，这也是欧美国家首次举办与数字人文相关的会议。①虽然这一时期"数字人文"的概念尚未得到普遍使用，但许多学者已经在各自学科中利用计算机软件的数据处理、文本采集、文档数据对比分析等功能，完成人文学科尤其是文学和语言学科中的语言数据输出及语料库创建等任务。数字人文的学科理念和学科模式初步形成。

20世纪70—90年代是数字人文学科的快速发展时期，最突出的表现当属众多新型的具有数字人文性质的专业学会如雨后春笋般问世。文学、语言学领域仍然是最为活跃的破冰者。学者希望在人文领域和相关学科的研究与教学中不断融入算法，增强人们对数字人文学科的认识，促进人文学科教育教学水平的提升。在此后若干年的发展中，上文提及的文学与语言计算协会又加入了数字人文组织联盟，逐渐发展成为整个欧洲数字人文学科的大本营。受此风潮的影响，艺术史、文化研究、历史、图像处理、语言和文学研究、文献考证及音乐学等多个领域都涉足数字人文方法和技术的应用。仅从此协会的发展轨迹中，我们便可以一窥数字人文学科迅猛的发展态势。

20世纪90年代末，不仅有大批类似文学与语言计算协会这样的学术机构相继成立，而且在这一过程中，人们逐渐对"数字人文"这一极具概括力的表述达成了一致。在这一时期成立或扩充的类似的学科机构和研究项目开始倾向于使用"数字人文"一词为己冠名。例如，美国的数字人文中心（Digital Humanities Centers，DHCs）、数字人文办公室（Office of Digital Humanities，ODH）及欧洲数字人文协会（European Association for Digital Humanities，EADH）等。

21世纪是数字人文全面汇入人文类主流学科的时代。数字人文本身具有学科开放性，因此该领域的参与人员并不固定。但在"数字人文"这一学科名目的加持下，数字人文的学科地位日益稳固。许多国家的高校还成立了专门的研究院所和研究团队，并且拥有多条科研资金吸纳渠道。一些院所甚至还为数字人文项目设立了终身教席。可见高等院校和研究机构对于数字人文领域知识和人才的需求与日俱增。尤其值得一提的是，在近些年的美国历史学会年会上，与数字人文紧密相关的"数字历史"均被单设为研讨主题，成为分论坛的重要组成部分。由此可见，数字人文对于历史学科具有一定的渗透力，并在广博的人文学科的海洋掀起阵阵浪花。

---

① Nyhan J，Flinn A. 2016. Computation and the Humanities：Towards an Oral History of Digital Humanities. Cham：Springer Nature，3

第二节　数字人文的跨学科效应

数字人文是以科技发展为根本驱动力形成的新的学科形态，它在发展最初就具有了单一学科所不具有的学科特点，其中最明显的当属合作精神、跨学科和开放性。美国马里兰大学数字人文教授马修·基尔申鲍姆（M. Kirschenbaum）就曾指出："本质上看，数字人文更多的是一种普遍意义上的方法论，而非对某套特定文本甚至是技术上的投资项目……数字人文也是一项社会事业，它将志同道合的人网罗其中，共事多年。大家一起做研究，彼此争论、竞争……它是一种文化，它尊重合作、开放、非科层化关系，保持着灵活机动。"①在具有入门指南性质的《数字人文》（Digital Humanities）一书中，作者安妮·伯迪克（A. Burdick）等同样将数字人文的这些特点全盘托出："数字人文不仅是一个集合名词，它的'人文'部分其实具有多重含义，涉及媒体、语言、场所和历史等各类主题。尽管这里面成分混杂，但各部分均强调创造、联系、解释及合作，在这一点上数字人文又具有统一性。"②尽管人们对于数字人文的本质与完整内涵仍处于对话和争论中，但从如上学者的阐述中不难发现，数字人文尊重合作、多样性，尊重对人类文化的探索，以及对传统实践的反思。数字人文不仅关系到人文项目对数字技术的使用，更重要的是关系到这些技术的使用如何改变参与者的体验。

一、以合作精神满足教育主体间性

数字人文的合作性也可以理解为参与性。数字人文本身由于汇集了多门学科知识，尤其是应用了有关计算机、网络通信、地理信息技术等现代化科学技术，参与者可以充分体验到由互联网本身带来的创造性劳动。特别是在内容创造和内

---

① Kirschenbaum M G. 2013. What is digital humanities and what's it doing in English departments?. In Terras M，Nyhan J，Vanhoutte E（Eds.），Defining Digital Humanities. Burlington：Ashgate Publishing Company，35-48

② Burdick A，Drucker J，Lunenfeld P et al. 2012. Digital Humanities. Cambridge：The MIT Press，24

容分享上，具有不同学科背景和工作经历的人携手进行同一项目的开发、推进与传播。数字人文所要求的合作精神也是重新分配互联网资源和构建数字伦理的一种体现。人文学科的价值观由此渗透其中。数字人文的每一项成果都不是从某个单一个体身上产生的，它源于人与人之间对于真理的集体性探寻，是现代社会交流互动本质的反映。

正是因为数字人文具备了这样的合作性前提，教育科学中倡导的有关"我们""理解""同情"中的主体间性才能够在技术理性一统天下的时代熠熠生辉。我们是在与他人的持续对话、彼此试探中明确自身，发现隐藏着的预设立场，修正自己的思想意见。这一切都是因为我们听到了他人的声音。数字人文疏通了传递这种声音的管道，创造了平台和机会，使其能够与包括教育学科在内的人文领域实现综合、互融。因此，数字人文在美国边缘群体教育史研究中才有可能破除人为的学科壁垒。无论是人文学科为解决人文危机而发起的主动出击，还是电子技术等领域为拓宽视野所寻求的创新，二者均在合作中发现并培育出新的学科融合形式，进而在人文领域开辟新的研究方法、研究内容和研究思路。

目前，世界许多国家和地区在开展合作性的数字人文研究项目，其中大部分都会得出某种具体的研究结论，或是探索一个数据集，或是揭示文化的某些方面。这些项目背后却在昭示着更深层次的数字人文的性质、伦理和价值取向等问题。①数字人文在教育和教育史研究中的单一语言制与文化多样性矛盾该如何处理？数字本身是否具有潜在的创新力？数字人文的迅速发展是否会造成新的知识贫困或数字鸿沟？数字技术应该以怎样的方式为美国教育史学带来前瞻性的思考？与数字人文相关的教育是否能够带来更加多元的创新空间？这一系列问题必将在数字人文的蓬勃发展与深化合作中得到回应。

二、以统合思维解决教育跨学科难题

数字人文是一个典型的具有跨学科性质的研究领域。原因在于，数字人文所要解决的课题具有跨学科性。为了更好地解决数字技术等领域所面临的更为复杂

---

① DeArmas N. 2017-02-07，2017-08-31. An interview with Bruce Janz：Place and the digital humanities. https://humanities-arts-media.hastac.hcommons.org/2017/02/07/an-interview-with-bruce-janz-place-and-the-digital-humanities/

的跨学科问题，数字人文正在多管齐下、统合发力。

一是引入复合型专业知识。数字人文呼应的是多学科交叉的统合性研究，这种研究不是抛弃或否定学科边界，而是反对学科间不可越雷池一步的人为设障，学科边界异化成为阻碍学科发展的人为壁垒。一旦教育进入复杂多变的问题场域，那么单纯凭借教育学知识和研究方法是无法看清事情全貌的。当今时代，信息的不对称性尤为凸显，因此更需要引入复合型知识体系解决现实中复杂的教育问题。这样的"硬性"要求不仅带来了学科知识的交叉互鉴，有时甚至需要跨部门、跨地区、跨国家的学科合作。

二是引入具有多学科背景的专业人员。问题域的扩展要求解决渠道要具有多样性，知识技术的跨行越界自然导致不同类型的人员参与其中。数字人文的跨学科性还体现为人员构成复杂多样，既包括计算机编程、数字技术、地图绘制等方面的研究人员，也包括文学、语言学、历史学等学科的学者，还囊括了专业的图书管理员、博物馆管理员及普通民众等。不同身份的参与者有不同的学术背景和学科视角，在合作交流中，教育领域的项目合作与学科知识融合逐渐完成。即便是一些从信息通信技术等实践性较强的行业进入数字人文领域的人士也有同样的感觉：对于他们而言，数字人文就是具有不同学科背景和工作经验的研究者开展跨学科合作研究的契机，其中既涉及软件程序开发人员，也涉及基础设施供应商。在这个跨学科合作的过程中，数字人文逐渐成为人文科学内生的一部分，所以它和人文科学的性质是一样的。

三是引入跨学科合作项目。从类别指向上看，数字人文的理论和方法既可用于教育领域的量化研究，也可用于教育领域的质性研究，此类研究更倾向于探索教育或教育史研究中多学科交叉的复杂问题。例如，有学者利用文本分析工具对每年数字人文大会的会议议程进行了研究，探讨了主题热词及其出现频率，或是收集关键术语，将会议论文所引文献间的相互关系进行可视化处理，等等。美国马里兰大学人文科技研究所则发起了一个名为"从莎士比亚到第二人生"（From Shakespeare to Second Life）的项目，将数字技术充分运用至文本分析及成果出版。他们将 32 个不同版本的《哈姆雷特》的四开本制作成可查询搜索的数字版图书，并使读者能够开展在线教育和文本学习。就连在人文学科中被认为学科边际壁垒森严的哲学，也借由数字化研究工具和研究方法的更新，找到了与教育的契合点。美国的人文、艺术、科学和技术联盟与合作实验室（Humanities，Arts，Science，and Technology Alliance and Collaboratory）的领军人物布鲁斯·詹兹（B.

Janz）就一直提倡将人文学科，特别是哲学中的抽象思维运用于对数字技术的批判与思考，以此增强科学技术教育领域研究者的哲学素养。[①]

三、以开放空间涵养教育创新能力

"数字人文"是"数字"与"人文"的特性强化，是"数字"所代表的技术理性与"人文"所代表的文化特质的互补与融合，其间究竟是"数字"走向了"人文"，还是"人文"走向了"数字"，恐怕很难有人解释得清。如果我们再次回到数字人文的"布萨时代"，姑且可以认为是人文领域首先向电子计算技术抛出了橄榄枝，迈出了人文领域引进数字技术的第一步，实现了数字与人文的初步结合，这也只是具有商业性质的个案化的探索。在此后近70年的发展进程中，数字人文领域促进了数字技术与人文领域的互联互通，渐渐形成了你中有我、我中有你的发展态势。数字人文所代表的理论特性打破了人们数百年来所划定的科学与人文、定量与定性、实证与批判之间的界限，而这些界限也许本就不存在，或不应该存在。

第一，数字人文构建了开放的学科发展空间。数字人文并非"数字"与"人文"的简单加和，也不是"数字"与"人文"所代表的某一方向另一方的趋近与妥协，它是以计算机及其应用技术为代表的数字技术与教育学、历史学、语言学等人文学科的深度拥抱。数字人文既看得到网络化数字技术的严谨与高效，也不会忽视教育学科的问题意识和批判性反思。"数字"与"人文"之于彼此具有完全的开放精神和悦纳性，数字人文领域既研究怎样运用新技术为教育研究服务，也包含如何从教育视角出发探索数字技术，丰富数字文化。在一些学者的眼中，数字人文甚至为人文学科的发展提供了破冰之斧。数字技术手段有效地向公众说明了为什么人文学科能够成为人类洞察未来的一扇窗。也正是由于数字人文具有这样的开放性，其与教育领域的学科交叉、知识流动和公众接触才具有了可能。

第二，数字人文承载着万物互联的网络开放性。从本质上看，数字人文的诸多理论特性体现了互联网引领下的数字信息技术的发展潜力，体现了当今时代的

---

① DeArmas N. 2017-02-07, 2021-01-03. An interview with Bruce Janz: Place and the digital humanities. https://www.hastac.org/blogs/nicholas-dearmas/2017/02/07/interview-bruce-janz-place-and-the-digital-humanities

发展特征。Web 2.0 所带来的信息共享、低门槛进入、互联互通等时代烙印已经深深留在现实世界人们的衣食住行中。数字人文不啻为当代网络社会运行特点的学术表达形式。当人们因现实世界的需要而不断挖掘"互联网+教育"乃至"元宇宙+教育"的无限可能时，数字人文的学术天地已然显现出与之匹配的现代社会发展理念，在那里人们可以更好地理解教育中的创新、开放与共享。数字人文是一种与时代发展同行的理论方法，其发展前景与现代科学技术发展的状况具有更加紧密的联系。面对万物互联的发展态势，数字人文开拓了更加广阔的学术发展空间，尤其能够为传统人文学科的发展赋权增能，增强相关领域研究者的学术创新能力。

第三，数字人文具有开放性的方法论特征。正是因为在方法论上具有文理互通、学科共融的特征，数字人文跨越学科的种种实践才展现出蓬勃旺盛的生命力。同时，也因为数字人文本身具有"法无定法"的开放性方法论特征，人文学科所重视的解释效力、意义追求和价值导向才能够为该领域的发展引入一种可贵的自我批判精神。更进一步说，方法论上的开放与包容也为整个学术团体的发展赢得了创新和变革的空间。新的学术自由就萌生在这样一种空间革命中，它促进了新观念与新体验的互动，进而逐渐形成了前所未有的新的学术氛围和学术环境。特别是对于传统人文学科而言，学术自由及其衍生的学术世界的公平与正义不再是抛给你一个学术问题，然后就留你一人单打独斗。数字人文的方法论特点就是不限定思维模式与学科合作范围，以此打破学科间的知识壁垒，获取更多未知领域的探索机会。数字人文的方法论正在向世人传输这样的理念：学者之责不只在于给学问的围墙添砖加瓦，更重要的是要为这座围墙内外的人士破土开窗、牵线搭桥，让知识的生产与流通减少不必要的阻隔。从这个意义上说，数字人文甚至承载着人类发展新时代所追寻的新的知识伦理和学术公正，防止产生新的学术垄断和知识贫困。

第三节　数字人文在边缘群体教育史研究中的运用

数字人文不是一整套既定的理论框架，更像是一种指向性理念。数字信息技术与传统人文学科携手敲开了历史学研究的大门。由于数字人文本身具有强烈的时代感，在当代美国教育史研究进程中更是站在了史学研究发展的前沿高地。数字人文虽然并不是当代美国边缘群体教育史研究的专属品，但它仍然具备不可替代的存在意义和运用价值。数字人文有助于打破当代美国教育史研究，特别是边缘群体教育史研究的固有边界，带来新的研究合作模式。

面对共同的研究问题，不同学科的研究者会提出不同的研究视角和解决路径，从而使我们对那些曾经习以为常的、固化的解释方法产生了怀疑，甚至对其进行了颠覆和更新。这是数字人文为当代美国边缘群体教育史研究做出的最大贡献。除此之外，数字人文的地理信息系统、数字技术、信息挖掘采集技术和网络信息技术等应用工具使之从研究方法上为边缘群体教育史跨学科研究提供了直接助力。

一、数字人文促进边缘群体教育史研究的空间转向

20 世纪 90 年代末至 21 世纪初，以地理信息系统或历史地理信息系统为代表的“数字技术元素”在历史学分支领域频频崭露锋芒，特别是在经济史和社会史研究领域，数字人文的表现更是有目共睹。[①]在美国社会科学史学会（Social Science History Association，SSHA）年会及每两年召开一次的欧洲社会科学史大会（European Social Science History Conference，ESSHC）年会上，历史地理信息系统的应用热度有增无减。再以 2017 年 11 月召开的社会科学史学会的年会议程为例，会议期间，几乎每日的分论坛都会出现与数字人文相关的发言，分论坛主题涉及“用于城市研究的历史地理信息系统”（historical GIS for urban research）、“历史地理信息系统与战争研究”（historical GIS and the study of war）、“历史地理信息系统与欧洲环境史”（historical GIS and European environmental history）、“‘底层视角下的爱尔兰’：历史地理信息系统对爱尔兰人与爱尔兰移民城市变迁的微观诠释”（“Ireland from below”：microscale approaches in HGIS to understanding urban change amongst the Irish and Irish Diaspora）、“安居、迁徙、移民与历史地理信息系统”（stability，mobility，migration and historical GIS）、“‘大’历史地理信息系

① Knowles A K. 2016. Historical geographic information systems and social science history. Social Science History，40（4）：741-750

统的发展趋势：跨学科努力与方法论提升"（developing trends in "big" historical GIS：interdisciplinary efforts and methodological advances）、"从历史地理信息系统到历史空间数据基础设施——已有经验及未来挑战"（from historical GIS to historical spatial data infrastructures—lessons learned and challenges ahead）、"地理信息系统与殖民史"（GIS and colonial history）等。①仅从这些提交的论文题目来看，历史学领域已经开始从方法论角度对数字人文的应用状况进行讨论，这也从侧面说明数字人文在历史学领域的应用已然小有气候。

历史研究中的数字人文集中体现在历史学的空间转向。空间转向引发了当代美国城市空间史研究对于美国教育史研究的传导效应。无论是美国城市空间史还是美国教育史中的空间研究，都离不开网络信息技术和新的数据采集处理技术的介入。但数字人文给予历史学科的馈赠远不止现代技术或科学理性这么简单。透过空间转向和空间史的研究理路，历史研究中的数字人文传导至当代美国边缘群体教育史研究中。郊区化运动、城市危机、城市复兴与重建过程中学区的变化背后牵涉入学人口结构的改变、种族与教育公平等一系列历史问题。空间转向为美国教育史研究提供了新的研究维度，数字人文理论和方法使研究者找到了从历史学的空间性到教育史的空间性的转换接口，从而使美国教育史研究的空间表达具有了自身独特的意义。

（一）教育史空间转向的背景与依据

历史学的空间转向并非独自生发于历史研究领域，空间转向作为空间哲学在当代社会及社会理论中的重新表达，在理论上与法国哲学中重视空间的传统有关，在实践上与近代工业化、资本主义发展条件下的城市化有关，与当代信息化和全球化下的空间问题尤为相关。②第二次世界大战结束后，包括美国在内的西方资本主义社会经历了经济、政治的深刻转型，资本流动加剧，城市迅猛扩张，各种城市问题开始滋生蔓延，城市危机和社会重建瓶颈摆在人们面前。在社会理论框架内，空间维度的缺失限制了当时对各类社会关系与社会变动的解释力。研究者将目光逐渐聚焦在社会生活的空间性、正义性和政治性上。地理学领域首先

---

① 参见 2017 年 11 月 2—5 日在加拿大蒙特利尔召开的第 42 届社会科学史协会年会官网发布的会议议程，资料来源：https://ssha.org/programs/2017

② 强乃社. 2011. 空间转向及其意义. 学习与探索，（3）：14-20

发力，开始探寻空间生产的知识，从而摆脱了欧洲中心主义的束缚。法国文化地理学派空间理论的奠基人亨利·列斐伏尔（H. Lefebvre）于 1974 年出版了一部法文著作《空间的生产》（La production de l'espace），该书被誉为第一部系统研究城市文化空间的专著。①这部著作与亨利·列斐伏尔的另一部专著《城市书写》（Writings on Cities）一道成为文化空间理论的代表作，开创了以文化空间视角进行城市研究的先河。亨利·列斐伏尔打破了传统的空间观念，在他那里，空间不再是一种中立的容纳社会生产和社会关系的容器，所有空间都是人类社会活动的产物，每个族群、社区都会把自己的理念、价值观等精神体系编码在空间的生产中。②空间生产便链接起人类对精神与文化、社会与历史的创造和发展，亨利·列斐伏尔由此提出了社会空间理论，拉开了当代人文社会科学研究空间转向的序幕。

此后，文化空间理论秉承强大的地理学想象力，对历史学、社会学、人类学、文化研究等诸多学科产生了广泛而深远的影响，被称为"西方人文社会科学研究的空间转向"。③文化空间理论的形成不仅成为空间转向的理论指导，同时也加快了美国边缘群体教育史研究中的空间转向。数字人文作为美国边缘群体教育史研究者运用的一种跨学科理论和方法，为美国教育史的空间转向提供了重要的研究技术保障。

（二）空间转向中的跨学科批判

正是从 20 世纪六七十年代开始，美国历史学伴随着社会学理论的发展也融入福柯对空间、权力与知识关系的阐释中。当代地理学家大卫·哈维（D. Harvey）对空间、资本与城市化的论述，以及美国学者爱德华·索亚（E. Soja）对空间的社会批判都受到了这种"转向"的影响。④视角的转移和研究范式的转变最容易产生跨学科研究理论和方法。城市发展历史中的空间因素逐渐被引向西方马克思主义、后现代主义和后结构主义等语境中。在历史学的空间转向兴起之际，城市

---

① 刘怀玉. 2014.《空间的生产》若干问题研究. 哲学动态，（11）：18-28

② Lefebvre H. 2009. State，Space，World：Selected Essays. Minneapolis：University of Minnesota Press，185-195

③ 陈义华. 2013-10-16. 人文社会科学研究的空间转向——文化地理学派及其文化空间理论的兴起. 中国社会科学报，（第 B06 版）

④ 爱德华·索亚的"异质空间"或称"第三空间"理论就是人文地理学领域产生的带有变革和反抗意蕴的跨学科批判概念与研究方法

史、社会史和文化史等分支的叙事变化更为明显。"传统史学就此终结了吗？"
"文本和叙事就此消亡了吗？"面对诸如此类的疑惑，不少史学家开始从空间叙
事中找寻答案。

几乎和人类历史一样漫长的历史学追求"通古今之变"，习惯于从时间维度
描述事物的兴衰变革，历史的历时性始终是这门学科的胎印。地理学家却从另一
种角度审视时间维度之外的空间要素，他们频频发问：难道所有的历史事件都是
在针尖上发生的吗？以至于空间维度对于历史记忆来说如此无足轻重？诚然，这
种诘问稍显偏激，却不无道理。尽管美国的历史研究也存在着空间分析的传统，
但很明显直到 20 世纪 80 年代，随着数字人文在空间史等研究中的应用，以及地
理信息系统和数据获取渠道的日益开放，历史研究中的空间分析才更加到位，数
字人文和历史学科本身才有了更加频繁的互动。

（三）空间史研究中的数字人文

如果说空间转向为当代美国边缘群体教育史研究提供了与数字人文相契合的
理论背景，那么美国空间史研究则为其提供了更为直接、具体的有关数字人文的
理论方法给养。我们几乎可以大胆地推断：数字人文如何体现在历史学的空间史
研究中，就可以如何体现在当代美国教育史研究中。美国斯坦福大学的"空间史
研究项目"（the spatial history project）就是充分运用数字人文开展研究的例证。
该项目旨在创造性地进行空间分析、文本分析和可视化分析，以此来促进人文领
域尤其是历史学领域的探索。在一系列研究子项目中，研究人员无一不在尝试将
历史叙事和现代地理信息技术等方法相结合，从而为人类反观自身发展提供新的
思路和视角。尤其是在有关空间历史问题上，他们重点关注的是历史与空间的互
动。具体来说，空间关系是如何创造历史的，而历史又如何生成和阐释空间关
系，是他们研究的核心问题。①

这个项目的研究团队还曾长期跟进一项名为"得克萨斯州圣安东尼奥城郊扩
张史"（a chronology of suburban expansion for San Antonio，Texas）的空间史课
题。研究人员选取了当地曾经拓宽修整的五条著名的机动车道，利用数字交互技
术从道路的发展变迁回望了圣安东尼奥城郊空间形态和人口方面的扩张。该项研

---

① 参见斯坦福大学空间和文本分析中心官方网站对该项目的介绍，网址为 https://cesta.stanford.edu/
research/spatial-history-project

究的亮点还在于，将建筑学、地理学等相关学科的科研人员纳入其中，使这些人能够从各自不同的学科背景出发解读同一段历史，运用互为补充的认识勾勒出更为复杂的历史样貌。由于增添了新的研究方法，拥有了不同的学科知识支撑，圣安东尼奥城郊的扩张历史也呈现出不同于以往的、更加丰富多元的解释路径。①

　　同属空间史研究项目名下的另一个子课题名为"北美中国铁路工人研究项目"（Chinese railroad workers in North America project）。该研究不仅具有多学科交叉和多类人员参与的特点，还谋求跨区域合作，广泛联合北美和亚洲的学术力量，从而让更多的人了解在美国历史上中国劳工曾经为美国第一条洲际铁路建设做出了怎样的贡献。150 多年前，大规模华工赴美铺设第一条横跨北美的铁路，1869 年 5 月 10 日，美国太平洋铁路公司总裁利兰·斯坦福（L. Stanford）在犹他州的普瑞蒙特瑞峰敲下了著名的"金色道钉"（golden spike），标志着由中央太平洋铁路公司与联合太平洋铁路公司携手修建的第一条横贯美国大陆的铁路正式竣工。然而，1865—1869 年的这场跨国历史并没有受到应有的重视。就像研究这一历史的项目简介所述说的那样，这群华工倾其血汗所创造的财富是斯坦福大学建校资金的主要来源，但是这些劳工从未得到应有的关注。关于他们的生平，我们所知甚少。他们为何来到美国？在艰苦的工作中，他们有什么样的体验？他们的日常生活是如何度过的？他们建立了什么样的社群？铁路工作如何改变了其家人在中国家乡的生活和他们自己的生活？……这一研究试图为曾经为美国铁路大动脉付出血汗和生命的华裔移民发声，重拾这段被长期忽略的铁路华工的经历。此跨国合作研究团队已出版一系列学术专著，举办了学术会议和公开活动。不仅如此，该研究团队在成立之初还计划利用数字人文理论和方法，最终建立线上数字档案库，其中包括历史素材、家族后裔口述历史、视觉影像搜藏、文物、艺术品等，并结合数字影像与其他媒体展示铁路华工的跨国故事。②

　　在空间历史问题上，更为直观的研究当属另外一些"历史绘图项目"。③这些

---

①　Caine I. 2017. Inhabiting the line: A digital chronology of suburban expansion for San Antonio, Texas. International Journal of Humanities and Arts Computing，11（1）：20-38

②　Stanford School of Humanities Sciences. 2020-08-31，2022-10-20. Chinese railroad workers in North America project. https://west. stanford.edu/research/history-arts-and-culture/chinese-railroad-workers-north-america-project

③　斯坦福大学空间史研究室进行的一系列研究包括："图说奥斯曼伊庇鲁斯：地区、权力与帝国"（Mapping Ottoman Epirus：Region，Power and Empire）、"图说早期现代医药贸易"（Mapping the Early Modern Medicine Trade）和"图说旧政权"（Mapping Old Regimes）等

研究与数字人文的联系颇为紧密，它们有的依靠地理信息系统和其他数字工具绘制电子地图，以追溯18世纪末19世纪初奥斯曼帝国伊庇鲁斯地区政治、经济和文化资源的集聚；有的利用英国国家档案馆的海关记录数据构建了可视化平台，向外界展示全球资本流动以及现代早期科学与金融变革对18世纪英国医药出口贸易的影响；还有的则是侧重研究资料的可视化处理，从而更好地辨明物资与人员的流动是如何影响地理空间和空间权力的。

我们从上述案例中不难发现，数字人文在历史绘图方面具有得天独厚的优势和潜力。当代美国边缘群体教育史研究可以进一步挖掘这些历史研究中的教育元素，借助已有的数字人文电子化档案和数据库项目，探寻新的边缘群体教育史料，同时从空间角度描摹教育空间发展变化与边缘群体之间的深刻联系。从空间转向的角度出发，美国少数族裔的种族隔离、土著人子女被压缩的教育空间、女子教育从家庭空间走向社会空间等议题都将得到新的注脚。在可视化的空间表达中，随时间变化的空间变化将为边缘群体教育空间的特征和局限提供更具有说服力的佐证。

（四）数字人文在空间转向中的功能和作用

我们从上述分析不难发现，数字人文在空间史研究中得到了较好的整合与运用。无论是从数字人文的理论品质来看，还是从数字人文的技术方法来看，在空间史研究的带动下，渗透了数字人文的历史研究至少显示出区别于一般历史研究的独特之处。与此同时，美国边缘群体教育史研究领域也在积极地从中吸收研究经验、寻求可创新之处。

第一，数字人文在空间转向中加强了历史学家与其他领域学者之间的合作。在上述研究中，斯坦福大学空间史研究室的其他项目大都具有很强的合作性。历史学家、地理学家、地理信息技术与可视化技术方面的专家、数据库架构师、计算机软件科学家，以及不同专业的研究生、本科生都参与其中，分工合作。合作范围的扩大无形中增强了历史研究的综合性和连续性，研究体量也可能因此扩大。同时，团队负责人对于参与人员和任务分配必须具有较高的组织协调能力。对于这些研究成员来讲，他们或许可以在各自的专业领域仗剑独行，但对于他们所参与的空间史项目而言，"闭门造车"或独立完成是不现实的。空间史本身虽然落脚于"史"，但其实是对社会复杂结构及相关要素的全面展现，需要多类型知识、技能的综合，更需要投入大量时间，尤其是对于那些动辄要花四五年时间的研究项目来说，数据库的建设和可视化呈现需要有一定的人员与时间方面的保障。

第二，历史研究借助数字人文扩大了公众了解、参与历史的可能。美国空间史研究领域借助可视化技术将研究涉及的语言和文本等内容进行可视化处理，利用地图、图表、图片等可视化技术，将研究主题下的数据以直观的形式呈现在读者面前。这一过程将所有数据、文本采集、整理和分析的环节加以"隐藏"和"简化"，直接用最终的图像呈现说话，特别是空间内那些发生了复杂变动的历史经过图像化表达后，其意义便不言自明。

在此，我们用斯坦福大学空间史研究室的另一项研究来说明。作为斯坦福大学空间和文本分析中心邮政地理项目（geography of the post project）的子课题，杰森·赫普勒（J. Heppler）、乔斯林·希科克斯（J. Hickcox）、塔拉·巴拉克里希南（T. Balakrishnan）以及卡梅隆·布莱文斯（C. Blevins）等联合整理制作了 19 世纪美国西部地区可视化的交互式邮政地理图。[①]在其官方网站上，浏览者能够通过选择、点击、拖动等操作，交互式体验 1846—1962 年美国西部邮局的分布情况和兴衰变化。19 世纪末，美国邮政系统已经遍布全国各个角落，没有任何其他公共体系能够像邮政系统一样深入美国民众的日常生活。这项研究通过绘制柱状图，形象地展示了 19 世纪美国西部边陲 14 000 余所邮局。该图的数据由邮政历史学家和集邮家理查德·赫尔伯克（R. Helbock）提供，图像的制作则借助斯坦福大学空间与文本分析中心技术专家的帮助，使用了 D3.js 技术完成可视化呈现。这一点也再次表明了项目参与者的多元化。

在该项目展示平台系统中，所有图像均为彩色显示图。研究使用地名信息系统提供的原始定位，标记每一家邮局的地理位置。柱状图下方是邮局"开始服务/停止服务"的时间轴，分别按照年份标记，深蓝色表示该邮局开始服务的时间，浅蓝色表示该邮局停止运营的时间。访问者能够运用鼠标在时间轴上点击、拖拽所需查阅的时间段，图像会相应地展示所选年份中的邮局地理分布点及相关信息。图像上方的绿色条框内还为浏览者分别提供了邮局持续运营时间视图（duration view）和邮局运营状态视图（status view）两种显示模式。点击前者，图

① 该邮政地理图所在网站名为"邮政地理：19 世纪美国西部邮局"（Geography of Post: U. S. Post Offices in the Nineteenth-Century West），此处的"西部"是指西经 100 度以西的美国大平原区域。该网站网址为：http://cameronblevins.org/gotp/

像将根据所有邮局在既定年份内存在时间的长短，呈现由深到浅的绿色圆点状分布；点击后者，图像则根据所选时间段内邮局的"运营""停业""从未间断"等不同状态，分别呈现蓝色、橘黄、紫色等圆点状分布。举例来说，当访问者尝试在时间轴上用鼠标点击选取 1870—1890 年时，平台系统中的邮政地理图便会显示选中时间段的美国西部邮政运营状态。图上的紫色圆点意味着在 1870—1890 年的 20 年间始终保持服务状态的邮局分布。由此，访问者就能更直观地观察到在所选时间段内，美国西部沿海地区的邮局分布更为密集，同时也一直保持着活跃状态。这种"一目了然"的问题展现形式，更容易激发人们的探究兴趣，吸引访问者追溯图像背后的故事。最终，在完成历史叙述和外在展示的过程之后，历史学者凭借可视化的图像为自己的结论提供更具说服力的证据，而"门外"的普通读者、非同行人士也会因为这些简明且具个性化的呈现方式而被吸引至"门内"，从而进一步体会图像信息背后的历史脉动。

这种撤掉学术语言理解障碍的成果呈现方式具有以下两方面的意义。一方面，它为边缘群体教育史研究彰显数字人文的核心价值提供了重要启示。数字人文赋予公众参与历史研究、丰富历史研究、评判历史研究的现代化手段。这一点对于边缘群体认识自身的命运，尤其是对于促进边缘群体教育史学的发展更具启示意义。边缘群体由于自身受到经济、政治、文化资本等各种资源的限制，处于社会不利地位，通常而言难以真正接触和认识自身历史的独特性，也就无法更深入地解释自身发展在当今世界遇到的诸多问题。除了公共历史知识的普及，历史学中的数字人文也为普通民众开启了一条通往专业历史的重要认知渠道。

另一方面，它也进一步减少了专业历史知识向普罗大众传播的障碍。可视化呈现的地图、图表经过专业软件处理，有时还可以进行人机互动、交互编辑，原本略显单一、枯燥的文本化成果具备了更加生动、形象的处理和表现方式。当然，我们很难笃定仅靠可视化这一种方法，数字人文就能解决学术世界中的不平等、不公平问题，但是对于当代美国边缘群体教育史来说，它至少显示出这样一种可能。它同时也说明历史学者有意愿为此做出改变。反过来说，当代美国边缘群体教育史研究如果继续采用不公平的知识传递方式来解释历史上有关"歧视与不公"的教育问题，那将是历史对现实进行的最大嘲讽。从这个角度看，将数字人文纳入教育史学科体系之中，亦关乎学术人文情怀和专业精神。

第三，数字人文将历史学研究引向"数字历史"时代。2000 年以来，人类社会以前所未有的速度挑战发展极限。大数据、云计算、3D 打印、5G、人工智能等一项又一项的科技创新深刻地改变着人类认识世界、改造世界的广度和深度。历史学中"数字历史"的出现与其说是新增的一类学术概念，不如说它就是历史学面对当前和今后社会发展趋势的自我表达。"数字历史"一词并非用来概括某种既定领域的历史发展或历史研究，而是一种利用计算机通信技术、互联网和软件系统来探究及展现历史的途径。①从技术层面上看，历史学中的"数字人文"与"数字化"有着千丝万缕的关系，二者都牵涉如何在数字化时代研究历史的问题。数字历史涉及历史研究资料的数字化处理，以及计算机技术的使用。对于那些过于含混或庞杂的文本资料，离开了数字化整理和数据库建设，历史研究就很难展开。②如此一来，"数字人文"便成为"数字历史"的孪生兄弟。

在这里，我们不妨用另一种方式来解释数字人文与历史学科的邂逅。历史学家其实就是在数字化时代研究历史，无论你是否接受、欢迎它，它就在那里，成了历史研究环境的一部分。在方法论形态上，我们可以将其更确切地描述为"数字历史"。它不是某一专门的研究领域，而是利用包括数字化技术在内的科技创新成果，探索、质疑并以新的方式呈现历史。这些超文本新路径能够重新表达、解释并承载人类对于历史的记忆。

第四，数字人文使历史研究更加注重交互、共享。数字人文的最大特点莫过于研究成果的可视化。在这种可视化呈现本身所带来的交互性体验之外，很多历史研究因为数字人文的引入而增强了开放性。对于一项典型的数字人文历史研究来说，从研究工具的运用到研究数据的筛选和整理，研究的全部流程和内容都向自己的学术共同体敞开，大家根据研究情况对共同成果随时删减，甚至可以重新组织、修改。这也要求研究团队内部的组织构成和研究氛围应有利于交互、共享，能够形成互相支持的研究体系。互通互享的过程有利于促进整个研究团队思维的发散，同时有助于研究问题的解决。由此可见，数字人文使历史研究具有了更强的互动性。

我们回顾美国教育史研究嬗变历程可以发现，几乎所有能为美国历史研究所用的理论、方法都能被借鉴、吸收进教育史研究之中，区别不过在于借鉴程度的高低罢了。当然，这里面也有从美国教育史领域出发，引领美国历史学研究风气

---

① Cohen D J，Frisch M，Gallagher P et al. 2008. Interchange：The promise of digital history. Journal of American History，95（2）：452-491

② White R. 2010-02-01，2017-10-30. What is spatial history?. https://web.stanford.edu/group/spatialhistory/media/images/publication/what%20is%20spatial%20history%20pub%20020110.pdf

之先的例子，比如，伯纳德·贝林、劳伦斯·克雷明、乔尔·斯普林等的教育史
著作对于促进整个美国历史学的发展和转向起到了举足轻重的作用。然而，这种
情况也只是个案，在教育史学界并不多见。更多时候，美国教育史学是在历史学
等其他领域的影响下，做出自身的"延迟反应"。不过这种后发性并不一定是学
科本身"墨守成规"或"技不如人"造成的。任何一种方法理论都有自己的成熟
时间，它们在学科间的传递也需要遵从学科自身发展的实际和研究需要。

当代美国边缘群体教育史研究一方面具有历史研究的共同属性，另一方面又
因为研究对象是边缘群体而使研究带有一种天然的批判性。如果把美国边缘群体
教育史研究定位为"反传统叙事"略显激进和绝对的话，那么至少我们可以说它
总体上是有别于以往美国的教育史研究的，并且这种差异化趋势将随着经济社会
的变革与发展而更加明显。尤其是当代美国边缘群体教育史是在新的社会发展条
件下反观历史的产物。与此同时，它又内在地需要超越以往的视角，摆脱以往的
束缚去关注曾被历史忽略了的群体。那么，对于历史学领域中出现的新的理论方
法保持更高的敏感度，便是题中应有之义。这些跨学科的理论方法为当代美国边
缘群体教育史研究提出了新问题，打开了新思路。

二、数字人文在边缘群体教育史研究中的运用方式

目前，全球范围内的数字人文研究中心已逾 20 家，无论是从研究主题、公
开发表的学术论文的选题，还是已有学术机构的名称性质来看，数字人文领域的
学术共同体已经基本形成。美国的数字人文研究中心主要集中在斯坦福大学计算
机辅助人文研究中心和斯坦福大学人文实验室、麻省理工学院的超级工作室、南
加利福尼亚大学的数字人文研究中心、马里兰大学人文技术研究机构和伊利诺伊
大学的科学与学术情报研究中心等。一些知名的数字人文研究项目包括 JSTOR
研究数据库（JSTOR data for research）、谷歌图书搜索（Google book search）、珀
尔修斯计划（Perseus project）和"中国哲学书电子化计划"（Chinese text project）
等。此处列举的主要是进行数据搜索、图书资料搜索、文本分析研究以及电子化
的开放型门户网站。以"中国哲学书电子化计划"为例，它是一个由美国哈佛大
学东亚语言与文明学院研究员唐纳德·德龙（D. Sturgeon）设计、实施与维护的
在线古籍文献检索系统。该项目网站将中国古代先秦两汉等原籍典藏资料按照一

定的结构重新编排，以便以搜索的方式呈现出来。它还使用现代电子信息技术添加了一定的注释和搜索分析工具，便于访问者学习和研究。①此外，基于地理信息系统历史可视化的数字历史学领域也处于国际数字人文研究的典型应用和发展前沿。《美国历史杂志》（The Journal of American History）曾在 2008 年对 8 位活跃于美国历史学界的历史学教授、研究员进行了在线专访，邀请这些学者谈论各自对于数字历史相关问题的见解。许多历史学家对其发展前景持理性、乐观的态度。尽管从表面看，数字人文并不直接指向边缘群体，因为其理论本身对于研究对象的区分度似乎并没有那么高，再加上这一术语中的"数字"代表了工具性和实用性，数字人文是否能够专属于美国边缘群体教育史研究领域，很多学者可能会在心中打上问号。数字人文究竟是否能为当代美国边缘群体教育史研究服务？

对于此类疑惑，数字人文研究的先驱罗伯托·布萨认为，人文计算化的最重要结果并不是加速传统人文研究的速度，而是为传统的人文研究提供新的研究方法和研究范式。②这一观点再次证明数字人文具有理论方法属性，能够起到方法论的作用。仅从美国历史学实践来看，目前已经有许多历史学家利用地理信息系统进行不同主题、不同时间段、不同空间场域的研究。这些研究主要集中在以下三个方面：一是实证性研究。这类研究大多与人类居住及经济发展相关的土地利用紧密相关。二是可视化研究。这类研究大多利用地理信息技术研究自然景观及人文环境方面的历史问题。三是基础性研究。这类研究致力于基础数据库建设，从而使历史地理数据材料能被更多学者和普通公众接触到。③

数字人文并不是边缘群体教育史研究所独有，但边缘群体教育史研究在研究理念上与数字人文中的人文精神颇为契合，在研究方法上已应用数字人文取得了突破。当代美国边缘群体教育史研究完全能够结合空间史、数字史和公众史的多重特征，为美国教育史学领域创造新的发展可能。实际上，上述研究动向已经在不同程度上启发或影响了当代美国边缘群体教育史研究。美国哥伦比亚大学教育学院教育史教授埃里克森的多项研究都采用了现代地理信息技术，是数字人文在美国黑人教育史、城市教育史和教育空间史研究方面的有力展现。

---

① 王晓光. 2010. "数字人文"学科的产生、发展与前沿. 见：全国高校社会科学科研管理研究会. 方法创新与哲学社会科学发展. 武汉：武汉大学出版社，207-221

② Busa R. 1980. The annals of humanities computing：The index thomisticus. Computers and the Humanities，14（2）：83-90

③ Knowles A K. 2005-12-02，2016-12-19. Historical uses of GIS. https://www.philageohistory.org/geohistory/symposium/resources/knowles_friday.pdf

（一）案例一：《不平等大都市的形成：消除学校的种族隔离及其局限性》中的空间与绘图

《不平等大都市的形成：消除学校的种族隔离及其局限性》一书是美国哥伦比亚大学教育学院教育史学者埃里克森教授于 2016 年出版的一本城市教育史专著。该书自问世以来，获得了同行学者的诸多赞誉，并荣获美国教育史学会颁发的"教育史学会优秀著作奖"（History of Education Society Outstanding Book Award）。埃里克森是美国教育史研究领域的一位青年学者，她长期关注美国城市教育史中的种族、教育公平和教育政策等问题，先后在美国哥伦比亚大学获得文学硕士、哲学硕士和历史学博士学位。埃里克森曾在《教育史季刊》《教育学院学报》（Teachers College Record）、《城市史学刊》（Journal of Urban History）等美国重要学术期刊上发表了多篇文章。2015—2016 年，埃里克森还曾担任美国教育史学会优秀著作评审委员会主席职务。目前，她是美国《教育史季刊》编委会的成员。近些年，埃里克森教授尤其注重数字人文在美国教育史研究领域中的运用。在她的研究视域内，历史上的教育公平和种族隔离等问题大都涉及美国黑人等边缘群体，因此数字人文的相关理论和方法也就自然转化在了美国少数族裔尤其是黑人教育史研究中。这种转化为美国边缘群体教育史研究引入数字人文开辟了试验田。《不平等大都市的形成：消除学校的种族隔离及其局限性》就是这类跨学科转化性尝试的一种。

本书此处将借鉴发生学的观察方法，将埃里克森在《不平等大都市的形成：消除学校的种族隔离及其局限性》中的具体操作流程和思维认识方法作为观察对象，依照埃里克森在研究中引入和应用数字人文的发生顺序和内在逻辑，回溯并还原埃里克森对于此项研究的认识发生的起点，站在"第一次"接触数字人文和这本教育史专著的预设立场，来探寻数字人文在边缘群体教育史研究个案中的存在状态，从而兼顾非研究者的认识体验。对于不熟悉数字人文和边缘群体教育史学的人来说，只有首先看到《不平等大都市的形成：消除学校的种族隔离及其局限性》这本书，接触到书中的空间和绘图，才有可能提出诸如"数字人文在书中是如何呈现的""这些呈现是如何做到的"之类的问题。

基于此，对此个案的呈现将采用"倒叙"方式，从《不平等大都市的形成：消除学校的种族隔离及其局限性》中的空间绘图出发，追溯至研究过程中数字人文的运用方式，继而讨论研究理论与方法使用方面的特点和经验。这么做的目的是最大限度地凸显数字人文在边缘群体教育史研究中的实际呈现过程和形式。对该案例的研究既是对边缘群体教育史研究者的研究，也是对边缘群体教育史研究过程、研究方法和研究结果的研究。这里的案例分析将遵循理论与实践螺旋上升的内在规律，更深入地理解和把握数字人文在研究个案中的具体应用。

1. 研究成果中的空间与绘图

《不平等大都市的形成：消除学校的种族隔离及其局限性》是一部运用了多种研究手段和研究方法的教育史专著。该书主要探讨了 1945—1968 年与 1968—1998 年两个时间段中美国田纳西州纳什维尔地区的教育历史场景，这些场景都与教育的种族隔离和消除种族隔离有关。该书中的数字人文元素集中体现在对城市空间的整体把握，以及对地理地图、人口分布图及其他绘图类型的运用上。这些空间绘图与当地的经济、政治和文化等多重要素互动，涵盖了学区变动、校车政策、白人与黑人的教育课程等。这种联动性的空间始终剑指 20 世纪下半叶造成美国黑人教育不公的若干"元凶"。从这个角度看，不是当代美国边缘群体教育史研究选择了数字人文，而是数字人文走近了当代美国教育史研究中的边缘群体。

1945—1968 年，纳什维尔这个大都市地区经历了和大多数美国城市一样的战后遭遇：城市更新、高速公路建设、公共住房建设①等。在这样一个时空场域，无论是城市规划者、开发商还是从事教育的人士都感受到了学校、社区与种族隔离之间极为紧密的关系。美国布朗案前后的 20 多年间见证了纳什维尔地区的学校与市场如何在"空间"维度相互影响，而特定空间区域的住房问题又反过来制造了教育上的种族隔离和教育不公。在这一时期，纳什维尔与其周边属于戴维森县的广阔的郊区合并成了一体化行政区域，分属于各自的学校体系也随之合并统一，大都市形态的"纳什维尔–戴维森"就此诞生。城市在规划时利用学校来为社区赋值；地方官员也将自己新建的官邸选址在特定学校的所在区域，以此暗合房地产开发商的商业布局；城市更新政策措施进一步助推了学校的种族隔离以及公共住房区域方面种族隔离的形成与变迁。②

在这一部分，绘图主要用来表示教育历史空间的基本信息。这些信息既是当时黑人教育的现实背景，也成为教育不公的动因之一。《不平等大都市的形成：

---

① 此处特指 20 世纪五六十年代美国联邦政府和地方政府为低收入群体修建住房计划

② Erickson A T. 2016. Making the Unequal Metropolis: School Desegregation and Its Limits. Chicago: University of Chicago Press，25

消除学校的种族隔离及其局限性》一书在第一至第四章插入了关于纳什维尔合并后的大城市规划图①、城市黑人居民人口比例分布图②，以及大城市圈中的城市更新区域图③。

近年来，美国教育史的研究深化了人们对城市更新与学校教育之间的关系的认识。学者将目光更多地集中在"学校"在这些动态关系中所起到的主体作用，呼吁人们看到学校和社会之间更加复杂的关系。④将这些空间布局及其绘图纵贯视之，我们可以发现学校不是默默"承受"着城市或大都市的规划布局，而是带动形成这些布局的主要因素。就像埃里克森在这些绘图前后文中分析的那样，城市规划部门和房地产开发商都将学校看成是品评社区质量的重要砝码，房地产市场更是把学校和住房开发紧紧地联系在一起。通过学校选址和学生择校，以及城市功能分区，学校的分布方式造成了这类大城市中的种族隔离。在时间的堆叠中，种族隔离慢慢成了大都市中不公平结构的基本组成成分。纳什维尔地区之后实施的相关废除学校种族隔离的举措，也不得不在这种不断变化分割的土地区块上进行。⑤

根据书中所言，也正是由于前一时期所形成的较为严重的种族隔离，1968—1998 年，虽然有联邦法院判决的外在压力，但纳什维尔的反种族隔离举措总显得隔靴搔痒、文不对题。埃里克森在书中用很大篇幅讨论了这一时期纳什维尔当局的"校车计划"。纳什维尔地方政府和教育行政部门决定采用校车接送的方式促成学生到几英里之外的学区上学，从而"稀释"该地区或某些学校学生种族同质化的现象，达到"统计上的种族融合"（statistical desegregation）。然而，诚如书中分析的那样，校车的出现却更多地影响了黑人学生，他们必须花更多时间进行通勤，并在被迫转学后的新学校中遭受白人教师的漠视与歧视。⑥具有法律效力

---

① Erickson A T. 2016. Making the Unequal Metropolis: School Desegregation and Its Limits. Chicago: University of Chicago Press，33

② Erickson A T. 2016. Making the Unequal Metropolis: School Desegregation and Its Limits. Chicago: University of Chicago Press，46

③ Erickson A T. 2016. Making the Unequal Metropolis: School Desegregation and Its Limits. Chicago: University of Chicago Press，134

④ Wells A S, Holme J J, Revilla A T et al. 2004. Chapter 3: How society failed school desegregation policy: Looking past the schools to understand them. Review of Research in Education，28（1）：47-99

⑤ Erickson A T. 2016. Making the Unequal Metropolis: School Desegregation and Its Limits. Chicago: University of Chicago Press，125-140

⑥ Erickson A T. 2016. Making the Unequal Metropolis: School Desegregation and Its Limits. Chicago: University of Chicago Press，151-278

的"校车计划"带来了统计数字上的种族融合，与此同时，校车政策又导致出现了内城衰落、资源流失、学校教育课程体系的种族差异化等问题。一个又一个施惠于白人和郊区的政策陆续出台。决策者和商业精英阶层更倾向于为那些死守肤色界限的"离城外迁"的白人群体建设一个经济更加繁荣的郊区，并借由城市更新为白人聚集区域兴建更多的白人学校，而无视内城日增的黑人贫困人口和日渐枯竭的教育资源。直到 20 世纪 90 年代，"校车计划"始终没能走出这样一种死循环：它打着废除种族隔离的旗号，在为纳什维尔的黑人家庭减少形式上的教育不公平之后，又增添了新的实质上的教育不公平。

　　1968—1998 年，以"校车计划"为代表的废除种族隔离措施反而加剧了纳什维尔教育上的种族隔离，其中的缘由是该书重点探讨的主题之一。有关这些内容的绘图贴合边缘群体的教育问题，有的显示了"纳什维尔-戴维森"县区域 1960—1980 年关停的中小学分布①，有的显示了该地区 1970 年的学龄人口密度②，还有的则显示了少数族裔高聚集学校黑人学生占比（图 5-1）。这些绘图先后查询并利用美国国家历史地理信息系统、明尼苏达州的人口普查档案和相关学校档案的数据，最后由哥伦比亚大学数字社会科学中心（Digital Social Science Center）的工作人员辅助绘制完成。这些醒目、清晰的图片表明，即便处于反对种族隔离的时代大氛围中，学校的空间结构仍然成为美国社会再造不平等的关键因素。"哪些学生必须乘坐校车到哪些学校"这类问题从"校车计划"中反映出来就变成了有利于郊区及郊区居民的法律规定，城市中心地区及其居民的教育机会和教育资源转移流失，黑人学生的教育质量再次成为废除种族隔离政治的牺牲品。

　　空间和绘图的使用在《不平等大都市的形成：消除学校的种族隔离及其局限性》中较为典型。学校空间、学区空间、校车运行空间、种族分布空间、人口迁移空间和城市建设空间等都是美国边缘群体教育历史存在的场所，其本身蕴含着经济、政治、文化和社会等之间的丰富的互动关系，这些关系使得教育空间本身成了研究对象。教育史中的空间维度能够给予我们不同于时间维度的思考方式。当代美国边缘群体教育史研究者从中发现了新的研究视角和研究问题。从直观上看，美国教育史上探讨的种族隔离就是依据肤色与人种的差异形成的人为的"地

---

① Erickson A T. 2016. Making the Unequal Metropolis: School Desegregation and Its Limits. Chicago: University of Chicago Press，180

② Erickson A T. 2016. Making the Unequal Metropolis: School Desegregation and Its Limits. Chicago: University of Chicago Press，173

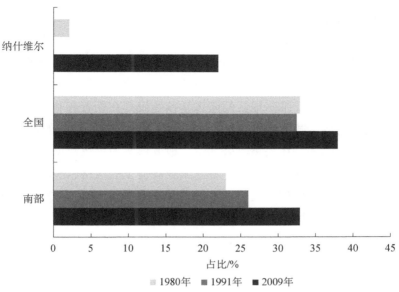

图 5-1 少数族裔高聚集学校黑人学生占比图

资料来源：Erickson A T. 2016. Making the Unequal Metropolis：School Desegregation and Its Limits. Chicago：University of Chicago Press，295

理空间隔离"。该书讨论的学校教育的空间布局正是地理空间隔离的一种表现类型，之后便进一步引申出"身体空间隔离"。这主要表现在黑人学生和白人学生互不接触，即便参与同场竞技的体育活动，发生肢体接触的概率也很低；再有就是以所受到的区别性教育为源头的"文化空间隔离"。该书记载的地区教育实践无不基于"黑人学生同白人学生存在本质性差异"[①]的观念，这类教育实践妄图用天然的生物性差异为种族隔离背书，依种族划分学生，并将黑人学生驱逐进职业教育或技能教育轨道，这种做法就是典型的文化空间隔离。

绘图就是实现诸如地理空间隔离、身体空间隔离和文化空间隔离等空间表达的重要方法支撑。该书的空间绘图主要包括两类：一类是从档案资源、数据网站中可以查询到的原始绘图；另一类则是通过数据采集、地理信息系统、软件处理系统经过二次加工而成的电脑绘图。这些地图清晰明了，尤其是后一类绘图将地域、人口、年份和增减变化趋势等多类信息集中在一张图中，信息的呈现效率极高。这些绘图充分运用了数字人文的"技术"层面，它们的存在不仅丰富了教育

---

① Erickson A T. 2016. Making the Unequal Metropolis：School Desegregation and Its Limits. Chicago：University of Chicago Press，93

史研究成果的表现形式，也成了文中观点的有力佐证。更为重要的是，这些绘图承载着书中叙事年代"纳什维尔–戴维森"县学校教育的空间组织形式。学校官员、城市规划部门以及私人开发商通过开设或关停学校，谋求自身的政治、经济利益。特定的学校选址为一些人带来利益，但也强化了种族隔离。即便是在废除种族隔离的进程中，纳什维尔地区的诸多学校建设都在朝着有利于郊区空间发展的白人社区方向进行，城市空间的黑人社区不得不沦为这一进程的牺牲品。①

　　无论是原始地图还是在采集政府部门、地方档案图书馆数据资料之后进行的电脑绘图，这些信息的使用更偏向年鉴学派或社会史的风格，相较于一般的历史口述和历史解读，这种处理方式更显客观性和技术性。当纳什维尔地区的学区分区图、城市规划图和居民人口分布图同时呈现在我们面前的时候，它们就像是研究者提供的历史物证，我们难以直接否认这些"明摆着的"事实。学校的品质在很大程度上标志着其所在社区和住房区的"含金量"，承担着价值衡量的杠杆功能。再结合该书所述的 20 世纪六七十年代纳什维尔黑人家庭的就学经历来看，作者极力表达的核心观点便不言自明——在美国，教育上的种族隔离并不是因为黑人/白人社区的居住模式而自然形成的，也不是种族间个体选择的结果，学校参与、加剧并重塑了整个社会的种族隔离，促使资源流向了白人及其所居住的郊区。②

2. 研究过程中的空间与绘图

　　《不平等大都市的形成：消除学校的种族隔离及其局限性》向我们展示了数字人文在当代美国边缘群体教育史研究中的跨学科使用方式，以及这种方式对于教育史问题的解释力。作为该书研究方法的重要组成部分，数字人文的呈现形式为何？其功能如何？埃里克森用空间与绘图进行了最好的说明。在这里，我们不断探寻的是数字人文到底如何应用于美国边缘群体教育史的具体研究之中。在整个运用过程中，我们发现数字人文和整个研究的关系也同样值得研究者进行思考。俗话说：授人以鱼，不如授人以渔。从方法论视角来看，只有真正明晰了研究成果背后的研究步骤、思路方法和经验教训，才能够使我们跳出文本本身，由教育史研究的具体方法或流程逐步上升为抽象的研究理论和范式。唯其如此，我

---

① Erickson A T. 2016. Making the Unequal Metropolis: School Desegregation and Its Limits. Chicago: University of Chicago Press，10-15

② Erickson A T. 2016. Making the Unequal Metropolis: School Desegregation and Its Limits. Chicago: University of Chicago Press，154-159

们才能进一步讨论个案中的数字人文是否能够复制、推广，是否能够成为更多教育史学家的选择。

为了深入研究数字人文在当代美国边缘群体教育史研究中的实践过程，也为了更加全面地了解数字人文在《不平等大都市的形成：消除学校的种族隔离及其局限性》中发挥的作用，本书作者之一利用 2015 年 8 月—2016 年 8 月在美国哥伦比亚大学教育学院访学之机，对该书的作者埃里克森教授进行了访谈。①访谈围绕"数字人文与她本人所进行的科研和教学的关系"展开。通过访谈获取一手资料，我们不但可以直面数字人文在一项具体的美国边缘群体教育史研究中所扮演的角色，同时也能够在其口述内容中看到更为清晰的研究路径，进而探知受访者在实际操作层面是如何解决"跨学科运用数字人文"这一问题的。

自始至终，数字人文进入当代美国边缘群体教育史研究并非为了追逐某种理论潮流，而是研究实践和研究需求的客观推动所致。对于埃里克森教授来说，数字人文在她的研究中并非空洞的理论，而是非常具体和实在的研究工具。数字人文也并不是在研究起点就已经确定要运用在《不平等大都市的形成：消除学校的种族隔离及其局限性》一书中。更准确地讲，是该书涉及的空间问题将数字人文具象为空间数字工具，使跨学科具有了可能性。在种种空间数字工具进入这项研究之前，埃里克森教授的一次对传统地图方法的试误和改进的插曲让她在无意间发现了数字人文的比较优势。说到底，是对边缘群体教育历史和种族隔离问题的研究需要引发了作者对数字人文的兴趣。我们从访谈实录中更能一窥究竟。

在着手进行纳什维尔的研究项目之前，我访问了一些曾经参与过消除纳什维尔种族隔离行动的人士，从他们口中了解到当地的学校分布及其原因。其中一些人还简要描述了他们心目中的学校设置图景，例如，哪些社区需要设立学校，哪些不需要，等等。不过他们的描述非常笼统，而当深入开展这项研究的时候，我才理解当地人为什么这么关注空间问题，我认识到有必要将这些描述背后的东西在地图上显示出来。所以我做的第一件事就是购买老地图。我在易贝（eBay）网站上购买了一张 20 世纪 70 年代纳什维尔的旅游地图，还买了许多贴纸。我用那些贴纸来标记学校的位置。在这些学校中，有些学校开放至今，有些已经关闭，我用不同颜色的贴纸进行区分。就这样过了一两个小时，可能更久，我一直在剪切这些贴纸，把它们粘在不同的地

---

① 下文所涉笔者对埃里克森教授的访谈记录均简称"教授访谈"

方。这时我就在想：慢着！其实有现成的工具可以代替我做这些手工作业，我不必非要往地图上一个劲儿地粘贴纸。当下我便开始尝试了解有哪些工具能够呈现我所收集的信息，而我也希望通过视觉呈现更好地理解它们。①

在此之后，埃里克森就利用自身工作所在的哥伦比亚大学教育学院与哥伦比亚大学其他分校的联系，迅速找到了该校的数字社会科学中心寻求方法和技术上的支持。该中心的工作人员给予她很多帮助，他们结合埃里克森的研究问题向她推荐了地理信息系统系列软件（ArcGIS），帮助她将研究前期收集到的学校地址信息绘成地图，然后对那些地址创建地理信息定位。②这样一来，这些学校地址信息就会出现在地图上。另外，埃里克森还在那里参加了短期培训，主要学习如何利用 ArcGIS 和其他一些绘图程序在同一张地图中使用、链接或展示美国人口统计数据涵盖的人群信息。这也是此类程序的重要功能之一。此时便存在一个重要的操作性问题：这些空间数字工具对于一般的教育史学研究者来说是否便于掌握？对此，仅就埃里克森的个人经验来说，尽管这些软件在不断更新升级，更趋于简明易懂，但软件的专业性仍然很强，并不是很容易掌握，不过研究者仍然可以选择花费一定的时间克服这些技术性难题，抑或寻求跨学科合作，将这部分任务交给该领域的专家协助完成。

事实上，在埃里克森看来，弄明白"你在边缘群体教育史研究中正在探究什么样的空间问题"才是难度更大或者说更重要的问题。由传统地图到电脑绘图，再由电脑绘图中的地理人口信息到确认叙事空间及其背后的历史关系，"电脑软件绘图"的技术方法不仅仅是研究手段和工具，还发挥着"抛出问题"的功能。这些方法将研究者直接引向以前未曾发觉的新问题，或是引入更多维度的思考。"绘图"与"空间"恰似数字人文的一体两翼，构成了该书的研究框架。"绘图"和"空间"的关系，就像"数字"和"人文"的关系一样，特别紧密。

　　　　我在自己的研究中使用地图，从中生成地理信息，这些地理信息都是和美国人口普查局的相关信息链接在一起的。举例来说，我电脑里有由 ArcGIS

---

①　引自教授访谈，文中的"我"是指受访者埃里克森，下同

②　地理信息定位是一个将现实世界的地理坐标绘制对应为栅格中每个像素的过程。这些坐标是通过实地调查、数据收集形成一个与全球定位系统设备相匹配的坐标，最终生成容易识别的功能图像或地图。从数据结构上来说，栅格数据结构是描述空间地理信息的最简单的结构，又被称为"网格结构"或"象元结构"

生成的地理信息，这种信息被称为 Shapefile。[①]所以，你并不是在拿另一张地图往上面添加信息，也可以这么说，你并不需要画地图，而是要处理好地理信息，然后这个程序自己就会生成一份地图。所以我书中的大部分地图都是利用美国人口普查局的官方信息通过地理信息系统生成的。但你知道，地图的魅力就在于，它们代表了一系列决定。所以即便我知道自己在研究 20世纪 70 年代的纳什维尔，或者在研究 20 世纪 40 年代的哈林区，我也能够找来相关地图，但我仍然会面临一大堆有关空间代表性的问题。用亨利·列斐伏尔的话说，这关系到哪些空间更具代表性，（哪些空间）是我想要去研究的，或是能够帮助我讲述我想要讲述的故事。只有这些才能反映出特定的研究重心……

……我在这本书中进行绘图，是因为想要为某种模式或形成机制提供视觉化的说明。我是通过这些绘图资源来提出问题、思考问题的。所以，像城市里一些建造新的公共住房的大型项目，或是建造新的基础设施项目，这类城市改造工程吸引了我的注意。在纳什维尔，过去那些项目规划者同样也在谈论这些工程和当地学校之间的联系，那么我就想要理解所有这些对于种族隔离意味着什么。如果我们能绘制一张地图，并显示出不同族群的居住场所、城市改造区域的起止边界、学校建筑的位置设定等，那么我们凭借地图就可以弄清楚城市改造工程和学校工程之间的联系是如何产生的，是在哪里产生的。地图本身并不会直接告诉我们这是一种什么样的联系，但当你发现这两样事物如此相关，那么它至少会引发你产生一系列的历史思考，比如，为什么它们会联系在一起？"在某个地方上学""在某个地方居住"这两件事被绑定在一起是一种怎样的体验？[②]

可见，在埃里克森的研究中，绘图和空间的功能得到了充分的发挥。在围绕《不平等大都市的形成：消除学校的种族隔离及其局限性》收集研究资料时，普通地图和电脑软件绘图之间只是在信息采集量，或者说只是在准备阶段的工作量

---

① Shapefile 是美国环境系统研究所（Environmental System Research Institute，ESRI）研制的矢量数据存储格式，用于存储地理要素的位置、形状和属性。一般情况下，其存储内容为一组相关文件，并包含某一类要素。Shapefile 经常处理具有很多关联数据的大型要素，并一直用于 GIS 桌面应用程序，如 ArcGIS for Desktop 和 ArcGIS Explorer Desktop 就是用于空间信息浏览与地图开发的两款桌面软件。具体使用方法可查询 https://doc.arcgis.com/zh-cn/arcgis-online/reference/shapefiles.htm

② 引自教授访谈

上存在差别。但是，当这些信息数据借助 ArcGIS 系统在同一张地图得以叠加呈现的时候，该研究的空间意义就会逐步增强。在研究过程中，绘图的技术和方法不再是单一用来说明学校和住房在城市与郊区、黑人与白人之间存在什么样的隔离，更是提出并解释了全书的一个重要主题——在 20 世纪 60 年代的纳什维尔，并非住房上的种族隔离导致了学校分布的种族隔离，相反，学校教育的空间结构才是导致纳什维尔地区种族隔离的重要因素，而 20 世纪 70 年代以来，在废除种族隔离的种种措施中，又是学校空间布局的变化再度引发或加剧了黑人受教育资源分配失衡等教育不公问题。因此，学校教育上的隔离与地区发展的诸多事物存在着复杂的互动关系。

由此可见，数字人文在美国边缘群体教育史研究过程中也不纯粹是一种现代技术手段，更重要的是这些方法在某些情况下能够转化为一种研究框架。具体到这一案例，数字人文反映的是美国边缘群体教育史研究如何通过空间技术或数字化工具来呈现在学校教育隔离空间中美国黑人的历史遭遇。

3. 研究反思中的空间与绘图

在集中讨论了《不平等大都市的形成：消除学校的种族隔离及其局限性》中出现的空间与绘图之后，人们或许会产生这样一种错觉：埃里克森的这项研究完全依赖空间与绘图，在涉及美国边缘群体的受教育空间或地理环境的时候，空间与绘图似乎成为研究者的最佳选择，数字人文也就成了涉及空间问题的边缘群体教育史研究的必选项。然而，实际情况并非如此。在这里，我们需要澄清三个方面的问题。

首先，数字人文不只为边缘群体教育史学家的研究提供数字化工具和服务，它也被广泛应用于英语、音乐、艺术、档案学和图书情报学等方面。这就意味着数字人文与多个学科门类相结合、交叉，数字人文这座大厦下面集合了各种不同的研究人群。不同领域的学者对数字人文的关注点不尽相同。尤其是当具体到研究个案时，其他领域和教育史研究领域对数字人文的运用方式会出现一定差异。比如，文学领域对于数字人文的运用就不是地理空间绘图，而是集中在超文本性应用和赛博空间（Cyberspace）等方面。

其次，即便是教育史研究领域，数字人文旗下也并非只有空间与绘图。只是说数字人文中的空间和绘图较好地满足了历史研究中的空间转向，数字人文随着空间问题延伸至当代美国边缘群体教育史研究中，并为该领域中的空间问题和其他相关问题的探讨开辟了新的维度，成为当下美国教育史学发展的重要律动之一。

最后，在进行边缘群体教育史研究的过程中，当代美国教育史学家更关注数字人文能在多大程度上帮助自身发现更加独特的研究问题，能够在多大程度上帮助研究者弄清楚所要研究的问题。从这个角度看，数字人文和其他教育史研究理论、研究方法一样，是诸多研究选择中的一种，并不具备任何"特权"或"优先权"。数字人文是诸多研究路径中的一种，却代表了新近研究趋势。在《不平等大都市的形成：消除学校的种族隔离及其局限性》一书中，空间绘图也并非章章都有、随处可见，但是在重点章节阐释重要论点或空间问题的时候必有其身影。研究者因研究主题的需要选择了数字人文。伴随着电脑软件、空间信息处理、数据挖掘技术的使用，研究者会提出更多新的问题，这并非因为数字人文的存在而预先框定了某类研究问题。数字人文在当代美国边缘群体教育史研究中的跨学科应用实例告诉我们，美国边缘群体教育史研究不仅仅关系到选择何种方法的问题，更关系到研究方法和研究问题应该如何互动。

上述三个方面不仅体现在《不平等大都市的形成：消除学校的种族隔离及其局限性》这一项研究中，同样的理念和方法也出现在美国其他一些边缘群体教育史研究中。这些研究大都涉及黑人儿童的教育问题、美国教育历史上的种族隔离，以及城市教育空间变迁，例如，埃里克森在美国教育史研究权威学术期刊《教育史季刊》上发表的《废除种族隔离的规划者们：教育园区与学校教育的空间理念》（Desegregation's architects：Education parks and the spatial ideology of schooling）[1]一文，以及她在其他学术期刊上发表的《分裂中的种族隔离，融合中的种族隔离：黑人的学校、住房及吉姆·克劳的诸多模式》（Segregation as splitting，segregation as joining：Schools，housing，and the many modes of Jim Crow）[2]、《被粉饰的"选择"：种族隔离、废除种族隔离与特许学校》（The rhetoric of choice：Segregation，desegregation，and charter schools）[3]等。

可见，数字人文在当代美国边缘群体教育史研究中找到了最容易"接洽"的部分，尤其是在研究空间问题方面备受青睐。以空间和绘图为代表的数字人文不

---

[1] Erickson A T. 2016. Desegregation's architects：Education parks and the spatial ideology of schooling. History of Education Quarterly，56（4）：560-589

[2] Highsmith A R，Erickson A T. 2015. Segregation as splitting，segregation as joining：Schools，housing，and the many modes of Jim Crow. American Journal of Education，121（4）：563-595

[3] Erickson A T. 2011. The rhetoric of choice：Segregation，desegregation，and charter schools. Dissent，58（4）：41-46

仅作为"证明"研究论点的工具而存在，更是成为打开当代美国边缘群体教育史空间维度的一种理论方法，研究者可以借由数字人文的技术手段形成新的研究视角，构建新的分析框架，得出新的观点和结论。城市空间和教育空间的关系互动成为当代美国教育史学家研究教育种族隔离、教育公平、教育政策等历史实践的切入点。边缘群体所处的空间，尤其是教育空间，不再是教育问题的承载容器，而转身成为教育史研究的对象本身，成为当代美国边缘群体教育史研究的一个重要问题。

　　总体而言，当代美国边缘群体教育史还未发生大范围的空间转向，但数字人文的渗透为这种转向提供了推动力，这也是数字人文在当代美国边缘群体教育史研究中所代表的空间意义。换言之，数字人文的重要意义不在于回答问题，而在于提出问题。数字人文与美国边缘群体教育史研究的关系也并未止步于此。数字人文不仅为边缘群体教育史研究服务，也对研究本身进行了一些独特的思考，对于这一点，我们将在后续两个案例中进行进一步阐述。

（二）案例二:《在数字化时代书写历史》中的公众参与

　　《在数字化时代书写历史》（Writing History in the Digital Age）是埃里克森教授参与编写的一部有关数字人文的学术著作。[①]2013 年，该书纸质版由密歇根大学出版社正式出版，这是该出版社推出的"数字文化系列"丛书的一部。这一系列图书均是围绕数字人文和新媒体等主题展开的，其中包括《数字化时代的历史教学》（Teaching History in the Digital Age）、《跨学科视野下的数字人文》（Interdisciplining Digital Humanities）、《潜入学院里的黑客：数字人文的教研新法》（Hacking the Academy：New Approaches to Scholarship and Teaching from Digital Humanities）和《回放过往：与科技相伴的历史教学》（Pastplay：Teaching and Learning History with Technology）等。目前，这套系列丛书内容涉及新媒体视阈下的历史、社会学、人类学等相关学科，重点聚焦社会不公、身份、学习、公共健康和社交等问题。在丛书编者的眼中，数字人文是计算机与艺术、人文，图书和信息科学，媒体与通信领域的交叉。这套丛书力图向世人展示人文学科和数字技术之间变动不居的关系，以及包括教育史学界在内的不同领域的学者对这种

---

　　① Erickson A T. 2013. Historical research and the problem of categories：Reflections on 10,000 digital note cards. In Dougherty J，Nawrotzki K (Eds.)，Writing History in the Digital Age. Ann Arbor：University of Michigan Press，133-145

关系的认识。

《在数字化时代书写历史》一书中，埃里克森详细介绍了教育史学家在研究黑人教育隔离问题时所面临的数据整理、归类等问题，其中重点与读者分享了自己在利用计算机软件或网站工具对教育历史资料分类时的种种思考。在美国教育史学领域，鲜有教育史学家专门撰写自己的研究过程和具体方法，加之数字人文在边缘群体教育史研究中只是菡苕初展，因此以案例形式介绍数字人文在教育史研究中的作用便显得尤为可贵。

此外，该书最为亮眼的部分当属全书参编人员在介绍数字人文的同时，共同展开了一场大胆的学术试验。全书运用了新的撰写、评论和公开形式，使数字人文本身蕴含的公众参与精神得到了充分展现。就像书名所展示的那样，这本汇集了诸多历史学家研究成果的特殊作品想要回答在电子信息时代如何编纂历史这一时代命题。该书在各篇章都对上述问题进行了讨论。更为重要的是，这本书的诞生过程就是对知识与社会变革背景下如何进行历史编纂问题的一种探索和回答。

该书自身的编纂也具备两大特色：其一，该书自策划之时就选取了在线出版和传统印刷两种出版形式；其二，在正式印刷版问世之前，该书就设计了线上阅读与评注平台，允许公众针对线上版本逐句逐段进行评论。这充分显示了人文学者，尤其是当代美国历史学家在努力探索如何认识和使用数字技术进行研究，继而超越传统的学术范式。更为关键的是，研究美国边缘群体的教育史学家全程参与了这场学术试验。无论试验最终的结果如何，它的意义在于倡导教育史学家主动谋求更大范围的对话和发声、合作与沟通，其中既包括与其他不同领域的学者和研究人员的协作，也包括同更多层次的读者和受众的广泛交流。这是数字人文中"人文"要义的一部分。

就像丹·科恩（D. Cohen）观察到的那样，大多数学者更喜欢把传统象牙塔内的研究与出版模式直接移植到互联网上，而不是利用这个开放的网络空间中已有的成功模式。比如，大家宁愿把熟悉的期刊电子化，也不愿涉足有可能改变学术研究和学术交流模式的博客或其他社交媒体。[①]照此看来，如果教育史学家真的"反其道而行"，勇于面对网络的开放性所带来的公众效应，那么公众参与将会在多大程度上挑战学术研究的传统习惯，特别是在知识生产和传播方面带来怎样的改变？这些都将是未知数。其实这也是数字人文向当代美国教育史学界提出

---

① Cohen D. 2011-01-09，2017-11-01. Video：The ivory tower and the open web. https://dancohen.org/2011/01/19/video-the-ivory-tower-and-the-open-web/

的层层行动挑战。美国教育史学界愿意接受数字人文所带来的知识生产和传播方式的变革吗？非专业人士有可能参与到教育史的编纂中来吗？如果上述问题的答案是积极且正面的，那么这个突破口也许更应由倡导社会公平、多元和包容性的当代美国边缘群体教育史学家来打开。

在这本书的在线阅读版本中，包括埃里克森撰写的《历史研究和归类问题：对于 10 000 张数字化笔记卡的反思》（ Historical research and the problem of categories：Reflections on 10，000 digital note cards）在内的全部内容均免费对外公开。在 2013 年该书网络版本正式定稿之前，所有读者（其中包含一部分指定的同行专家）都被允许在线阅读、同步发表评论。书稿的相关作者可以实时看到读者的评论、修改意见和建议，也可以进一步补充整理做出相应修改。换言之，读者既有机会看到边缘群体教育史研究者的研究过程、成书过程、修改过程，同时也能够以评论的方式参与到书籍的编撰过程中。具体而言，网络参与阅读的个体能够发表三种样态的评论：一是对于全书的总体性评论；二是对于某一篇章的评论；三是对于某一段落的评论。评论人不必注册专门账户，但在发表评论前，评论人须在阅读网站签署一份该网站的"共同创作协定书"（ Creative Commons License），并保证在评论时标注公开姓名和联系邮箱，以便于编者在需要时能够联系到评论人。任何匿名评论及不当言论都将会被剔除，无法留存在网络版本中。

为了保证能够更加便捷地与读者进行互动，该书的在线发布平台在前期定制安装了专用的 CommentPress v3.2 插件。这一插件类似于 WordPress 的内容管理系统，同样具备开源、免费的特点，允许读者一边进行网页浏览，一边为整页或整段文本添注评论内容。这就相当于将原始稿件转化成了具有网络社交性质的文本内容。其他浏览者与作者均能看到这些评论内容，后续的网页访客亦能够对已有评论进行回复、分享或举报。这些在线网页的侧边栏同时用于展示评注内容、登录评注页面。这一软件技术更加便于读者对多篇章组合而成的编著进行阅读和评论。它就像是在一个博客平台内置了一种插件，将原本历史学科较为封闭的以同行评审为主的创编、出版活动，转变成了社会化、网络化的文本交互活动。这种转变不仅仅是技术应用或出版样态的革新，更重要的是，它彰显了数字人文所力主的"人文精神""人文性"。数字人文可以帮助编者和研究者思考以往不曾注意到的方面，比如，历史学家应该如何调整自身与公众的关系？数字网络技术是如何影响参与者的科研、教学和出版的？等等。

为了清楚地回答这些问题，该书的编撰者乃至投稿者经常在线分享他们讨论、创作的每一个过程，保证公众全程参与，也有利于公众对文本内容有更全面的了解和认知。该书在 2011 年 5—8 月的初期筹稿阶段，就已收到上百条公众评论，而在接下来公众参与的网上初稿评审阶段，评论数又不断增加。其中，教育史学家埃里克森所写的有关数字人文背景下边缘群体教育史研究材料收集方法的文章也获得了一些评论，其评论数在所收录的 20 篇文章中位列第三。该书于 2013 年完成线上出版，外部评论通道也随之关闭。

这一案例虽不是大数据、云计算或地理历史信息系统在当代美国边缘群体教育史中的具体应用，但数字人文却通过这一领域研究者的参与间接渗透进了上述类型的研究之中。埃里克森将自己对边缘群体教育史研究过程中有关研究资料搜集、筛选和整理的方法与数字化时代书写历史的主题结合起来，一方面印证了数字人文在当代美国边缘群体教育史研究中的应用状况和实际影响，另一方面也通过该书独特的筹稿、编撰和出版方式，将边缘群体教育史的研究融入了更广泛的学科交流与学术合作中。

"公众参与"是该书着重彰显的数字人文核心理念之一。作为该书较受关注的一部分，埃里克森撰写的《历史研究和归类问题：对于 10 000 张数字化笔记卡的反思》部分使得边缘群体教育史研究同样浸染着数字人文的色彩。从征稿、筛选，再到撰写途中书籍总编向分章作者提出新的思考问题，最后直至研究初稿陆续上线，可以说该书从谋划构思到最终发布采用了一系列线上举措，这些环节无一不促使这项关于当代美国边缘群体教育史的研究最大限度地向公众敞开。

从某种程度上讲，公众在评论、提问以及与分章作者和编者在线互动中全面影响着这些研究的最终形成。广大公众有机会成为该书的"第三方编者"，也就意味着出版社不仅向公众免费推出该书的在线版本，而且此前的在线编纂平台还推出了指导公众进行线上评论的操作视频。截至 2022 年 10 月 20 日，该书通过 Altmetric 平台计算整理得出的总体关注度为 147，其中推特（Twitter）用户与该书的互动最多，脸书（Facebook）和博客用户追随其后，普通公众在线阅读同步评论比例约占总评论数的 73%。[①]通过该书，数字人文的公众参与性也在当代美

① Altmetric 平台服务用于跟踪搜集、整理与科研成果有关的所有网络信息，比如，该平台可针对某一研究定向追踪与之相关的所有线上信息，包括专业数据库、新闻报道、同行评议、公众评价、关联性推送等，从中计算得出可视化的关注度分析图。以往单纯以某一个或某几个数据库的影响因子构建指标系统的模式逐渐被这种覆盖面更大、功能性更强的模式所替代。Altmetric 平台服务试图形成更加完整且丰富的研究成果影响力分析。文中所示的关注度等数据来源由 Altmetric 网站提供，该网站网址为 https://fulcrum.altmetric.com/details/1812384

国边缘群体教育史研究中得到了充分彰显。数字人文的理论和方法在美国教育史学界开始落地生根。

（三）案例三："哈林区教育史"项目中的多样化合作

"哈林区教育史"（educating Harlem）是哥伦比亚大学教育学院下属的艺术与人文系（Department of Arts and Humanities）以及城市教育与少数群体教育研究所（Institute for Urban and Minority Education，IUME）合作开展的教育史研究项目。该项目主要探讨了 20 世纪美国纽约哈林区的教育历史。位于美国纽约曼哈顿的哈林区是美国比较大的黑人聚居区之一，同时也经历了从一个中产阶级社区到全美最大贫民区的历史变迁。特别是从 20 世纪初期到大萧条时期，哈林区既是美国较大的贫民区，也是种族隔离裂痕较深的区域。这个地区的教育历史因而也就变成了边缘群体的教育记忆。研究 20 世纪哈林区的教育史，黑人无疑是主要的对象群体。20 世纪形塑美国教育的所有力量和因素几乎都微缩在了哈林区，而有色人种所在社区的发展和美国教育之间错综复杂的关系也通过这个项目得到了具体呈现。哈林区的教育史研究对于当代美国边缘群体教育史研究的典型性不言而喻。更为重要的是，这项研究由于运用了数字人文，因而增强了项目研究者的合作意识，也丰富了边缘群体教育史研究的观察视角。总体上看，此案例具有以下几个特点。

第一，"哈林区教育史"项目采用了跨学科合作模式。自项目启动之时，"哈林区教育史"的研究便摆脱了一般意义上的"前期任务分解，后期成果整合"的研究路径，而是组织开展了多种形式的合作研究。从研究人员构成上看，"哈林区教育史"项目综合了多方研究力量。研究人员在前期准备阶段就寻求与哥伦比亚大学空间研究中心合作，参与了该中心举办的"城市人文研究绘图"（mapping in the urban humanities）项目的培训。[1]其间，"哈林区教育史"项目的负责人埃里克森教授的《不平等大都市的形成：消除学校的种族隔离及其局限性》一书已经初显数字技术与人文科学联袂之效应。[2]以往的跨学科合作经历使哥伦比亚大学

---

① "城市人文研究绘图"项目是美国哥伦比亚大学为人文学科教师和高年级研究生设置的短期培训课程，它将原本一个学期的地理信息系统的入门课程浓缩为六天，注重实践强化课程以及技能实习，参加课程学习的教师将把从中掌握的空间分析技能运用在教学大纲、课程作业和研究计划中

② 《不平等大都市的形成：消除学校的种族隔离及其局限性》一书是埃里克森教授进行的一项关于边缘群体教育史的研究。该研究与哥伦比亚大学空间研究中心的具体合作形式已在本章案例一中有所说明，此处不再赘述

空间研究中心与"哈林区教育史"项目具备良好的合作基础，继而使得更为多样、更加便捷的空间绘图和计算机软件应用等技术逐渐渗透到后来的"哈林区教育史"项目研究中。此外，"哈林区教育史"项目还在研究中进行了技术改进，选择使用更便于笔记本电脑安装使用的开放源代码软件 QGIS[①]等，这比以往基于网页显示的绘图工具更加便利。研究中，绘图的意义不再是对档案文献的辅助说明，而是上升成为研究内容本身，成为探索分析研究对象的主要途径之一。

第二，"哈林区教育史"项目将边缘群体教育史研究与教育史教学融为一体。项目开设了与研究主题相一致的研究生课程——"哈林故事"（Harlem Stories）。参与课程的研究生也随之成为此项目团队的组成部分。在"哈林故事"系列研究生课程中，学生和教师在同一问题域中进行研究性学习。这些学生中的大多数都参与过前期空间绘图的培训。因此，从对数字人文的熟悉度上讲，学生身份的研究人员和教师身份的研究人员几乎处于同一水平线。"哈林故事"研究课程吸引了具有历史、社会研究和课程论等不同学科背景的研究生，这些研究人员共同着手开展以空间绘图、电子档案和口述史为基础的哈林区黑人群体的教育史研究。显然，除了口述史仍然保持了传统历史研究方法外，空间绘图和电子档案在"哈林区教育史"项目中纷纷成为数字人文理论方法的"代言人"。

第三，"哈林区教育史"项目在数据运用和信息转化过程中凸显了人文价值。"哈林区教育史"研究中的空间绘图包括两类操作：一是利用绘图软件将人口增长和铁路公路线扩张等信息标示出来，阐释边缘群体教育史；二是利用数字测图对边缘群体教育的经历进行空间分析，使之"地图化"。在"哈林故事"的课堂上，学生和教师利用共同的原始资料具体考察哈林区的沃德利高中（Wadleigh High School）的学生入学注册信息，这类课堂实践就属于第一类操作。沃德利高中和后来的沃德利初中（Wadleigh Junior School）是理解20世纪三四十年代哈林区黑人学校教育情况的"富矿"。在大约一个半月的时间里，师生组成的研究共同体从纽约市教育档案局的城市档案库（Municipal Archives，in the Board of Education Collection）中搜集整理了"哈林区教育史"所需的沃德利高中入学注册学生国籍信息卡，部分卡片如图5-2—图5-4所示。

① QGIS 是一种使用 C++语言开发的桌面地理信息系统。它基于跨平台图形工具 Qt 软件包，具有用户界面友好、支持跨平台使用、源代码开放等特点。该系统支持对 GIS 内含数据的基本操作，使用难度小于 GIS

学生国籍

学校　　沃德利高中　　　　行政区　　曼哈顿

根据生父国籍在以下空白处填写1938年3月31日注册的学生人数

国家或地区		国家或地区	
奥地利	63	法国	16
比利时	2	德国	74
加拿大	16	希腊	49
中美洲	12	匈牙利	30
捷克斯洛伐克	13	爱尔兰	1
丹麦	7	爱尔兰自由邦	275
英格兰	54	意大利	481
爱沙尼亚	1	拉脱维亚	2
芬兰	14	立陶宛	7
1938年3月			

图 5-2　1938 年沃德利高中注册新生国籍信息卡（一）

资料来源：Erickson A T. 2017-06-16，2017-12-20. Harlem stories meet QGIS：
Some thoughts on new teaching possibilities. https://ansleyerickson.github.io/heh/

国家或地区				国家或地区			
荷兰	4			瑞典	13		
挪威	3			瑞士	-		
波兰	52			叙利亚	-		
葡萄牙	1			土耳其	12		
罗马尼亚	11			美国（白人）	683		
俄罗斯	175			美国（黑人）	665		
苏格兰	15			威尔士	2		
南美洲	28			西印度群岛	570		
西班牙	29			南斯拉夫	8		
其他国家		澳大利亚 - 2		日本 - 3		塞尔维亚 - 1	
阿尔巴尼亚 - 1		埃及 - 2		马耳他 - 1		南非 - 1	
亚美尼亚 - 9		直布罗陀 - 3		墨西哥 - 8		未知国家 - 334	
中国 - 3		印度 - 3		菲律宾 - 2			
该校黑人占比			31%				
1938年3月31日注册总人数			3760				

图 5-3　1938 年沃德利高中注册新生国籍信息卡（二）

资料来源：Erickson A T. 2017-06-16，2017-12-20. Harlem stories meet QGIS：
Some thoughts on new teaching possibilities. https://ansleyerickson.github.io/heh/

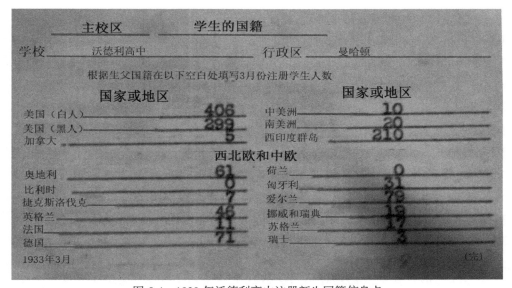

图 5-4　1933 年沃德利高中注册新生国籍信息卡

资料来源：Erickson A T. 2017-06-16，2017-12-20. Harlem stories meet QGIS：
Some thoughts on new teaching possibilities. https://ansleyerickson.github.io/heh/

　　将这些关于沃德利高中的学籍信息制作成为电子数据，继而在地理信息系统中使用并不是单纯的技术操作。在信息选择和提取的过程中，诸如"原始数据收集是否符合逻辑""原始档案的呈现是否客观""电子数据的再处理应该如何在历史背景中考虑数据的分类、来源和布局"等问题就浮出了水面，并且成为边缘群体教育史研究中的关键环节。这些原始卡片提供的资料信息并不像人们想象中的那样客观记录了学生入学人数、年龄、性别等信息，而是按照学生父亲的国籍和种族等属性进行分类。从学生入学开始，"种族"就被学校看成是天生的、带有等级性质的标签，并随着教育的进行而强化，终将伴其一生。其中透露出的史实其实有悖于长久以来人们对于美国黑人学生身份边缘化过程的想象。换言之，这就从某种程度上证明了黑人和白人学生身份划分并非学校发展的自然沿革，而是持续强化的社会意识操纵所致。在这样的历史背景下，把这些卡片转化为地理信息系统中的数字数据，就成了一种带有价值判断和逻辑推理的取舍过程，这是数字人文在边缘群体教育史领域面临的特殊问题，也掩映着数字人文的"人文"之光。

　　就像图 5-3 和图 5-4 显示的注册学生的国籍类别那样，有些类别划分得精准明确（如爱沙尼亚、立陶宛），有些则模糊宽泛（如中美洲、西印度群岛）。在将卡片"转码"为数字数据的时候，就要求研究者对这些卡片中的信息做出逻辑审核，判断它们是否满足作为历史资料的标准，这样才能决定是否要在数字化处理的过程中对它们重新进行归类整理。其实，研究者在对数据进行数字化处理的过程中，要充分考量各种信息的教育史意义：为什么卡片把在美国出生的学生划分为"黑人"和"白人"或"有色人种"和"白人"？为什么要在一国内细分学生族群，又单独标明黑人学生在该校入学人数中的占比？在对这些问题抽丝剥茧后，就会将人引入美国边缘群体教育史研究的新世界，我们恍然感到留待深究的研究线索原来是如此之多，数字处理背后的原因解析和意义阐释才刚刚开始。

第四，"哈林区教育史"项目通过原始资料的数字化操作，增强了美国边缘群体教育史研究的空间感。首先，该研究团队对原始卡片材料进行初级数字化整理。在教师的安排和指导下，学生形成若干小组筛选原始卡片，然后再制作电子表格对其加以分类。该阶段就有许多复杂而琐碎的问题需要考虑，比如，分栏分类处理的依据是什么？如何从因时而异的卡片资料中选取常规组和比较组？等等。紧接着，教师和学生需要思考沃德利高中学生学籍情况的划分与各种不同地理范围的人口普查信息有什么关联。这可能就需要研究者将该校学生入学信息卡片中反映的社会范畴与国家范畴同美国人口普查局提供的同时段人口信息进行比对和匹配。举例来说，美国人口普查局统计了 1940 年出生地不在美国的美国白人家庭户主人数，但是沃德利高中符合该项目的、来自加勒比海地区家庭的学生在入学注册卡片上并没有被标注为"白人"，因而在相关人口普查的表格中，这些家庭的户籍信息便不在其中。①

当这些工作完成之后，研究者开始使用 QGIS 探寻历史上曼哈顿城郊的居民人口变化对于黑人学生的影响，空间地理在此时便成为研究边缘群体教育史的一个重要切入点。有关沃德利高中的史料记载显示，白人家长曾提出抗议，要求沃德利高中从"名媛淑女不愿穿行"的 114 大街迁至"白人更多一些"的华盛顿高地，新校址大约向北位移 2.5 英里（约 2.7 千米）。②QGIS 所进行的各种数据选择和处理工具帮助研究者思考与解决由此引发的各种问题，譬如，黑人和白人记忆中的沃德利高中在当时究竟辐射到了哪些街区？这背后牵涉到了哪些群体的权

---

① Erickson A T. 2017-06-16，2017-12-20. Harlem stories meet QGIS：Some thoughts on new teaching possibilities. https://ansleyerickson.github.io/heh/

② Erickson A T. 2017-06-16，2017-12-20. Harlem stories meet QGIS：Some thoughts on new teaching possibilities. https://ansleyerickson.github.io/heh/

益？如何将沃德利高中所在地区的居民成分与其他地区的情况进行对比？研究者如果能够明确在此案例中运用某种地理单位进行分析，是否就会在一定程度上推进研究进程？不难发现，这些问题统统聚焦于当时历史背景下黑人的教育公平。可以说像 QGIS 这样的数字化信息处理软件工具，既对美国边缘群体教育史史料进行了对比性、可视化的展现，也有助于研究者在特定的空间地理维度探究美国边缘群体的教育实景。

第五，"哈林区教育史"将教育口述史研究成果融入电子地图的空间展示中。这一类型的研究主要由参加"哈林故事"课程的研究生完成。访谈作为"哈林区教育史"研究的重要研究方法之一，使得该项目产生的电子地图更加生动立体，历史故事的生命力由此产生。"哈林故事"中的访谈围绕 20 世纪 30—70 年代哈林区的教育空间的布局对黑人产生的影响进行。"空间"仍然是访谈涉及的主要问题之一，其研究路径和《不平等大都市的形成：消除学校的种族隔离及其局限性》一书异曲同工。更值得一提的是，在这类口述史研究中，20 世纪的教育历程显然被放置在了更复杂的脉络中，彼时居住在哈林区的黑人群体的学生时光是其中的重要一部分，但不是唯一内容。这些口述材料容纳了大量的教育空间信息，研究者便有机会将访谈资料以电子地图形式呈现。有的电子地图内嵌了文本叙事和历史图片。其中一份名为《伊莲娜的哈林：一个波多黎各人穿越时空的教育旅程》（Evelina's Harlem：A Puerto Rican educational journey through time and space）的研究成果展现的就是一名波多黎各学生的跨洋教育经历。[1]随着读者鼠标的移动、选择，电子地图上将呈现相应的地理空间说明和这些口述史主人公的教育经历；也有研究者根据受访者口述材料，制作了另一种模式的哈林社区电子地图，这类地图重点标记那些见证了种族隔离和合校过程的公立中学，并把它们作为研究成果的重要组成部分，与最终的口述史案例一并呈现。这些以访谈为基础的口述史研究通过"哈林区教育史"项目的网络平台陆续呈现在公众面前。[2]

准确地讲，"哈林区教育史"项目是以科研带动教学的边缘群体教育史研究模式。数字人文之所以能植根其中，有赖于研究者对时代发展特征和趋势的把握，有赖于边缘群体教育史研究理念的更新和拓展，这些需要长时间不断积累和

① Lefty L. 2017-12-20. Evelina's harlem：A Puerto Rican educational journey through time and space. https://ansleyerickson.github.io/heh/

② Gutman M. 2019. Intermediate school 201：Race，space，and modern architecture in Harlem. In Erickson A T，Morrell E（Eds），Educating Harlem：A Century of Schooling and Resistance in a Black Community. New York：Columbia University Press，xi

磨合。数字人文所带来的跨学科合作对于教育史学家自身的学术成长不无裨益。数字人文在美国教育史研究中的运用方式不一而足。从科研到教学，数字人文对于解决教育史中的空间问题具有很强的人文性观照和工具性价值。

　　埃里克森教授的研究具有一定的代表性，这里选取的三个案例显示了数字人文的不同发力点，以及日益增强的跨学科能力。上述三个案例均以数字人文为切入点，展现了当前美国边缘群体教育史研究面向现代信息社会发展的融入状态和创新趋势。

　　首先，从研究过程层面分析，数字人文具象为网络信息系统、计算机软件和数字技术等手段，通过空间分析传导至边缘群体教育史研究中。虽然现代科技并不是进行空间分析的必要条件，但不可否认的是，现代信息技术手段增强了空间分析的能力，尤其是在可视化呈现的过程中，时空、人群、环境和社会呈现出新的交互关系，为研究者提供了新的思考方向，这才是技术方法创新本身最有意义的地方。在上述案例中，空间分析是连接数字人文和边缘群体教育史学的一个重要维度。如果出于研究需要，这个维度发生了变换，那么数字人文的技术方法层面也将随之发生变化，所以空间分析这一部分是灵活而具体的。对于这样一个应用过程，我们可以用图 5-5 表示。

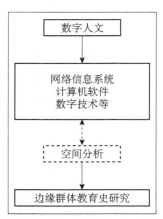

图 5-5　数字人文在美国边缘群体教育史空间研究中的运用模式

　　其次，从研究价值层面分析，数字人文的跨学科性与合作特征体现出了当代美国边缘群体教育史追求的多元、平等和共享的研究理念。在上述案例中，边缘群体教育史研究与历史学、计算机学科的交流、合作尤为密切。案例二涉及的《在数字化时代书写历史》就是当代美国边缘群体教育史研究主动参与历史学研究项目的表现。它们面对的是相同的文章收录标准、相同的数字化出版要求，并且经受了广泛而公开的同行评议。在案例一和案例三中，边缘群体教育史对数字人文的运用重点体现在自身与计算机学科的良性互动。案例中有色人种（以黑人群体为主）的教育经历与学校隔离的空间特性联系起来。为了更好地反映其中的空间和社会关系，获取地理信息系统、数字地图等专业技术就成为必需。因此，教育史学科内的研究人员主动寻求与计算机学科等专业的人员合作，后者为前者提供了方法培训和技术咨询，并参与绘制了部分空间数字地图。

最后，从研究受众层面分析，数字人文的参与和共享理念也被运用到了当代美国边缘群体教育史研究中。案例三中的"哈林区教育史"打破了传统教学和研究的边界，教授和研究生以同一地区、同一时段的教育史作为研究的共同基础，从而保证师生身处相同的时空场域，可以聚焦相似的教育史研究背景、研究对象和研究问题，提升学生的参与程度和参与能力。[①]在"哈林区教育史"项目中，师生之间不仅是知识传授关系，由于数字人文精神的指引，师生双方转化成为平等的研究参与者，共享研究进程和研究结果。这也正是当前国际教育理念中倡导的"合作-探究"学习模式。除了师生间的共享，与"哈林区教育史"一例相似的是，案例二中的研究者也同样选择将研究成果毫无保留地通过网络平台展示给公众。不仅如此，《在数字化时代书写历史》中的项目，还尝试将参编学者的撰写过程与公众的阅读和认识过程保持同步。在该书网络版定稿之前，公众能够对该书的任一部分进行评论，与编者进行探讨和互动。从另一种意义上讲，外界（尤其是学科之外的读者）也同样参与了"专业领域"的历史书写，这一点对于边缘群体教育史研究而言更是意义非凡。

我们从上述案例不难发现，数字人文在当代美国边缘群体教育史研究中既不是"技术"与"人文"的简单加和，也不是直观的分层表现。案例中凡是需要应用地理信息系统、在线出版等技术手段的地方，均要求跨学科人员的辅助和参与。研究要想进行下去，完成最后的目标，研究者必须跳出传统的学科范围。知识无国界，学科世界理应向外界充分开放，教育史领域的学术知识生产不是限定在教育史殿堂内，而是在信息流动中完成的。案例中的数字人文不只是为了说明量化研究或新技术方法如何应用于教育史研究中，更为关键的是，在这些新的研究方法不断渗透的过程中，当代美国边缘群体教育史研究在研究人员、研究对

---

① Erickson A T. 2016. Case study as common text: Collaborating in and broadening the reach of history of education. History of Education Quarterly，56（1）：125-133

象、研究理论方法、研究资料获取、研究方式和研究成果展示等方面较为系统地体现了人文精神。数字人文中的技术手段自带人文色彩，美国边缘群体教育史研究的三个案例都在试图弥合"人文文化"与"科学文化"之间的分裂，消除两种文化之间的二元对立和分庭抗礼。[①]

三、数字人文在边缘群体教育史研究中的应用限度

数字人文进入当代美国边缘群体教育史研究绝非偶然，并不是追逐时髦的"硬性植入"。外在学科环境适宜、母学科先行引导，理论方法本身契合，身处的研究领域本身具有发展空间……这一切都使得数字人文拥有着独特的跨学科适应能力和发展优势。尽管目前数字人文在边缘群体教育史研究领域仍处于发展初期，但是数字人文能够帮助美国教育史研究者解决新的研究问题，为未来的教育史发展提供助力。

（一）数字人文在美国边缘群体教育史研究中的发展基础

20 世纪 90 年代以来，尽管美国国内的人文学科一直受到新自由主义风向的冲击，但是许多相关领域已经看到数字人文所带来的希望。任博德（R. Bod）就曾预测并断言，数字化将在未来几年产生范式转变，使学者能够识别艺术、历史和文学领域的普遍模式。对"大数据"的关注将缩小当前人文科学和精确科学之间的差距。[②]几乎在数字人文跻身美国边缘群体教育史研究的同一时期，数字人文以赛博文本、超文本等形式在数字文化、数字艺术、数字美学等方面取得了亮眼的成绩。特别是 20 世纪 80 年代以后，因数字新媒介变革而催生的数字文学获得了长足发展。相关研究已使超文本写作实现了后结构主义对"理想的文本"的追求，"读者成了作者"等观点也已广为人知。[③]这些观念和实践同样在当代美国边缘群体教育史中得以闪现。只是由于文学和教育史学之间存在某些难以弥合的

---

① C. P. 斯诺. 1994. 两种文化. 纪树立译. 北京：生活·读书·新知三联书店，15-17

② 转引自 Janssen G H，Wils K. 2013. Het einde van de geesteswetenschappen 1.0—The end of the humanities 1.0. The Low Countries Historical Review，128（4）：145-146

③ 单小曦. 2011. 莱恩·考斯基马的数字文学研究. 文艺理论研究，（5）：12-21

学科差异，数字文学的读者似乎比教育史学的读者更加积极活跃，更容易参与其中，拥有更多参与建构独立文本意义的空间。但不管怎么说，数字人文的研究氛围日益形成，此其一。

最近二三十年，美国边缘群体教育史相关领域也受到了数字人文的影响。数字历史的兴起是另一佐证。一般情况下，探讨数字史离不开我们所说的"大数据"，或者数字图书馆和档案馆的大型语料库。这些资源包含的数据都是可以通过电脑进行处理的，它们为数字史的数据信息挖掘提供了基础。与边缘群体教育史研究中的数字人文一样，"数字历史"既重视学术生产与交流的开放性，也强调自身方法论的内涵，即肯定这些技术背后隐藏的超文本特性能够帮助人们提出历史问题、分析历史问题。如此看来，数字历史指引的未来更像是历史学的数字化时代。数字历史研究能为美国边缘群体教育史研究涵养数字化历史思维，此其二。

在这样一种面向信息社会发展的时代浪潮中，数字人文既汲取了信息社会的技术革新要素，同时也因为它所秉持的人文精神及其植根的人文学科土壤，使其对以往技术社会中的割裂与对立具备某种反思力量。与其说数字人文在当代美国边缘群体教育史研究中的出现是在教育史学中新增了一类学术概念，不如说数字人文其实就是当代美国教育史学科面对社会发展趋势的自我选择和自我表达。外界形成的时代发展要求和人文学科发展态势聚集着当代美国边缘群体教育史引入数字人文的"光"和"热"。数字人文本身具有的理论品性和边缘群体教育史自身固有的批判精神相契合。边缘群体教育史的研究对象是饱受社会不公的各类人群，作为一个整体，这些人的教育经历本身就启发着人类的良知和文明。边缘群体追求教育，本质是在呼唤自由、平等、公平与正义，有助于形成全人类教育发展命运共同体。数字人文对技术理性和人文精神的调和符合当代美国边缘群体教育史的研究旨趣，此其三。

（二）数字人文在美国边缘群体教育史研究中的应用局限

在数字人文产生和发展的过程中，人们确实感受到了数字人文在着力解决数字化时代人文精神的根本性问题——说到底还是人与机器、人与技术的关系问题，是在此基础上延伸的人与自然、人与社会的各种现实和未来关系的问题。[①]但不可

---

① 廖祥忠. 2005. "超越逻辑"：数字人文的时代特征. 现代传播，（6）：23-25

否认的是，数字人文本身的发展成熟度有限，即便其中的技术性元素能够作为一种弥合裂痕的力量，一旦应用不当，则有可能在解决问题的过程中产生新的逻辑悖论，转身成为新的制约因素。我们在满怀憧憬地为数字人文摇旗呐喊的同时，也要充分认识到数字人文自身的局限性。

一是数字人文技术工具的选择和运用仍有门槛。我们不妨仍从当前美国边缘群体教育史研究中与数字人文有关的方面说起。就像前面案例中涉及的那样，作为数字人文在边缘群体教育史研究的一种表现形式，空间绘图本身具有一定的操作难度和局限性。比如，不是所有的边缘群体教育史研究都必须或能够使用空间绘图或可视化技术。在这之前，研究者必须尽力联通边缘群体、空间问题、教育经历三方面。就像在讨论美国消除种族隔离的过程中，教育领域的利益得失往往涉及哪些社区可以修建种族融合的学校，哪些社区的学校必须关停，哪些学校的黑人教师因此失业等问题，这些讨论内容会自然地指向空间问题。这个空间变化过程在一定程度上又取决于它们之前影响城市中美国黑人社区的城市改造和高速路建设等经济和城市问题。如果边缘群体教育史只是从种族问题、文化视角切入，而不涉及空间分析的话，那么数字人文就无法以空间绘图的方式落脚，研究也许就不得不以其他的方式进行。即便是在已经运用地理空间信息进行黑人学校教育史研究的案例中，确定历史上的某一教育场域也是非常不容易的。埃里克森教授的研究经验也充分证明了这一点。

如果教育史研究者想要在今后的研究中尝试绘图，那么首先就必须确定事情发生的地点，这是既吸引人又充满挑战的地方。这一点可能最初看起来非常简单，可是一旦你开始接触真实生活或历史文档的时候，那么这个问题处理起来会非常复杂。在这个过程中，你要做许多选择，可能会比其他方面受到更多的限制……"这个地域的边界在哪里？"这类问题有时候的确会让人头大。如果你问别人 1920 年的哈林区到底是指哪一块，那么得到的答案就会和 1950 年的哈林区不一样，甚至和今天的哈林区也不尽相同。①

从方法层面看，数字人文依托具体技术手段参与美国边缘群体教育史研究，随着未来科技的发展革新，必定会有更多的研究方式介入其中，但也绝非所有的边缘群体教育史研究都会应用数字人文。问题的关键不在于你选择什么样的研究理论或方法，而在于要深入思考研究方法和研究问题之间的互动方式。在研究方

---

① 引自教授访谈

法和选题之间，我们不是拿选题去配合方法，而是用方法理解选题。

二是数字人文进入传统人文学科仍存在一定的障碍。从事数字人文领域的学者往往来自图书情报学、语言学、计算机学和传统人文学科，他们有着不同的学术背景。这些研究者固然对于数字人文这个新领域各有贡献，但不同学科之间的鸿沟仍然难以逾越。传统人文学术中至少需要注意相关电子文本的准确率及查全率等问题。因为目前还没有哪种数据库或知识库能超过纸本文献的既有水平。[①]比如，前者列举的三项边缘群体教育史研究案例，它们在搜集资料阶段都十分重视对原始纸质档案和地图的查找，传统形式的史料爬梳仍然是不可或缺的研究基础，这也是今后相当长一段时间内数字人文无法替代的工作。

接受数字人文的理论特性和时代精神不是难事，但数字人文的方法论牵涉诸多陌生领域、非人文学科领域，使得从事人文学科研究的一些学者望而却步。我们很容易寻找各种理由婉拒数字人文登堂入室，有些时候我们强调学科差异，认为地理信息技术等方法不适用于自己的研究领域，即所谓的"用不上"；有些时候我们承认自己力所不及，认为采用这些新的研究方法需要消耗大量的时间，甚至需要自己重新学习、从头做起，即所谓的"用不着"；还有些时候我们只是处于暂时的观望状态，认为学界的理论总是"一阵风"，担心数字人文也许只是一时的活跃，追逐此起彼伏的热点理论会丧失学术定力，即所谓的"无意义"。这些态度自有道理，也都影响着数字人文在教育史研究中的自我定位。即便在每年产生大量历史研究成果的美国，仍有许多历史学家并未与"电子信息时代"同频，尽管他们并不否认地理信息系统和普遍意义上的数字工具的发展潜力。就连一些长期使用地理信息系统的学者也表示："除了文字处理和文献数据库，历史学家很少使用计算机。"[②]

三是数字人文尚未形成全球化的知识生产范式。客观来讲，数字人文的理论品性使其超越了传统计量学方法在美国教育史学中的意义，但其内在价值和意义并没有得到全球性认可，不应成为欧美数字人文圈的自说自话。个中关窍仍然在于数字人文与当代美国边缘群体教育史的嫁接能够产出更多重要成果，对人文领域产生根本性的影响，在当代美国边缘群体教育史研究中显示出数字信息时代的

---

① 史睿. 2017-08-25，2018-01-02. 数字人文研究的发展趋势. http://dzb.whb.cn/images/2017-08/25/XR7/XR070825.pdf

② Lünen A V，Travis C. 2012. History and GIS：Epistemologies，Considerations and Reflections. New York：Springer Dordrecht Heidelberg，v

独特魅力和人文追求。①但目前给出这样一种价值/功能判断似乎为时过早，数字人文内部涉及多种人文学科，并不是每一门学科都同教育史学科一样发出引人关注的回响，也并不是所有涉足数字人文的学者都认为数字人文需要和人文学科的未来绑定在一起。谁赋予数字人文权力和资格去衡量人文学科，并对其做出反思或展望？②有学者无不犀利地指出，数字人文缺乏与其他人文学科相融合的理论基础。③对于这些质疑和批评，美国边缘群体教育史研究者应该合理看待，辩证地评估数字人文在教育史学科中的运用现状，特别是要结合教育史学科在美国高校尤其是师范学院和研究型大学中的境况，努力在跨学科合作过程中进一步推动此领域研究的开放、协同、创新和共融。

（三）数字人文在美国边缘群体教育史研究中的发展展望

数字人文凭借自身的理论品性，丰富着当代美国边缘群体教育史研究的内涵，拉长了教育史研究的"战线"。从某种角度看，数字人文在美国边缘群体教育史研究中的发展意味着研究和发表的全过程不再受到空间的限制，同时也让更多公众参与进去，更深入地理解研究内容和研究价值。研究者不仅参与传统研究的过程，还要关注在线出版时多方的评论和反馈。研究成果的展示，以及与读者的互动，也成为研究过程中的一个环节。成果的出版不一定意味着研究的终结，它可能会成为呈现研究的一种方式，与外界更为即时、直接的交流互动接踵而来，出版的定义就发生了变化，因为它变成了研究的"中点站"而非"终点站"。其实不仅是教育史研究，我们稍加分析就可以发现，数字人文正向整个人文学科领域吹进一股新风。

近二三十年来，数字人文逐渐成为历史学领域熟悉的一项内容。当代美国边缘群体教育史研究者应当积极吸取其中的有益部分，结合研究状况和研究特点，从研究理念、研究导向和研究方法三方面整合提升，进而扩大研究成果在学术界和公众中的双向影响力。

---

① 高丹. 2019-12-19，2021-04-13. 《数字人文》创刊：为数字人文研究提供发表平台. https://www.thepaper.cn/newsDetail_forward_5282296

② Svensson P. 2012. The digital humanities as a humanities project. Arts and Humanities in Higher Education，11（1-2）：42-60

③ Liu A Y. 2012. Where is cultural criticism in the digital humanities?. In Gold M K（Ed.），Debates in the Digital Humanities. Minneapolis：University of Minnesota Press，490-509

第一，在研究理念上，当代美国边缘群体教育史应更注意边缘群体与年轻大众对于自身研究成果的认可度和接受度。边缘群体和年轻一代是最有资格、最有理由、最有必要了解相关历史的人群。在互联网技术日趋成熟、网络普及率较高的美国，利用网络可视化平台等进行在线互动成为最经济、便捷的信息获取方式。就像美国佐治亚大学历史学家克劳迪奥·萨乌特（C. Saunt）评论的那样：这种展现历史的方式比讲座更有吸引力，它让我有了更多的受众……我最希望的就是让普通人也参与研究和创作自己的历史，让公众帮助历史学家分析数据。①交互性、开放性、公众参与和成果共享等理念应该成为未来美国边缘群体教育史研究的特色与优势，亦可成为当代美国边缘群体教育史研究者的努力方向。

第二，在研究导向上，开展当代美国边缘群体教育史研究需要通过多种渠道寻求更新鲜的历史资料。这些资料及资料解读方式既不能照搬传统的"公立学校节节胜利的宏大进步史观"，也不能再度落入"白人、男性、精英阶层"的教育史偏狭立场，因此多人员、跨学科合作是规避上述问题的一种有效方式。当然，这并不是说当代教育史学家单枪匹马地查阅文献资料书写教育史就不会取得研究成果，而是借此强调完全依赖传统的个体研究模式可能存在某种局限。特别是当美国边缘群体教育史研究中涉及人口流动、学区或城市变迁、税收支持和数据库建设等量化因素时，个体研究者往往会显得力不从心。放眼近年来人文社会科学的整体发展趋势，以"空间转向"为引领，以地理信息技术为支撑的空间综合人文社会科学成为一个重要的研究方向。2000 年，美国国家自然科学基金支持创建了"空间综合社会科学中心"（Center for Spatially Integrated Social Science，CSISS），旨在提升人文社会科学领域研究者的空间分析能力，在多学科间开展交叉合作。除此之外，在国际人文社会科学领域具有较强影响力的学术期刊《社会科学史》（Social Science History）也十分重视历史学、地理学、政治学、社会学和人类学等学科之间的交流和对话。该刊针对历史地理信息系统的理论方法和具体应用，曾在 2000 年和 2011 年组织专题稿件，分别以《历史地理信息系统：社会科学史的空间转向》（第 24 卷第 3 期）和《历史地理信息系统与城市史研究》（第 35 卷第 4 期）为中心开展讨论。可见，跨学科的交流与合作已经成为当代美国人文社会科学发展的一种趋势。当代美国边缘群体教育史学家应该更好地顺应这一趋势，在更多的学术交往和学科互鉴中思考美国教育史学的继承、批判

---

① 转引自杨敏. 2014-10-08. 数字历史：让历史与公众有更多互动. 中国社会科学报，（第 A03 版）

和创新。

第三，在研究方法上，数字人文内嵌的信息技术手段和数字化工具扩展了传统历史研究的范畴。数字人文以多媒体数据（文本、图形、图像、三维模型、视频、声音等）建设为中心，注重运用数字图书馆、文本挖掘、信息可视化和 GIS 等技术。[1]这一特点也进一步增强了历史研究的互动性、平民化和去中心性。当代美国边缘群体教育史研究也应尝试通过包括学术专著和论文以外的多媒体形式进行呈现，从而扩大研究成果的受众范围。特别是伴随 Web2.0 时代的到来，普通民众能够利用扁平化的分享机制和社交网络发表自己的观点。那么在这样的平台上，专业与非专业的历史研究者，以及读者与作者之间的高频交流就具有了可能性。如同数字历史学家所观察到的那样，数字媒体改变了传统且单向的读者与作者、生产者与消费者之间的关系，尤其是对于那些一直以来试图找到一种方式与公众分享历史知识和资讯的公众历史学家来说，网络提供了一种理想的进行交流与合作的载体。[2]研究美国边缘群体教育史的学者更没有理由隔绝学术界之外的一般读者，因为这样会使教育史研究实践活动本身造成边缘群体教育史知识的边缘化，抑或造成潜在受众的边缘化。因此，学习掌握这些新的研究技术和研究方法，将为普通群众参与边缘群体教育史研究创造前所未有的机遇和平台。

数字人文既包含技术理性，也包含人文精神。哪些是当代美国边缘群体教育史可以借鉴的重点呢？诚然，数字人文包含着数字技术、地理信息系统、计算机软件等多项学科外手段，这些技术层面的每一步创新都有可能在未来拓展美国边缘群体教育史研究的新视野。同时，我们也要看到数字人文之所以有望超越以往的种种计量方法，是因为它具备理论品性，能够对科学和人文产生弥合，力求从技术层面到精神层面对人文性加以支持和践行。在新的研究方法运用方面，技术本身不是目的，因为它会受到研究对象和所选档案、材料、数据的限制，必定也会受到研究者的主观因素的影响。历史学家借用数字人文告诉了我们一个简单而深刻的道理：不要过于注重数字技术的表现力，还要注意其背后的历史分析，总有一些事情是只能靠人而不是计算机去完成的。[3]

在当代美国边缘群体教育史研究中，数字人文逐步深化了"数字"与"人

① 陈刚. 2014. "数字人文"与历史地理信息化研究. 南京社会科学，（3）：136-142

② Cohen D J，Rosenzweig R. 2005. Digital History: A Guide to Gathering, Preserving, and Presenting the Past on the Web. Philadelphia: University of Pennsylvania Press，7-8

③ Kramer M J. 2013-10-02，2017-10-11. Space-Time continuum: Richard White's "the spatial turn". http://www.michaeljkramer.net/space-time-continuum-richard-whites-the-spatial-turn/

文"的关系。面对未来，我们更应该思考边缘群体教育史研究的归宿，关心这样一类极具人文色彩的研究到底会走向哪里，到底谁能参与这类研究，研究成果究竟要以怎样的方式共享，与谁共享，等等。显然，与更多公众共享，尤其是使那些在现实生活中仍处于不利处境的边缘群体参与进来尤为重要。唯其如此，边缘群体教育史才能完成"以史赋能"的研究使命，帮助处境不利的群体从教育历史层面理解自身所处的教育现实。这便是数字人文观照到的，而以往容易被我们所忽视的研究机会与研究渠道的问题。反观当代美国边缘群体教育史研究，虽然美国当前有很多档案馆存放的教育史资料都对公众开放，但存放档案的场所并不都是"欢迎"外界人员进入的。如果我们追溯到 20 世纪六七十年代的美国，只有极少数人有直接的权限去查阅和他们自身相关的原始文献。对于很多人而言，历史档案之所以更具权威性，就是因为这些材料更难获取。即便是在今天，查阅资料的渠道和权限也存在一定的门槛。很多时候，并不是你只要把许许多多的资料往网站上一挂就万事大吉了，它并不能保证公众拥有查阅这些资料的畅通渠道，进而也就谈不上从资料中发现自己感兴趣的问题。个体能够接触到档案材料和个体能够完全掌握这些材料，最终可以在网络浏览器中查阅，并不是一回事。[1]

本 章 小 结

数字人文作为当代美国边缘群体教育史研究的理论和方法之一，与跨国主义、种族批判理论及交叠性一样，在当代美国边缘群体教育史研究领域取得了可喜的成果，发挥着特殊的作用。与其他理论方法不同的是，数字人文更具工具性，其"方法"层面的作用力更强。在信息技术日新月异的时代，数字人文面向当代，更面向未来。它在当代美国边缘群体教育史研究中借助数字信息和可视化技术，让繁杂、混沌的历史数据和历史事件活化、可见，使教育史领域的文本数据挖掘成为可能。

---

[1] 引自教授访谈

数字人文对美国边缘群体教育史的跨学科应用尝试，在当代美国教育史领域传递着文理结合、学科互动、反对知识霸权等理论主张。

首先，数字人文通过地理信息系统、数据挖掘和电子绘图等手段为美国边缘群体教育史传统研究模式提速增效。边缘群体教育史在传统教育史研究的基础上得到数字技术的支持，提高了研究成果的可视化程度，使数字化研究工具为教育史的空间转向服务。

其次，数字人文提升了美国边缘群体教育史的外向度，促进跨学科合作与交流。一方面，数字人文的跨学科属性使得较大规模和更加复杂的边缘群体教育史研究成为可能。跨学科人员的配合扩展了研究边界。另一方面，任何一项教育史研究都离不开史料搜集和爬梳等基础性工作。在数据爆炸的时代，研究资料包括以往典藏文献的数字化整理和数据库建设是推动学科持续发展的基石。数字人文的相关技术尤其擅长此类工作，同时也有许多专业人员开始进行基于史料档案的数字人文实践。今天的数字人文已经涵盖了一系列学术研究及其成果，比如，语料库和交互式数字档案馆的建立，以及一些基于文本、图像、声音等内容的数字工具的开发等。其中一些数字数据成为包括教育史学科在内的诸多学科的核心研究资源。教育史领域的学者因此也跨出自己熟悉的研究环境，尝试新的研究类别。

最后，数字人文在当代美国边缘群体教育史研究中创新研究模式，不断加强与公众的交流。在当代美国边缘群体教育史研究中，数字人文提倡跨学科合作，这就意味着边缘群体教育史研究要主动打通人文学科体系壁垒，在学科间培育一种交流意识。此外，数字人文蕴含的参与共享更强调人文学科扩大自身的受众面，增强与公众之间的联系。研究必须更加符合社会发展需要，主动向公众开放。无论是学科间的交流合作，抑或是学科外的参与共享，"开放性"都成了数字人文的价值高地，其所凝聚的人文内核也在于此。

总而言之，数字人文对于科学技术和人文精神的双向包容是人类认识走向复杂多元的表征。作为新近产生的跨学科理论方法，数字人文自身仍然存在发展局限和学术争议，这是任何一种新生事物都不可避免的。研究者仍需不断挑战自我，走出研究的"舒适圈"，在当代美国边缘群体教育史和数字人文之间尝试进行新的跨学科转换，在学科转换中获取新的发展动能。我们有理由相信，数字人文所蕴含的开放与共享、创新与合作的价值取向将有助于人们携手应对风险社会中的新挑战。

第六章

美国边缘群体教育史研究的理论与方法评鉴

20世纪80年代以来，边缘群体教育史学在美国教育史研究领域独树一帜，渐近主流。边缘群体教育史研究之所以能够突出重围，民权运动和社会进步的外部支持固然重要，然而从学科发展本体来看，理论与方法的跨学科突破是其摆脱学术困境、赢得研究空间的重要原因。跨学科、多学科理论与方法融入边缘群体教育史研究的不同领域，为当代美国教育史发展注入了新的活力，也帮助教育史学家拓宽了研究视野，在学科理论与方法之间搭建了交流的桥梁。如果说边缘群体教育史研究在近三四十年取得了一定的成绩，那么"军功章"的一半当归属研究理论和研究方法。不同于常规的教育史研究，在少数族裔教育史、女性教育史、移民教育史、黑人教育史等领域，跨学科理论和方法的使用还带来了学术价值以外的社会意义和产生了政治影响，从而使这类历史研究与美国社会现实紧密联系在一起。

第一节　边缘群体教育史研究理论与方法的优势

　　跨学科是现代历史学的重要研究方法之一，既是历史叙事的需要，也是历史学自身研究发展的必然。作为一种特定的学科交叉和迁移形式，跨学科研究使得学科之间和学科之外的边界被超越，来自不同科学领域及非科学领域的知识和观点被整合。[①]有学者将现代学术的跨学科研究细分为三个层面：学科方法、学科间方法和跨学科方法。[②]美国边缘群体教育史研究中的跨学科研究应用属于学科方法范畴，主要体现在研究理论与方法的跨学科，而理论与方法上的跨学科则是构建当代美国教育史跨学科研究体系的基础。从本书所撷取的、已经应用在当代美国边缘群体教育史研究中的几种理论方法来看，跨国主义来自于历史学，种族批判理论和交叠性来自于批判法学与社会学，数字人文本身则属于学科交叉的产物。它们皆是从教育史学科外汲取养分，向内植入新的教育史理论和方法，以此实现边缘群体教育史研究的跨学科性，使该领域研究在跨学科方面具有了一定的优势。

一、采用跨学科的研究路径

　　20 世纪 60 年代，美国学界纷纷竖起女性主义、后现代主义、新历史主义、后殖民主义等一系列带有解构色彩的理论大旗。这些理论思想反对传统的知识权威，否认真理的确定性，以理论上的解构表达对现实世界的不满。在法学、女性研究等重要领域，诸多理论产生于为边缘群体争取利益的社会运动和社会实践。[③]这

　　①　Flinterman J F，Teclemariam-Mesbah R，Broerse J E W et al. 2001. Transdisciplinarity：The new challenge for biomedical research. Bulletin of Science，Technology & Society，21（4）：253-266

　　②　汪志斌. 2012. 历史学的跨学科研究及其创新意义. 中华文化论坛，（4）：65-70

　　③　参见 Crenshaw K W. 2002. The first decade：Critical reflections，or "a foot in the closing door". UCLA Law Review，49（5）：1343-1372；Delgado R. 1996. The Rodrigo Chronicles：Conversations about America and Race. New York：New York University Press，1-212

类理论从诞生之日起就致力于破除边缘群体的现实困境，正因为如此，这些理论和方法的解释力及可操作性陡然增强，并在许多学科进行了传播和转移。①在这个"产生理论"和"初步实践理论"的时间差中，边缘群体教育史学迎来发展契机，充分利用了理论和方法在本学科跨界使用的后发优势，帮助边缘群体教育史研究得到了一个弯道超车的机会，从而冲破传统教育史学和新教育史学的局限，获得了更加丰富的研究路径和更加开阔的研究视野。

首先，美国边缘群体教育史研究理论与方法的"跨学科"发挥了多学科探究优势。美国边缘群体教育史研究借鉴吸收了当代政治学、社会学、法学、人类学、女性主义、人文地理等学科中的理论和方法，将不同学科内部的理论方法的特征及优势带进美国边缘群体研究领域，不同学科的研究旨趣因此也就或多或少地影响了边缘群体教育史的编纂及叙事。譬如，法学领域的种族批判理论具备以下几个特征：一是种族批判理论是对美国社会的种族主义的主流叙事体系的挑战；二是种族批判理论强调要从历史情境理解当代事件；三是种族批判理论既承认种族主义的永恒性，同时也坚称"承认"并不代表绝望和退缩，而是要以斗争寻求解决之道。当代美国边缘群体教育史研究在借鉴种族批判理论的过程中，也不同程度地反映了该理论的理论特色和方法论特性，不仅对"白人性"（whiteness）的历史建构发出质疑，同时还反对固化少数族裔的刻板印象，寻求对边缘群体教育史的赋权。②

在美国边缘群体教育史的研究中，我们也能发现这些理论指向，同时这些理论特点的展现形式和具体运用方式也是多样的。哥伦比亚大学教育学院的韦恩达·约翰逊（V. Johnson）等在论文《哈林的文艺复兴：社会正义、科学和城市学校改革的反叙事》（Harlem renaissance：A counter-story of social justice，science，and urban school reform）中就运用种族批判理论进行了教育史研究。此篇论文主要展示了三位科学教师和一位学校领导在美国纽约哈林区的鲁诺中学所进行的学校改革，这项以社会正义为导向的学校改革不断为周边极度贫困的社区赋能，从而增强了当地社区对这所城市中学改革的理解和支持。③在这项研究中，"反叙

---

① Treviño A J，Harris M A，Wallace D. 2008. What's so critical about critical race theory?. Contemporary Justice Review，11（1）：7-10

② 吴路珂，杨捷. 2022. 当代美国教育史研究中的"种族主义批判"：语境、取向与路径. 外国教育研究，（7）：29-44

③ Johnson V E. 2007. Harlem Renaissance：A counter-story of social justice，science，and urban school reform. Columbia University

事"作为种族批判理论的分析工具，成为对抗主流历史叙事的重要方法。这篇论文把研究视角转向一所资源和服务能力匮乏的城市学校，试图讲述那些不为人知的，或与主流刻板印象不同的学校故事。①鲁诺中学及其社区的故事既包括积极主动地利用有关"社会正义"的课程教学实现学校变革，也包括社区居民传奇般的生活。这些叙事打破了人们对于城市环境和黑人社区学校先入为主的偏狭认知。这样一来，种族批判理论和反叙事就为重新了解这一段教育历史提供了认识工具。边缘群体的经验知识和情感体验被纳入教育史研究之中。正是理论方法的不同带来了更多角度的叙事，也随之带来了更多样的研究路径。

　　同样的道理，在美国传统教育史学和后来的新教育史学那里，长期得到关注的是学校教育制度和教育思想的变迁，引导教育改革的教育家、精英分子和白人群体是教育史中较为明显的存在。教育史书写中的"人"更多的是"教育人物"，而非被遮蔽的"边缘群体"，更不用说对那些边缘群体进行更为细致的区分，从而发现他们身上因不同的身份属性而带来的不同教育体验了。交叠性的引入，为当代美国边缘群体教育史研究提供了新的研究视角。一是边缘群体参与教育活动时的身份类别更加细化，有助于进一步区分具有不同特点的教育历史活动和教育感受；二是边缘群体在教育场域的身份交叉得到重视，也就是从以往单一分析种族、阶级、性别的维度扩展出不同的交叉融合维度。这就使得研究者能够在种族群体的教育史中认识到性别的差异，在每种性别教育历程中看到不同的种族。可见，交叠性理论方法推动了边缘群体教育史进行历史的分析和历史的综合。如果不能理解它们之间的相互联系，那么最终很有可能会削弱边缘群体在美国教育史上产生的变革的力量。除非我们将教育史上有关种族主义的问题与阶级和性别的问题同时提出，否则废除资本主义生产关系再生产的教育条件依然无法具备。

　　其次，美国边缘群体教育史研究理论与方法的"跨学科"实现了研究视域的融合。从 20 世纪 20 年代"跨学科"一词的出现，到 20 世纪 50 年代这一术语开始在科学和教育界普及，并在 60 年代之后风靡一时，直到今天跨学科已经成为一种学术研究的整体性趋势，热度不减。②从总体上看，美国边缘群体教育史研

---

　　①　无论是从美国教育史研究的角度，还是从美国社会文化中关于种族的偏见来看，"城市学校"+"黑人社区"的状况一旦成立，总是会给美国主流社会带来暴力、贫困、匮乏、衰败的惯性联想，这是长期以来的主流刻板印象

　　②　刘仲林. 1993. 当代跨学科学及其进展. 自然辩证法研究，（1）：37-42

究中的理论与方法的跨学科，更侧重从学术层面打破教育史学科的壁垒，利用不同学科的理论和方法，进行跨学科融合的研究活动。理论与方法的跨学科是为了解决边缘群体教育史研究中的某些问题而采用不同学科领域的理论与方法。在这种情况下，方法的选择由理论决定，而理论和方法的使用服务于共同的研究目的与问题域。跨学科的"跨"字既显示出学科间的差别，也暗含了不同理论与方法存在辩证统一的关系。①无论在哪一个研究领域，理论与方法的跨界和迁移都会带来一定的倍增、交叉和整合等效应。这些效应也是边缘群体教育史研究采用跨学科理论方法能产生研究视域融合的根本原因。跨国主义、种族批判理论、交叠性和数字人文都经过了美国民权运动的洗礼，基本上都是 20 世纪 80 年代之后在美国教育史领域得到了更成熟的运用。这些理论方法聚焦边缘群体独特而被低估的教育史学意义，贡献了与传统教育史学相异的观点、知识和结论。同时，上述理论之间也多有关联，产生了视域融合。例如，交叠性在跨学科研究过程中被转化为一种在特定且相互关联的空间中解释系统性不平等的理论。在一些研究中，交叠性与跨国主义相结合，为理解复杂的不平等现象提供了理论和方法上的支持。②

最后，美国边缘群体教育史研究理论与方法的跨学科拓展了多元文化主义时代教育史研究的深度。美国边缘群体教育史研究从理论和方法上寻求突破，打开了教育史研究对象向边缘群体转移、延伸的通道。在历史学的基础上，边缘群体教育史研究还运用了多学科理论和方法，为多元文化主义时代的教育史研究提供了可靠的经验基础，摸索出一系列有助于解释教育与社会变革过程的研究范式。美国一些批评者认为，美国教育史学的激进派偏好采用单一的阶级分析工具揭示公立教育体系对学校特权秩序的维护。③因此，这些研究范式一方面是对美国传统教育史学观的再度更新④，另一方面也弥补了新教育史学存在的某些缺陷。

此外，也有美国教育史学家指出，新教育史学的温和派曾批判埃尔伍德·克伯莱的研究忽视了非学校教育机构的作用，但在夸大非正规学校教育机构的作用

---

① 江小平. 1993.《跨学科方法》一书简介. 国外社会科学，（8）：70-73

② Robert S A，Yu M. 2018. Intersectionality in transnational education policy research. Review of Research in Education，42（1）：93-121

③ Lakes R D. 1986. Writing in conflict：The impact of revisionism on vocational education history. The Journal of Vocational Education Research，11（3）：69-79

④ 美国新教育史学的出现已经是传统教育史学的一次"裂变"。20 世纪 80 年代之后，随着边缘群体教育史学的兴起，传统教育史学观中"一元颂歌"的宏大叙事在新的历史条件下再次遭到审视和批判，教育史学观也得到再度更新

这一点上，温和派同样犯了颠倒历史的错误而不自知。[①]新教育史学中的激进派以狭隘的偏见进行意气之争，既缺少翔实的资料和论证，也缺乏多样的理论和方法的支持。[②]随着多元文化主义时代的到来，美国教育史学研究对传统教育史学和新教育史学的偏狭与错漏进行了再修正。边缘群体教育史研究领域从跨学科理论和方法中汲取养分，以强化研究的理论深度，着力扩充符合边缘群体教育史编纂的方法论源泉，顺应了美国教育史研究中的多元文化主义取向。这些研究以成熟的种族理论、黑人女性主义、批判理论等"母理论"为支撑，深受后现代主义文化发展的影响，诸如"反叙事"等研究方法甚至可以追溯到哈林文艺复兴时期的黑人文学传统，以及其他有色人种对美国种族主义历史的公开批判。[③]对于边缘群体教育史研究来说，跨学科理论和方法的应用是一个聚沙成塔的过程。这样一个年轻的研究领域依靠具有悠久历史的跨学科理论和方法快速形成了研究特色。也正是通过对学科外理论和方法的发掘、借鉴，多元文化主义时代的美国教育史研究深度得到了进一步拓展。

二、具备多样化的研究手段

19 世纪以来，帝国主义、跨文化交流和服务于国家建设的纲领性教育进程导致历史专业化、学术化进程加快，这种趋势在研究手段上表现为文化主义和兰克客观主义。[④]史学专业化发展的代价之一是出现不断减少的、逐渐被严重边缘化的少数文化。新史学的出现则带来了自下而上的历史观的转变。当代美国边缘群体教育史研究是在对传统教育史学和新教育史学的继承、批判与反思中兴起的。通过理论与方法的跨学科应用，美国边缘群体教育史研究实现了研究视野的拓展、研究视角的多样，以及研究主题的深化。边缘群体教育史研究在跨国主义视角下形成了对历史环境关联性的审视，并逐渐开始接纳全球史观。研究者在种族

①   Butts R F. 1974. Public education and political community. History of Education Quarterly，14（2）：165-183

②   Ravitch D. 1977. The Revisionists Revised：Studies in the Historiography of American Education. New York：National Academy of Education，2-20

③   多里安·麦考伊，德克·罗德里克斯 2017. 种族批判理论导论. 陈后亮译. 国外理论动态，(8)：32-38

④   张广智，张广勇. 2013. 史学：文化中的文化——西方史学文化的历程. 上海：上海社会科学院出版社，74-78

批判理论的框架内运用反叙事的研究方法，希望打破主流教育史学叙事传统，让历史的"失语者"和"沉默的大多数"能够发出自己的声音，走进历史深处的记忆。交叠性的出现使得边缘群体教育史研究在今天更加注重研究对象身份的差异，对被压迫者的教育体验有了更细致的区分和理解；数字人文的出现让后来居上的边缘群体教育史研究者看到了跨学科合作的巨大空间，激励教育史学者利用时代发展的科技创新成果为边缘群体的历史书写赋能。

20 世纪 80 年代开始，历史学家广泛使用书面回忆录和自传等新资料、新手段开展研究。教育史学家对手头资料的解读，包括对材料进行"逆向思考"的批判式阅读，被视为研究过程中的主要任务。美国边缘群体教育史研究者借助丰富、灵活的研究手段，试图超越劳伦斯·克雷明的实证主义和米歇尔·卡茨的偏狭主义，逐步提高边缘群体在教育史中的地位，完善美国教育发展历程。关于美国的历史和过去，边缘群体教育史学家的"打开方式"绝不只有一种。譬如，在跨国移民的教育史研究中，有关跨国主义现象的研究理论和分析方法就被运用其中。加利福尼亚大学客座研究员卡米娜·布里坦（C. Brittain）借助当代德国政治学家托马斯·费斯特（T. Faist）提出的跨国社会空间概念，研究中国和墨西哥移民学生分别在移民前、入境美国时和在美国生活一段时间后，对美国学校的经验和看法。通过跨国主义的"取景框"，学业要求、教育成本、社会斗争和种族对抗等问题得到了更充分的解释。因为只有在"网络分析""社会资本""超越民族国家界限"的理论思考中，史学家才能终止在传统美国同化论支持下的对移民教育史的想象，换之以历史的长镜头观察跨国移民在个人教育经历中对种族歧视的恐惧，对美国较低学术标准的期望，以及不同文化背景的学生对移民活动的独特体验。①美国边缘群体教育史跨学科理论和方法之所以能够提供更丰富的研究视角和研究手段，是因为它不仅进行常规的史料档案的爬梳，栖身历史学的母学科中，同时因为其他学科自身理论的"丰产"而实现自我研究的"丰收"。

正是因为有了更加开阔、多样的研究问题域，美国边缘群体教育史研究者才会自觉探索，进而选取丰富、灵活的研究方法和研究手段。毕竟，"老"方法难以充分研究、解决从"新"角度观察到的"新"问题。美国边缘群体教育史研究面向跨国移民、少数族裔、女性、残疾人、同性恋等边缘群体，更加关注种族、性别、阶层与社会的互动关系，这些研究对象和研究视角都是以往教育史研究所

① Brittain C. 2002. Transnational Messages: Experiences of Chinese and Mexican Immigrants in American Schools. New York: LFB Scholarly Publishing LLC，1-36

忽视的。由于需要在这一领域进行一些具有开创性或独创性的工作，一方面美国边缘群体教育史研究者加大了搜索被忽略的书面资料的力度，包括信件、日记、回忆录、财务账目、书籍旁注、法庭记录和遗嘱等；另一方面美国边缘群体教育史研究者试图开发出更多超越书面记录的新的分析技术，利用计算机、互联网、空间分析工具和地理信息技术等数字人文理念实现理论和实践的创新。[①]由于以种族批判理论为代表的跨学科理论和方法的加入，边缘群体教育史学有了新的分析框架，从而得到了以往教育史书写中被忽略的历史真实和历史想象。这些理论和方法具有鲜明的批判精神与人文关怀。无论是种族批判理论还是交叠性，当代美国边缘群体教育史研究所运用的理论与方法既包含了对武器的批判，同时也将批判的武器对准了教育中因种族主义和白人特权带来的各种歧视、不公正历史，重新揭示传统教育史学中回避的教育不公和种族关系。这种批判当然需要具体研究方法的支撑，口述史、反叙事、访谈、案例比较等都为构建多元文化主义时代的美国教育史研究生态提供了"让改变发生"的能量。

三、开展跨领域的对话与交流

可以说，自从进入多元文化主义时代，美国教育史学的新发展在很大程度上源自边缘群体教育史研究的崛起，而边缘群体教育史的发展又离不开理论和方法的积极变革与强力支撑。在跨学科视野中，这些非教育史学科的理论和方法"墙内开花墙外香"，在边缘群体教育史多元、开放的发展格局中得到了充分运用和展现。教育史自诞生之日就拥有"教育学""历史学"的跨学科属性。跨学科存在的前提就是学科之间、学科从业者之间展开对话和交流。跨学科方法对方法论的多方面解释已经打破了各种方法之间的界限，同时也注意到了方法的相对性。[②]法国年鉴学派早在初创之时，就曾要求历史学要"瞥一眼邻居家"，也就是说要加强学科间的交流，多关注社会学和经济学的研究。[③]第二次世界大战以后特别

---

① Richardson W. 2019. Method in the history of education. In Rury J L，Tamura E H（Eds.），The Oxford Handbook of the History of Education. New York：Oxford University Press，56-60

② 江小平. 1993. 《跨学科方法》一书简介. 国外社会科学，（8）：70-73

③ 皮尔·卡斯巴. 2006. 谈欧洲教育史研究方法. 霍益萍译. 华东师范大学学报（教育科学版），（3）：43-49

是 20 世纪五六十年代，历史学受到跨学科方法的影响和推动，与相关学科建立了密切的联系，形成了众多历史学分支学科。[①]

美国边缘群体教育史研究主题和研究视角相对多样，相关研究既要反映出美国历史中种族、性别（向）、阶层和经济社会文化之间的复杂联系，也要体现少数族裔、妇女、跨国移民、残疾人等边缘群体的特殊历史记忆。如果想要妥善处理这种"整体"与"局部"、"特殊"与"一般"的关系，就必须开展更广泛的跨学科对话和交流。美国边缘群体教育史研究的这种互动模式是开放且相对的，它不过分推崇或排斥某个领域。这种跨学科模式具有明显的策略性和实用主义色彩，理论和方法的跨学科并不是为了"装点门面"或搞"学术包装"，而是完全被自己的研究范围所左右。[②]

边缘群体始终是当代美国边缘群体教育史研究中一个内在的参照维度，对于这些群体的教育史研究没有可靠的先例模式可循。对于与这些人群相伴而生的历史现象，如跨国移民、教育隔离、种族歧视等，仅凭教育史学科知识无法得到完整的诠释，而其他领域对此却是长期追踪，形成了一定的研究基础。比如，采用跨国主义的教育史研究者往往就得根据研究需要在多个国家的学术科研机构、档案馆或实景地往来穿梭，进行材料搜集。如此一来，跨国别的学术往来不可避免。因此，主动借鉴并运用跨学科理论和方法是边缘群体教育史研究的"自带倾向"。不同学科的研究人员之间的学术交流、团队合作，研究者与受众的访谈互动，研究人员与相关实践领域的从业人员的经验共享，是边缘群体教育史跨领域交流的主要形式。边缘群体教育史研究跨学科理论与方法的运用更加频繁，跨学科理论和方法的应用痕迹与研究成果更为突出。

第二节　边缘群体教育史研究理论与方法运用的局限

跨学科理论的运用是当代美国教育史研究的重要趋势。值得注意的是，当代

[①]　于沛. 2009. 20 世纪的西方史学. 武汉：武汉大学出版社，11

[②]　引自教授访谈

美国教育史研究中的理论借鉴不是机械死板地为"跨"而"跨"，学科间的交流互通有其必要的条件和准备。美国边缘群体教育史理论和方法的跨学科也要考虑学科内外部环境和自身的发展规律，其应用和发展自然也会存在种种限制与阻力。

一、原生理论与方法的运用存在缺陷

所谓"原生"，在这里是指美国边缘群体教育史在借鉴使用学科外的理论和方法之前，这些理论和方法在所属学科内部的状态。"原生"理论和方法在使用过程中存在的缺陷，很大程度上是因为这些理论和方法向边缘群体教育史"跨界"之前就存在某些不足与缺陷。仅从我们这里所讨论的几种跨学科理论和方法来看，无论是跨国主义还是数字人文，都源于美国教育史学科范畴以外，兴起于20世纪六七十年代以后。相较于新史学大营中具有普遍操作性的计量史学方法、口述史学方法和心理史学方法等，跨国主义等指向性更强的跨学科理论和方法扎根美国边缘群体教育史研究领域的时间并不长。这些理论和方法本身的发展多少有些"先天不足"，因而影响了它们在美国边缘群体教育史中的应用。

以跨国主义为例，这一理论（包括跨国史）当前在美国整个历史学科领域蓬勃发展，特别是在美国移民史领域，跨国主义更是屡见不鲜。文化和知识史也因为跨国主义视角的存在而发生改变。比如，美国历史学界最近问世的许多著作都反映出商品、资本主义和思想的全球流动是如何塑造国家认同的。在这些跨国史著作中，最受人瞩目的当属美国的斯文·贝克特（S. Beckert）教授于2014年出版的《棉花帝国：一部资本主义全球史》（Empire of Cotton：A Global History）一书。该书一问世便荣膺班克罗夫特最佳美国史著作奖，并在多国出版，广受欢迎。[①]这部堪称经典的跨国史著作凭借厚重、丰富的跨国史料和方法论创新，深刻揭示了棉花资本主义在全球殖民扩张的过程。

21世纪之后，跨国史研究的理论和方法被引入中国史学界，越来越多的中国学者开始尝试运用跨国主义的视角来书写历史。跨国主义与医疗卫生史、疾病史、思想史和环境史等新史学领域和新史学观念的结合，成为当前国内史学研究的前沿。因为在跨国主义理论方法的影响下，跨国家、跨区域和跨学科的研究更

---

① 斯文·贝克特. 2019. 棉花帝国：一部资本主义全球史. 徐轶杰，杨燕译. 北京：民主与建设出版社，1

容易找到宏大联系与微观叙事的结合点，在挑战传统民族国家叙事体系的同时，更容易打破学科界限。跨国主义和种族批判理论、交叠性等理论方法一样，不仅注意到了传统历史研究中被忽略的边缘人群，以及这些群体的流动变化，同时也注意到了疾病的传播、科技的跨国、城市边界的扩展、资本网络的蔓延、观念意识的传播等非学科研究主体的重新发现。这些研究特性有望扎根于当代美国边缘群体教育史的田地中，构建平等、包容、多元的学术文化。在此过程中，与所有史学转向一样，跨国主义存在被随意滥用的危险。在理论方法的风口前，研究者很难抵挡研究热潮的影响，容易出现非此即彼的极端范式。实际上，跨国主义并不意味着传统民族-国家历史分析框架的终结，民族、国家仍然是当今国家政治形态的主要单位。同时，由于美国在世界和全球学术机构中的特权地位，跨国史也将面临"变成另一种帝国史"的风险。①跨国主义的使用无统一和固定的研究范式，那么在研究中使用跨国主义便仍然存在限度和效度的问题，这一点在跨国移民的教育史研究中也会在一定时期持续存在。交叠性也同样存在这种缺陷。交叠性在理论解释中的还原论倾向会导致人们在"哪种身份最为重要"的问题上争论不休。

这些理论本身所存的争议和不足也给美国边缘群体教育史研究的深度融合和拓展带来了阻力，同时也提醒研究者在进行跨学科理论借鉴时，要多注意理论的适用范围和使用前提，立足自身的研究，使选题合理，扬长避短。

二、理论方法尚未完全融入学科层面研究

跨学科研究的本质是知识生产方式的现代化。研究理论和方法的跨学科融合并不是终点与目的，其最终将达到学科文化、哲学基础和价值诉求的全面深度融合。"永恒性的跨学科结构"的形成需要一种与跨学科研究特征相匹配的学科文化。②就目前的应用情况来看，跨国主义、种族批判理论、交叠性和数字人文在美国边缘群体教育史研究中都已取得初步成效，但整体的理论化程度还不高，种

---

① Ngai M M. 2012-12-01，2020-01-20. Promises and perils of transnational history. http://www.historians. org/publications-and-directories/perspectives-on-history/december-2012/the-future-of-the-discipline/promises-and-perils-of-transnational-history

② 顾沈静，王占军. 2017. 跨学科研究中的学科文化融合：过程与途径. 重庆高教研究，（4）：52-57

族主义、跨国主义、数字人文仍是一些尚未被充分学术化的教育史研究主题，而未成为学科意义上的研究范式。

我们不妨以美国边缘群体教育史研究中具有代表性的一些"外来"理论的跨学科融合进行对照分析。无论是种族批判理论、女性主义，还是跨国主义或交叠性，这些单个理论都已呈现出较好的视域融合，理论关联性和融合度较强。在跨国主义那里，关于种族的跨国观点已经形成：种族也是一种社会结构，但它有着不同的历史，与全球体系的发展存在密切关联。种族的历史解构在全球资本主义解构和特定社会的不平等解构中根深蒂固，种族类别也随着全球性流动而不再固定。[①]同样，种族、性别和阶级之间的互动是交叠性和种族批判理论的一贯视角，如今它们又与全球史和跨国主义联合，产生了新的模式。"妇女与移民""妇女与压迫"等主题从 20 世纪 90 年代末开始就已成为学者关注的重点，种族批判女性主义研究领域业已形成。由此观之，当代美国边缘群体教育史作为研究主轴是具有一定的磁吸效应的，外部理论与方法之间已经产生了相互联系，但是这些联系尚没有向学科内部延伸成为具有边缘群体教育历史特征的理论与方法，并由此产生新的学科特性。

跨学科理论和方法的运用具有一定的实验性与适应性。美国边缘群体教育史研究在跨学科方面固然取得了令人欣喜的成绩，但是从发展时间、成果总量和研究影响力来看，它还处于学者口中的跨文化适应的"蜜月期"，尚未实现最终向往的学科文化融合。[②]边缘群体教育史在学科交叉和理论借鉴的过程中，仍然缺少深入的研究和理论的内化。从某种意义上讲，边缘群体教育史跨学科研究的理论化的过程就是跨学科融合的过程，理论化程度不高是跨学科融合力不足造成的。当然，任何事物都有发展的过程和遵循一定的规律，美国边缘群体教育史研究的跨学科实践也不能"一夜长大"，需要足够的时间进行摸索。

三、跨学科研究的"反哺"能力不强

长久以来，美国边缘群体教育史研究始终被主流教育史学排除在外，少数族

---

① Schiller N G，Basch L，Blanc-Szanton C. 1992. Transnationalism：A new analytic framework for understanding migration. Annals of the New York Academy of Sciences，645（1）：1-24

② Oberg K. 1960. Cultural shock：Adjustment to new cultural environments. Practical Anthropology，7（4）：177-182

裔学者进入"象牙塔"进行边缘群体教育史研究既罕见又困难。然而，教育史研究本身又习惯运用历史学研究已有的理论与方法。美国边缘群体教育史研究始终处于被压制的状态。就早期的妇女教育史研究和黑人教育史研究而言，它们虽然保持了一定研究传统和研究主题，但并没有形成较为成熟的研究理论和方法。这些领域往往套用传统教育史研究的流行方式，亦步亦趋地加以应用。当美国新史学发展渐成气候时，教育史研究就受到了新文化史和新社会史的影响，美国边缘群体教育史研究开始从理论和方法运用方面找寻突破点。我们在美国一些边缘群体教育史研究中也能发现在社会计量史学、经济史学或人类学中常见的方法，但在主动选择适合自身研究的教育史理论和方法的问题上，美国边缘群体教育史研究者的反应略显滞后。

当代美国边缘群体教育史研究对于类似跨国主义、种族批判理论等的运用不过在近 20 年才日臻成熟。从这个角度讲，边缘群体教育史理论与方法的运用仍要面对诸如更多元的主体、更丰富的主题、更复杂的教育状况等方面的挑战。一些理论能够涵盖的身份维度比较有限，特定指向明显，比如，跨国主义一般只能面对跨国者的教育史问题，很难将它移植到学区之间的人、财、物的流动上。在过去的几十年里，交叠性被证明是一个富有成效的概念，被广泛应用于历史学、社会学、文学、哲学和人类学等学科，以及女性主义研究、民族研究、同性恋研究和法律研究等方面。随着交叠性研究的深入，理论本身亦需要不断修正和完善，如何解释它的各种隐喻的效用和局限性，包括道路交叉、矩阵和对压迫的交错想象；如何有效区分种族/性别/阶级/性/民族之间的互动关系；如何解决身份属性可能会出现的无限细分和重组交叠，即主题的类别和种类的数量等问题，摆在研究者面前。少数族裔女性教育史也在对交叠性的应用中，努力摆脱特权阶层、主流意识形态固守的归类模式，在明辨复杂教育历史问题的基础上，推动现实世界的教育变革与实践。

此外，跨国主义在教育史研究中的运用仍处于初级阶段，历史上个体或群体的教育活动的跨国流动尚未得到充分展现，有待实现新的突破。数字人文中有关"数字"的部分的确加大了历史学者接触信息资料和采集数据的难度。未来的教育史研究方向或更为多样，但同时也为研究的开展增添了许多不确定因素。当代美国边缘群体教育史研究在借鉴外部理论的同时，忽视了教育史学科理论和方法的独特性追求。因此，边缘群体教育史的跨学科理论和方法囿于自身，未能形成新的理论贡献和方法输出，在分析指导力和方法论层面的学科边际效应较小，这也成为妨碍其发展的一大因素。

第三节　边缘群体教育史研究理论与方法的实践功能

　　一个学科如果没有属于自己独特的话语体系和研究范式，那么这个学科将永远进入不了学术殿堂，学科的专业地位也会随之受到影响。美国边缘群体教育史研究理论与方法既包括元理论等层面的认识论内容，也包括中观层面的理论框架、方法论，以及微观层面的具体的研究理论和研究方法。本书介绍的当代美国边缘群体教育史理论与方法只是其中微观层面的一部分，主要是跨学科研究的产物。值得一提的是，美国边缘群体教育史研究并没有狭隘地停留在教育史学科内部，或由单纯的教育史学者进行，也包括其他学科领域的学者对同类问题的研究。因此，当代美国边缘群体教育史跨学科理论和方法也有可能出现在非教育史专业的研究成果中。

　　边缘群体教育史的跨学科理论和方法不仅具有一般研究工具所具备的基本研究效能，更为重要的是，此类理论的出现和跨学科应用直接促进了当代美国边缘群体教育史的兴起，使得美国边缘群体教育史研究在多元文化主义时代的美国教育史学转向过程中发挥重要作用，成为边缘群体教育史学定义自身研究特质的主要指征。总体来看，跨学科理论和方法在当代美国边缘群体教育史研究中具有多重学术功能。

一、为促进美国教育史研究提供跨学科动力

　　20世纪30年代以来，同西方史学一样，美国教育史学陷入了传统叙述史学的窠臼。这个领域的研究者过度追求历史学学科的独立化和专业性，在工业进程和自然科学迅猛发展的双重影响下，将重心放在如实寻找历史资料并加以记录上，历史事实成为历史学中客观、准确的"真理性"载体，历史学被冠以"科

学"之名。美国传统教育史学也因追求这种客观性，而变成教育思想史和教育制度史的领地，基本囿于以学校为主要形式的正规教育发展史。①教育史研究的视野较为狭窄，受到史料和研究方法所限，对美国教育史的发展只有"冲突−进步"的一元颂歌的叙事模式。随着两次世界大战的爆发，以及战后美国社会的巨大震荡，美国国内的社会矛盾日益凸显，教育问题日趋复杂。传统教育史学的解释模式不能满足各方利益者的需求②，教育史研究也面临自身发展方向和发展前景的迷茫与危机。究竟要按照高校教育学院中的教育史学科模式发展，还是因循母学科历史学的学术发展道路？这个问题还未及等到明确解答，美国教育史学科就陷入了危机之中，其间教育史从业人员不断萎缩，教育史对于年轻学者的吸引力越来越小。

20 世纪 60 年代以来，伯纳德·贝林和劳伦斯·克雷明等一批教育史学家通过遵守历史学术的方法论准则，成了学术历史学家。在他们的影响下，后来者一方面保持着传统历史叙事风格，另一方面则采用新社会史、新文化史领域的跨学科研究方法，形成了理论方法的初步交叉与融合。总体看来，这一时期的美国教育史学是借助历史学提升的学术性来提升教育史学科的学术性的，学科发展动力在于学科地位的攀升。一直到世纪之交，美国教育历史学家仍然感受到了上述危机的延续。除了女性教育史已经确立了自己的学科地位，教育史研究的其他领域尚未取得标志性突破。大多数教育史作品倾向于填补记录中的空白，但还存在大量被忽视的教育群体和历史问题。就像美国教育史教授尤尔根·赫伯斯特（J. Herbst）曾谈论到的那样，在当代教育史学研究中，阶级、种族和性别是最常听到的，但我们不再确定在哪里以及如何应用它们。③

在美国边缘群体教育史研究视域下，理论和方法问题在很大程度上为我们重新定义了美国教育史研究的范围与学科边界。通过跨学科理论和方法，美国教育史的学科地位有所提高，同时沿着这条道路，美国边缘群体教育史研究也从教育史学科的边缘走向了中心。跨学科理论和方法的突破与创新是提高美国教育史学科地位、增强学术价值的重要影响因素，这种以学术发展带动学科发展的"解困"方式值得我国外国教育史（以下简称"外教史"）学科的研究者深思。从批

---

① 王堂堂. 2015. 危机中萌发：美国新教育史学转向中的问题意识. 中国人民大学教育学刊，（2）：156-163

② 周采. 2009. 战后美国教育史学发展趋势. 大学教育科学，（5）：76-79

③ Herbst J. 1999. The history of education: State of the art at the turn of the century in Europe and North America. Paedagogica Historica，35（3）：737-747

判吸收的原则出发，结合我国外教史学科发展的状况，我国的外教史学科建设能够吸取一些经验、教训，并朝着以下几个方向努力推进。

一是要拥有跨学科视野和开放合作意识，积极关注教育史研究分支领域的最新进展。21 世纪，我国的外教史学科发展出现了许多新的特点和倾向，学科建设的反思意识不断加强，学术自信不断增强，呈现出积极借鉴运用其他社会学科，探索运用新史学的理论方法开展研究的研究方式的转向。[①]此外，外教史学科对于边缘群体教育史研究及其理论与方法的问题也多有涉及。譬如，张斌贤、王晨提出教育史研究应具有整体史观，王保星提出外教史学科建设要从全球史观角度进行，周采提出从全球史视野推进教育史研究，将中国教育史纳入世界教育史。屈书杰开展了美国黑人教育史研究，诸园开展了美国女性教育史学研究，邬春芹进行了城市教育史学研究，武翠红对第二次世界大战后的英国女性教育史学进行了研究。[②]相比之下，我国外教史领域应在跨学科理论和方法的运用过程中积极谋求学科内部、学科之间的相互合作，努力打破学科边界甚至国别边界，建立更加广泛、深入的学术联系。

二是要积极培养跨学科人才，构建跨学科研究的学术共同体。跨学科意识和跨学科研究不是天然生成的，需要在外教史学科内部搭建良好的平台和载体，帮助学者围绕研究问题的适切性开展跨学科研究，取得创新型学术研究成果。特别是当前数字人文风头正盛，拥有单一学科背景的研究个体难以胜任涉及历史数据爬梳、数据库建设等类型的研究工作。近些年，我国外教史领域的研究者在这方面的意识不断增强。中国教育学会教育史分会第十九届年会的主题就设定为"跨学科视野下的教育史研究"[③]，而展现未来中国教育史学人水平的"中国教育学会教育史分会青年学者学术沙龙"也对准了跨学科视域下的教育史研究前沿，在其 2021 年第四届沙龙活动中分别设置了"新文化史视野下的教育史""全球史与

①　杨捷. 2015. 我国外国教育史学科的发展与回顾探究. 河北师范大学学报（教育科学版），（5）：5-11

②　参见张斌贤，王晨. 2010. 整体史观：重构教育史的可能性. 清华大学教育研究，（1）：6-13，31；王保星. 2011. 全球史观视野下的我国外国教育史学科建设断想. 河北师范大学学报（教育科学版），（1）：11-17；周采. 2012. 论全球史视野下的教育史研究. 河北师范大学学报（教育科学版），（9）：5-10；屈书杰. 2004. 美国黑人教育发展研究. 保定：河北大学出版社；诸园. 2015. 美国女性教育史学史研究. 南京：南京师范大学；邬春芹. 2013. 美国城市教育史学发展历程研究. 南京：南京师范大学；武翠红. 2010. 二战后英国女性主义教育史学的价值诉求与借鉴意义. 大学教育科学，（2）：79-84

③　刘齐. 2019. 中国教育学会教育史分会第十九届年会召开. 河北师范大学学报（教育科学版），（1）：封3

跨国史视野下的教育史""社会理论与教育史研究""数字人文与教育史研究"四个活动主题,并以此进行会议征稿,促进我国外教史领域的跨学科研究。①在其2022年第五届沙龙活动中则延续了第四届的跨学科视野,分别设置了"新文化史视野下的教育史""全球史与跨国史视野下的教育史""社会史与教育史研究""概念史与教育史研究""数字人文与教育史研究""面向新形势的教育史教学与研究"等活动主题。②由此可以看出,跨学科复合型人才有望成为教育史学科建设的不可或缺的新生力量。如果站在我国外教史学学科发展的高度看待此问题,外教史兼具人文学科和社会学科的双重特性,同时也需要借鉴现代史学的理论与方法、教育学理论与手段,从更高的层次上研究教育与社会发展、教育与个人发展的内在联系,这是帮助我们认识教育发展规律的可能性手段之一。③凡此种种,如若没有跨学科人才的涌现,以及跨学科研究学术共同体的存在,都难以实现。边缘群体教育史运用跨学科理论和方法进行研究,正好符合上述特征,不仅能满足新时代外教史学科建设的需求,也有望成为培养我国外教史跨学科人才的有益载体。因此,我们有必要将这一研究领域作为未来我国外教史学科建设关注的维度之一。

三是进一步增强外教史学科理论建设的自觉性。我们从美国边缘群体教育史的崛起之路不难看出,跨学科理论和方法完善了美国教育史研究的方法论,提升了美国教育史学科的整体理论水平。相较于美国教育史学界,我国外教史学科的研究者对于构建教育史理论和方法的重要性的认识更加自觉。当前的问题主要是我们的教育史学理论分析较多,大都以理论原则方向的宏观叙述为主,对于微观领域究竟应该如何进行理论借鉴、如何"实操",则语焉不详。我们偏重积极引进美国教育史领域的理论性概念,真正运用这些理论和方法展开实际的研究方面稍显滞后。在当今大数据时代,人文科学的相互依赖、相互渗透的趋势日益强化,历史学与其他学科渗透融合,学科边界日益模糊。④越是面临新的研究环

---

① 中国教育学会教育史分会. 2021-03-19,2021-03-23. 中国教育学会教育史分会第四届青年学者学术沙龙征稿启事(第二号). https://mp.weixin.qq.com/s/Gkc2rPSMj26NOO_v3jbCKQ

② 中国教育学会教育史分会. 2021-12-22,2022-01-06. 中国教育学会教育史分会第五届青年学者学术沙龙征稿启事(第一号). https://mp.weixin.qq.com/s/q3woIkgSGwhQu4sqlhsUbg

③ 郭法奇. 2011-11-10,2021-03-21. 观念与方法:外国教育史研究创新路径. https://www.sinoss.net/c/2011-11-10/524049.shtml

④ 王保星. 2009. 外国教育史学科的困境与超越——基于我国外国教育史学科功用的历史分析. 河北师范大学学报(教育科学版),(5):5-11

境，越需要我国外教史学科研究者具有"吸星大法"——对于学科外的"原生"理论应根据研究实际需要，借而用之、引而化之；既不能人云亦云、亦步亦趋，也不能妄自尊大，关起门来搞研究，而是应该在批判吸收的基础上，努力建设具有中国学者独立思考和批判精神的学科理论方法体系。

四是主动增强我国外教史从业者的历史责任感和实践力。"以研究教育历史为职业和专长的人还会缺乏历史责任感吗？"这看起来似乎不言自明，但实际的答案却比我们想象得更为复杂和多变。仅以美国教育史学的发展历程来看，长久以来，尽管历史的拼图上明明缺了一大块（边缘群体），但在美国例外论、美国熔炉论、辉格史观、种族主义、父权制、社会霸权体系等多重因素的作用下，很多历史学家身处其中而不自知。反过来看，正是因为美国历史上的一些激进主义学者、社会活动家和民权运动干将改变了历史进程，部分边缘群体教育史研究先驱改变了主流历史书写方式，美国教育史才得以接近历史本身最完整的样子。因此，我国的外教史学科也应从整体上具备由"历史感"和"责任感"共同构成的"历史责任感"。研究者不仅要有历史学家的技艺，更要有为边缘群体撰史、为社会不公发声的行动和决心，以高质量的学术研究为制定教育发展政策、解决现实教育问题提供历史智慧和行动依据。

二、为形成多元化教育史研究范式夯实基础

多年来，美国"左翼"学者的研究和批判性成果出现在历史学众多分支领域。传统上被许多相关领域视为神圣不可侵犯的观点都受到挑战，比如，"进步"这一概念，在美国许多历史写作中是压倒一切的主题。当代美国边缘群体教育史研究反其道而行，并在某种程度上抛弃了这种历史观。边缘群体教育史学研究范式关注边缘群体教育经历的复杂性，对于受到的种族歧视、教育不公具有特别的理论敏感度。

当代美国边缘群体教育史研究路径的多点爆发就是对形成多元化教育史研究范式的积极回应。一方面，当代美国边缘群体教育史研究打开了研究视角，将以往被忽略的边缘群体纳入教育史维度，从而扩大了整体教育史研究的格局；另一方面，当代美国边缘群体教育史研究中使用了种族批判理论、交叠性、跨国主义等理论框架和先进的研究技术手段，它们为教育史研究的旧问题带来了新的理解

角度和处理方法。这些独特的理论和跨学科交叉的多重视野，使得教育史研究更具针对性，其理论所具有的实践精神也将教育史研究与当前人们对教育生活的关切紧密联系在一起。

数字人文的运用也与美国边缘群体教育史发展的愿景息息相关。当前，有关边缘群体教育史研究资料、原始档案等文献的获取权限和渠道、历史话语权、学术伦理道德等问题都存在于美国历史和现实的不公平体制中。在现实世界中，学术象牙塔总是上了一把又一把枷锁——文献档案往往存储于白人主导的专门机构，以往的存档并不太注重非裔、拉丁裔等历史上的边缘群体。从这个角度看，美国历史上的主流群体没有立场或者说没有这方面的经验来做任何能够代表边缘群体利益的决定。这里存在着包容度不足的问题，同时也存在着如何合理地容纳各类群体历史的问题。在未来美国边缘群体教育史研究中，数字人文的意义还在于通过技术手段帮助普通人，特别是边缘群体，获取与自身相关的历史知识，让历史记忆与现实记叙相映成趣。因此，边缘群体教育史研究的现实意义和当代社会价值也就凸显了出来。这对于美国教育史学科发展以及学科地位的提高有所裨益。边缘群体教育史研究"表"与"里"的一致、"言"与"行"的统一是未来该领域值得重点关注和实践的方向。

当代美国教育史学发展的多元特征更加明晰。研究者持续不断地丰富研究理论、方法、技术和资料来源，将其运用于同样不断增长的主题。种族批判理论、交叠性具有明显的价值取向和方法立场，对于少数族裔在受教育或在教育领域内任职时遭遇的种族歧视和多重压迫具有强烈的批判性。与之配合的口述史、反叙事等研究方法从微观层面对美国教育史进行了重新解读。数字人文将定性研究和定量研究融合在一起，试图打破思维认识中的二分法，促使教育史领域朝着曾经或许不熟悉、不擅长的领域进行一场"华丽的冒险"。对于美国边缘群体教育史研究领域来说，历史叙事的核心是一个"声音问题"，不仅表现在叙事的声音中，也表现在历史作者的"声音"中。问题既在于历史学家的声音和他们调查的主题之间的关系，也在于代表这些主题所产生的方法和概念问题。这类研究并没有走解构作者身份的后结构主义道路，而是主张通过让作者将自己的声音反思性、批判性地置于传记和历史的交会处，来强化作者的"声音"。目前，边缘群体教育史研究正在成为美国教育史学界的一股活跃力量，致力于扩充该领域的研究方法和研究范式，并且也努力在实践中加以考察和应用。

三、为打破美国教育史研究的偏狭认知提供路径

边缘群体教育史研究将美国历史上处于弱势地位的"非主流"人群纳入研究视野，用他们长期受到压制和扭曲的声音重塑美国教育故事。2014 年，也是詹姆斯·安德森的名作《1860—1935 年的南方黑人教育》出版的那一年，俄亥俄大学教育学院的阿达·伦道夫教授在《教育史季刊》上撰文指出，"历史必须评估过去，为现在和未来提出政治、社会和经济战略。就像学校教育一样，历史也不可避免地带有政治色彩"[①]。对于受压迫的人来说，教育的历史不仅是能否上学接受教育这种社会福利，对于长期受奴役的非裔美国人来说，接受教育意味着自身精神与文化的独立、传承与发展，有助于维护身份认同。这在以往的教育史研究中并没有受到重视，也没有专门的研究理论或方法对其进行细致的钻研。与之相应的是，做此研究的少数族裔学者也在学术机构和教育场所受到排挤，他们要为开设相关主题的课程而费尽心思。在这种情况下，少数族裔学者既没有强有力的学术团体给予支撑，其研究成果的学术价值也很难得到同行的认可。随着边缘群体教育史开始使用跨学科理论和方法，这种边缘研究也就自然打上了跨学科研究的印记。这就相当于用多种工具从不同角度揭开历史的多面相，唤醒被历史湮没的声音，让边缘化的教育历史开口说话，每个人都有在历史幕布上留下投影的权利。这些理论和方法深化了美国教育史学对多元文化主义、身份认同、白人性批判等问题的认识，打破了白人史学家一统天下的格局。

当美国传统教育史学落幕后，解构与批判的研究路径曾风靡一时，引发了美国社会对公立学校和公共教育的深层次思考。虽然此后新教育史学由于学术性不强和观点过于偏激屡受诟病，但它仍然给美国教育史学界带来了批判精神和底层视角。如今对传统教育史学的第一次修正已经结束，但是在此之后，美国教育史学又将走向何方？这个问题困扰了教育历史学家多年。虽然所有人似乎都同意教育史学对教育政策和更广泛的历史专业的影响越来越小，但对于如何应对几乎没有达成共识。约翰·鲁里（J. Rury）希望看到该领域回归到伯纳德·贝林之前的功能主义，其中"历史议程的主要部分"应该由动态和广阔的教育研究世界来指

---

① Randolph A W. 2014. Presidential address：African-American education history—A manifestation of faith. History of Education Quarterly，54（1）：1-18

导。①埃伦·拉格曼（E. Lagemann）推荐发展一门更注重人文的学科。②凯特·罗斯玛尼亚（K. Rousmaniere）希望利用其他学科的理论和方法理解复杂的社会史，为"深化问题和使结论复杂化"的更大历史项目做出贡献。③凯瑟琳·魏勒（K. Weiler）要求教育历史学家更认真地对待理论的挑战，超越狭隘的经验主义。④还有学者尝试运用全球或跨洲的新视角展开研究，以期为教育史研究领域带来新路径。比如，卡尔·卡斯特的《共和国的支柱：公立学校和美国社会（1780—1860）》，艾拉·卡茨尼尔森（I. Katznelson）与玛格丽特·威尔（M. Weir）合著的《全民教育：阶级、种族和民主理想的衰亡》（Schooling for all：Class，Race，and the Decline of the Democratic Ideal）均在有关复杂性的综合论证中提供了令人满意的解决方案。⑤在这里，我们其实就能够清楚地看到美国边缘群体教育史跨学科理论和方法的影响。经过了"传统"与"修正"的一褒一贬，当代美国边缘群体教育史研究者更能从跨学科的多重视角看到美国教育史的全貌。跨国主义带来了整体教育史观，种族批判理论带来了对系统性教育不平等的批判，交叠性将复杂、共时的压迫真相展现在人们面前，数字人文使数字信息时代的教育资源流动清晰可见……正是跨学科理论和方法的运用，让美国教育史学的认识论摆脱了非此即彼的钟摆效应，走向开放与多元。

面向边缘群体教育历史的研究，天然地要求研究者遵循公平正义的价值取向，它同时要求整个研究生态保持开放、共享和平等。研究过程和研究对象因为研究者的联结而存在"伦理互渗"。相反，在信息闭锁、学科壁垒森严、研究成果只可内循环的情形下，我们只会得到某种狭隘的边缘群体教育史研究。这种一部分源于长期以来的美国教育史学中形成的"瓦斯普"式历史观，一部分源于精英大学和白人学术团体的学术霸权，还有一部分源于知识垄断带来的资本收益。美国教育史研究中的偏狭认识不仅归属历史研究中的学术弊端，也有来自现实社

---

① Rury J L. 2006. The curious status of the history of education：A parallel perspective. History of Education Quarterly，46（4）：571-598

② Lagemann E C. 2005. Does history matter in education research? A brief for the humanities in an age of science. Harvard Educational Review，75（1）：9-24

③ Gaither M. 2012. The revisionists revived：The libertarian historiography of education. History of Education Quarterly，52（4）：488-505

④ Weiler K. 2006. The historiography of gender and progressive education in the United States. Paedagogica Historica，42（1-2）：161-176

⑤ 转引自 Gaither M. 2012. The revisionists revived：The libertarian historiography of education. History of Education Quarterly，52（4）：488-505

会的实际影响。仅就当代美国边缘群体教育史研究来说，其核心术语"边缘群体"的认定就不仅是一个历史问题，更是一个随着社会变迁而不断变化的现时概念。特别是在当前的美国社会中，"边缘群体"的辨析实际上也反映了白人对自身特权地位消退的恐慌。显然，如果仍以僵化的人口结构来确认"主流群体"与"边缘群体"，显然有些站不住脚了。部分处于学术圈层中央的教育史学家对于边缘群体代表性的指摘，以及对于边缘群体确定性的质疑，并不仅限于学术意义上的探讨，多少也会夹带对当今美国族裔构成比例变化的焦虑。白人在美国人口中所占比例逐年下降，而非裔、拉丁裔和亚裔人口比例不断上升。根据美国国家健康统计中心（National Center for Health Statistics）公布的数据，1990—2010 年的拉丁裔及黑人女性的生育率皆高于白人女性。美国 2020 年人口普查公布的第一批详细数据也显示，美国非西班牙裔白人的人口数量从 2010 年的 1.96 亿缩减到 2020 年的 1.91 亿，人口比例从 2010 年的 63.7%下降到 2020 年的 57.8%，历史上首次跌破 60%，这是有记录以来的最低水平。特别是在 18 岁以下的人口中，非白人将成为大多数。[①]"边缘群体"与"边缘群体教育史"折射的是"主流群体""特权阶层"的边界，而一旦原有边界和历史记忆发生改变，那么现实中的族裔政治、仇外情绪就会重新翻涌。过去数年来，美国社会出现的民粹主义和白人至上主义就是最好的说明。理论方法的选择无法逃避历史与现实之间的张力。当代美国边缘群体教育史在某种意义上确实在重构历史，但谁又能否认这不是在为不可回避的美国现实和无从闪躲的社会问题背书呢？

如果不改变历史认知和历史研究中的偏狭与迟钝，那么这种狭隘与偏见会将美国教育史研究带向日益逼仄之境。那么，很快美国社会矛盾引发的教育上的紧张和失望将依然无法从教育史研究中得到回应。这是一种恶性循环。反之，就像数字人文自身的开放性和跨学科要求会形成一种内在驱动，美国边缘群体教育史跨学科理论和方法的运用会促进人们更进一步理解教育历史中的种族、性别和阶级等因素相互影响的复杂性，使这种新的整体性认识更加快速地在人文学科之间蔓延，开垦研究的处女地，同时也会增强教育史学科与现实社会的联结。跨国移民、少数族裔、女性群体等被主流历史排斥的人群曾经为美国教育的发展做出了巨大贡献，是当今美国教育特质的编织者、共有者和行动者。只有理论与方法稳、准、狠地切入，人们才有可能从边缘群体教育史那里重新理解边缘群体、种

---

① 澎湃新闻. 2021-08-13，2022-01-20. 美国加速种族多元化：人口普查数据显示白人占比首次跌破六成. https://m.thepaper.cn/kuaibao_detail.jsp?contid=14024932&from=kuaibao

族等概念的流动性。自下而上的教育史书写转向，边缘群体是“下”的重要组成部分，也是推动历史书写转向的中坚力量。对于这些被忽视的历史细节，如果缺少认识工具，那么历史与现实必然始终处于错位状态。对于明天发生的一切，人们仍将手足无措，只能徒劳地在历史的罅隙和现实的漩涡中打转。

本章小结

当代美国边缘群体教育史研究形成了独特的研究理论和研究方法，它们具有明确的价值取向和强烈的批判精神，同时对于当代教育发展过程中的全球化现象、现代性问题和教育上的不平等给予了积极回应。这些理论和方法首先在法学、历史学、社会学、教育学和人类学等领域得到锤炼和运用，之后进入边缘群体教育史研究视野中，推动了当代美国教育史研究的多元化转向。跨国主义、种族批判理论、交叠性和数字人文等理论方法都有意识地将美国教育史的叙事焦点放在少数族裔、跨国移民等边缘群体身上，力求为他们发声赋能。尽管在发展过程中，这些理论和方法还存在不少缺陷与不足，但都无法遮蔽它们在美国教育史学向多元文化主义时代转型过程中发挥的积极作用。总的来说，当代美国边缘群体教育史理论和方法及其实践帮助美国教育史学科找到了突破自身困境的切入点，在某些方面破除了教育史研究中的思维定式，特别是在时代变迁中较好地呼应了美国社会教育的现实需求，对现实教育实践进行了历史性的审思。

边缘群体教育史由于引入跨学科的新视野，其研究路径改变了美国教育史学“一致论”与“冲突论”的二元矛盾，多元融合的色彩明显增强。一方面，教育歧视和教育不公等问题仍在批判范围内，但是研究不再一味纠缠于学校教育的再生产或压迫性，而是将学校描绘为不同群体之间的博弈场；另一方面，多学科的多种理论和方法为美国教育史学弥合“方法论鸿沟”提供了可能。对于美国教育史学整体发展而言，边缘群体教育史跨学科理论与方法增添了调和折中的基调，在批判的基础上以更加开阔的全球视角、文理融合的发展视域看待美国教育历史变迁容貌，更为客观、审慎地诠释了在美国教育发展体制内边缘群体的教育经历和重要贡献，鼓励人们朝着构建一个更加公正、公平和自由的教育世界而努力。

　　本书关注的是当代美国边缘群体教育史研究中采用的理论和方法，跨国主义、种族批判理论、交叠性和数字人文是其中的代表。从这些跨学科理论和研究方法的应用实践中，我们可以清楚地观察到美国教育史学在经历传统主义和反传统主义的轮番洗礼后，再次迎来迭变与更新。边缘群体教育史研究面向少数族裔、女性、跨国移民等处境不利群体。这些历史上的失语者既有特殊身份，也有复杂的教育经历，这些内容是以往美国教育史研究触及不深或探查不明的。跨学科理论视角和研究方法的运用，帮助边缘群体回归历史的完整叙事中。当代美国边缘群体教育史理论和方法的"跨界"，对美国多元文化主义时代教育史学的转型和发展产生了显著影响，成为掌握当前美国教育史学发展动态的风向标。

一、对美国社会割裂现状的教育史溯源

　　美国边缘群体教育史之所以能够成为一个具有一定统一性、边界清晰的研究领域，且在当代美国教育史学界占有一席之地，正是因为它具有强烈的现实观照和问题意识。美国边缘群体教育史聚焦"边缘群体"，其中既包括普遍性的性别边缘群体（如女性）和身体机能上的边缘群体（如老年人），也包括美国历史和现实社会仍然存在的种族意义上的边缘群体（如黑人）。其中运用的跨学科理论

与方法，既实现了研究对象普遍性和特殊性的统一，也能更好地帮助这一领域用数字化的资源、工具和研究方法观照社会现实，回应数字信息化时代提出的新问题。研究理论和方法的突破，使得研究的价值和意义从历史延伸到现实。美国边缘群体教育史跨学科研究不仅要弥补学术上的漏洞，更肩负着弥合美国社会裂痕的现实使命。

美国边缘群体教育史自进入学术和大众视野以来，就与美国社会的"边缘群体"紧紧连在一起。虽然从研究范畴上看，这类研究总是面向历史，但其中牵涉的教育歧视、教育隔离、教育不平等等问题不过是更大范围的种族、性别、阶层、歧视和全球化等问题在教育上的表现而已。一方面，这些问题从未从人类世界消失，甚至成为美国社会的"切割机"，其负面影响延续至今；另一方面，现实社会的种种表象遮蔽了其背后深藏的历史根源，这也是导致"政治失灵""政策空转""文化隔阂"的重要原因。

美国的《纽约时报》曾发文指出，2016 年西方乱局的背后是一场"白人性"危机。英国脱欧、欧洲多国右翼民族主义的崛起等炸点无不溯源于此。文章还十分尖锐地指出，"白人性"意味着将白人的外观、传统、宗教甚至饮食设立为全社会的默认规范。根据美国主流社会的潜规则，长期以来，人们一直有权将白人身份作为"我们"而不是"他们"。但是，对于大多数白人来说，民族和种族身份常常混为一谈，这种身份似乎就是支撑白人世界的重要支柱之一，现在它似乎正受到威胁。诸如阿肯色州、北卡罗来纳州和田纳西州的移民人口自 1990 年以来已经增加了两倍多。但随着社会的发展，当美国的"白人性"似乎变得不那么值钱的时候，白人的身份危机便浮出水面。[①]维护白人身份的斗争不只是一个政治问题，这是关于在边缘群体前进的过程中白人感到失去特权，上升通道的绝对优势被削减的新的种族主义的历史故事。显然，边缘群体的公平与进步已经默默地与白人失去特权画上了等号，这背后的进退博弈必然会在教育场域得到明证。

与之相呼应的是，2020 年 5 月 25 日，美国黑人乔治·弗洛伊德（G. Floyd）被白人警察粗暴执法跪压窒息而死，由此引发全美抗议警察暴力执法的浪潮。此

---

① Taub A. 2016-11-02，2020-10-21. Behind 2016's turmoil，a crisis of white identity. https://www.nytimes.com/2016/11/02/world/americas/brexit-donald-trump-whites.html；Ebrahimji A，Moshtaghian A，Johnson L M. 2020-06-09，2023-11-20. Confederate statues are coming down following George Floyd's death. Here's what we know. https://edition.cnn.com/2020/06/09/us/confederate-statues-removed-george-floyd-trnd/index.html

后多起类似事件时有发生，激发了美国社会尤其是黑人的强烈不满，多地爆发大规模反抗示威活动。乔治·弗洛伊德之死导致美国部分州的一些有争议的雕像被拆除。①反对种族主义的抗议者倒损有争议的历史人物的塑像，以发泄、表达对现实的不满和诉求。历史与现实更明确地交缠在一起，一边是"黑人命贵"的奔走呼号，另一边是被无辜波及的白人和警察匆匆贴出"白人命贵""警察的命也是命"的"护身符"。

美国社会的撕裂，在于根深蒂固的种族主义从未被清算，与之类似的还有反对强权、性骚扰和性别歧视的"#Me Too"（我也是）运动等。"#Me Too"运动是一个在美国社交媒体发起的女性反对性骚扰、性暴力的社会运动。与其他旨在打破沉默的社会正义和赋权运动不同的是，该运动是由互联网传播的社会事件和名人丑闻。在 2017 年 10 月针对美国传媒大亨哈维·韦恩斯坦（H. Weinstein）的大量性虐待指控被曝光后，美国社交网站推特上出现大量由女性设置的"我也是（受害者）"话题标签，一时成为热搜并快速发酵、传播。大量遭受类似经历的女性用"我也是（受害者）"的话题标签进行推文回复。很快，各路媒体广泛介入有关职场性骚扰的讨论中。截至 2017 年 10 月底，已有超过 85 个国家参与这种形式的运动。②值得一提的是，随着"# Me Too"运动的影响范围不断扩大，原有的目标指向已被进一步拓展，"支持边缘化社区中的边缘群体"被设定为运动的一部分，从而将覆盖更多肤色和年龄的边缘群体纳入运动主流。可与之类比的是，在疫情大背景下，美国的亚裔仇恨和种族歧视回潮。根据美国"制止仇恨亚太裔美国人组织"（Stop AAPI Hate）发布的报告，2020 年 3 月中旬至 2021 年 2 月底的近一年时间里，该组织在全美收到了近 3795 起针对亚裔美国人的种族歧视事件报告。仅在 2021 年年初的两个月，针对亚裔的仇恨事件至少发生了 503 起。③

每当人们手足无措，茫然自问"事情怎么会变成今天这个样子"时，恐怕只有历史才能够告诉我们答案。今天，"沉默的大多数"已经不能准确概括边缘群

① Taub A. 2016-11-01，2020-10-21. Behind 2016's turmoil，a crisis of white identity. https://www.nytimes.com/2016/11/02/world/americas/brexit-donald-trump-whites.html；Ebrahimji A，Moshtaghian A，Johnson L M. 2020-06-09，2023-11-20. Confederate statues are coming down following George Floyd's death. Here's what we know. https://edition.cnn.com/2020/06/09/us/confederate-statues-removed-george-floyd-trnd/index.html

② Park A. 2017-10-24，2023-10-21. #MeToo reaches 85 countries with 1.7M tweets. https://www.cbsnews.com/news/metoo-reaches-85-countries-with-1-7-million-tweets/

③ Jeung R，Horse A Y，Popovic T et al. 2021-03-21，2021-04-10. Stop AAPI hate national report. https://s3.wp.wsu.edu/uploads/sites/2593/2021/03/210312-Stop-AAPI-Hate-National-Report-.pdf

体了，那些身处割裂社会的愤怒者，既未必是"大多数"，也不再选择沉默，他们需要通过重新审读历史让现实中的改变发生。边缘群体教育史运用跨学科理论和方法瞄准的正是这些长期被建制派精英和主流媒体忽视或者说被遗忘的群体。系统性的忽视是系统性的歧视所带来的必然结果。在边缘群体教育史的跨学科视野中，这种"系统"是多个因素共同组成的教育生态，这样的"教育生态"又反过来固化了这个"系统"。美国边缘群体教育史的跨学科研究正是从多学科理论出发，对不同歧视的根源与发展提出历史洞见。有研究证明，如果我们要真正辨别有色女性在美国的教育状况，那么就需要产生分类数据，以探讨种族群体之间以及种族内部和种族之间相同和不同的问题。因此，运用交叠性理论，美国教育史就可以洞察性别、种族和阶级是如何共同发挥作用的，是如何构建从学校到监狱的管道的。[①]这类研究同时为黑人女性畸高的犯罪定罪和大规模监禁的后果找到了原因。

　　凡此种种在以往美国学术公开讨论中都是相对缺乏的。美国边缘群体教育史跨学科理论和方法的运用对美国当前种族问题的历史与社会根源是一种有力的澄清。从某种角度讲，历史是现在的人为了明天的发展用过去的材料写成的，求真和致用需满足辩证的统一。这也是当下美国史学界所说的"可用的过去"的题中应有之义。中国学者也同样意识到，"如果历史学所做的只是加强不该记的记忆或促进不该忘的遗忘，那历史学岂不成了智力的犯罪？"[②]边缘群体教育史的跨学科研究就是为了使人们保持智识上的清醒，阻止遗忘或偏见损害我们的生活。

二、对扭曲和异化的身份政治的反思

　　"身份政治"作为一种少数群体自我意识觉醒的方式和反抗社会歧视及压迫的赋权手段，旨在唤起这些群体的自我意识，同时赋予他们政治权力，使其成为政治领域中的一种势力。[③]身份政治最初关注的是族群身份，它和自我认同、国

---

　　① Greene-Hayes A. 2015-02-23，2020-10-20. "Black girls matter": An interview with Kimberle Crenshaw and Luke Harris. https://www.thefeministwire.com/2015/02/black-girls-matter-an-interview-with-kimberle-crenshaw-and-luke-harris/

　　② 张耕华. 2020-08-19，2021-01-03. 保卫记忆与捍卫历史：每个人都可以成为历史学家吗？. https://www.163.com/dy/article/FKCRAQLI0521CN10.html

　　③ 陈金英. 2021. 美国政治中的身份政治问题研究. 复旦学报（社会科学版），（2）：178-188

家建构紧密联系在一起。通过深化对"身份"观念和文化行为差异的自我认知，身份政治被用来破除主导文化构建的一元叙事与控制。20 世纪六七十年代，欧美新社会运动此起彼伏，以黑人、女性、同性恋群体为代表的各种边缘群体成为当时进步运动的主力军。他们反抗美国主流文化对差异性的遏制，反抗单一的、同质化的主导观念，并最终与其他力量合流将身份政治推向美国政治论争的主流话语体系之中。20 世纪 80 年代，随着美国体制对黑人精英的吸纳，以及身份政治主体的转变，身份政治中的多元文化主义的内核被不断消解，真正的"左翼"精神逐渐消亡，身份政治开始出现扭曲和异化。美国边缘群体教育史作为一种"身份指向型"的研究领域，难免受美国身份政治发展气候的影响，确实存在研究缺陷和不足，主要体现在以下三个方面。

第一，身份政治日益泛化，导致边缘群体教育史研究边界的模糊。当前，美国披着"身份政治"外衣的社会运动和政治诉求纷繁杂乱，大量与身份相关的自由主义及其他意识形态都在关注性别、性取向、种族、文化等论题。正如斯坦福大学法学院教授理查德·福特（R. Ford）所说的那样，身份政治不再是什么新鲜事物了。在某种程度上，所有的政治都是身份，所有的身份都是政治。[①]边缘群体教育史的边界也将随着"边缘群体"的身份政治取向而处于虚化流动状态。如果任何一种身份都只是追求差异化、特殊性的话，那么每一种身份也就只能停留在族群政治和文化层面，身份政治的导向容易引诱边缘群体教育史跨学科理论和方法只选取与身份差异相关的内容，而常常忽略其背后的阶级政治和其他不平等因素。如此一来，当代美国边缘群体的理论和方法是否又会自上枷锁，被身份政治所捆绑，或是为了符合身份政治的需要，而让学术服务于身份政治？边缘群体教育史的书写也存在着被学术圈的"政治正确"所绑架的危险，这是美国学术界应该警惕的。

第二，身份政治日益工具化，警醒边缘群体教育史研究者保持更加开阔的跨学科视野。20 世纪 60 年代以来，身份政治客观上促进了美国"左翼"激进政治的新浪潮。美国整个社会文化也向族群、性别、性取向三类核心议题中的边缘群体聚焦。少数族裔、妇女和非异性恋等群体获得了更多政策支持和法律保护，社会平等性、民主性、开放性和多元性都有了大幅度提升。[②]从这一点来看，身份

①　Ford R T. 2005. Political identity as identity politics. Harvard Unbound，1（53）：53-57

②　林红. 2019. 身份政治与国家认同——经济全球化时代美国的困境及其应对. 政治学研究，（4）：30-41，125-126

政治具有历史进步意义。然而，美国"左翼"自由派对个体差异的过度强调使得身份政治像一匹脱缰的野马，在政治上被美国各路政客所利用，一度沦为标榜身份立场、赢得选票的工具；在实践上，以平权为初衷的肯定性行动，在消除边缘群体在教育和就业等方面所受到的歧视与排斥的同时，却引起新一轮的"反向歧视"——白人中下层民众认为这些政策在实际操作中过犹不及，对他们造成了新的歧视和不公，反而加剧了种族仇视和社会隔膜。对于这个问题，美国边缘群体教育史研究者更应采取审慎、清醒的态度，避免成为伪政治的帮凶。

应该明确的是，边缘群体教育史的存在是为了澄清和批判历史上一度被忽视与被压迫的群体所遭遇的教育经历，以及他们所做出的历史贡献，是为了绘就更加完整的教育全景图。边缘群体身份的凸显固然有其特殊性，但差异并不代表孤立与隔阂。边缘群体教育史研究正是通过跨学科理论和方法，获取跨国视角和全球视野。在大历史观的指引下，这一领域更加追求教育上的平等对待而非特殊对待，保持与教育史其他门类或其他学科的良性互动。

第三，身份政治日益偏激，消解了边缘群体教育史跨学科理论和方法的学术合法性。当前，身份政治已经成为美国国家文化和政治核心议题的组成部分。过于强调个人主义的身份政治也逐渐走向了一种非理性的极端。本应有的多元文化自觉似乎也要被迫经受有关政治正确性（politically correct，PC）的"社会审查"。实际上，在美国的高等教育、娱乐业和大多数新闻媒体领域，占主导地位的是自由主义者，而不是保守派。他们通过巧妙地部署身份政治，已实现了某种文化霸权。自由主义者对性和种族身份的固执有时似乎成为一种荒谬的苛刻，但同时也正是身份政治的存在帮助他们获得了从文化合法性和体制发展中排除意识形态背叛者（如保守派、宗教狂热者等）的许可。[①]身份政治本身就是一把双刃剑，只是在今天看来，身份政治发展的过激和泛化态势更为明显，引起了美国民粹主义的强势回流，也使得美国民众对这个被撕裂的国家深表担忧。人们担忧，在身份政治走向异化和扭曲的关口，各类身份形式的表达都无法构建一个最基础的公民身份的共同愿景。边缘群体教育史研究由于直面边缘群体的特殊身份，其跨学科选择其实也是应对美国自由主义秩序的危机、弥合美国民主脆弱性的表现。

此外，身份政治异化所带来的新的偏见，使得学术研究受到了一定程度的牵

---

① Swaim B. 2017-08-18，2021-01-03. Beyond identity politics. https://www.wsj.com/articles/beyond-identity-politics-1503091687

连。美国前任总统特朗普曾明令禁止联邦政府在反种族歧视系列培训项目中纳入种族批判理论等种族议题，并终止了联邦数百万美元的培训预算。此前，特朗普还多次批评种族批判理论是一个马克思主义学说，是一个具有反美倾向的、毒害民众思想的理论；他认为这个理论将美国大学生淹没其中；以种族批判理论框架考虑美国历史，只会鼓励"左翼文化"的欺骗和谎言，等等。①由此可见，美国边缘群体教育史跨学科研究也多少陷入了这样的两难境地。一方面，种族批判理论在美国学校和各种培训项目中广泛传播，在反种族主义方面产生了一定的影响力；另一方面，这类跨学科教育史研究却不可避免地要与政治纠缠在一起。种族批判理论衍生出的任何成果都可能被冠上"非美国""虚假""学术质量低下"的帽子。这就意味着美国当前已经出现把政治极化与意识形态的斗争同一些理论在学术层面的有效性混为一谈的现象。

综上所述，对研究理论方法的选择，不单单是工具使用问题，也绝不是价值无涉的纯客观性研究，其中关系到什么人以什么立场选择怎样的方法进行研究，以及为什么选择这些方法进行这样的研究。美国边缘群体教育史跨学科理论与方法往往根据现实社会发展，以及学科发展实践而不断变化、更新。理论和方法的选择是当下的、实时的，而面对的对象是历史的、过去的。这是当代美国边缘群体教育史研究者必须面对的矛盾张力。边缘群体教育史的研究对象的特殊性使得人们更倾向于从现实问题寻找历史的病灶。理论方法本身也推进了美国教育史学发展进程，从而使得真正的（不）公平和（不）公正得以申明，这本身也促进了学术进步和社会正义。

莎翁有言：所有过去皆为序曲。②此句颇有"一切历史都是当代史"之妙。对于美国边缘群体教育史理论和方法的研究是初心，却不是终点。我们不妨由此重新追问教育史学家的历史责任和价值立场。到底应该如何为边缘群体撰史？怎样叙述历史的完整样貌？怎样理解被边缘化的历史过程和形成因素？身份政治与国家认同何以辩证统一？现在的我们正在书写关于未来的历史，唯愿此项关于当代美国边缘群体教育史理论与方法的研究为推进人类社会的公平与正义略尽绵薄之力。

---

①　Lang C. 2020-09-29，2021-01-03. President Trump has attacked critical race theory. Here's what to know about the intellectual movement. https://time.com/5891138/critical-race-theory-explained/

②　Shakespeare W. 2006. The Tempest. London：Yale University Press，250

三、对全球教育公平和教育治理政策的牵引

当前，在经济全球化和教育国际化发展背景下，全球教育治理逐步成为各国战略政策的核心。其中，教育公平与教育质量是核心中的核心。追求公平视域下的教育卓越与追求有教育质量的公平是全球教育发展的一体两翼，缺一不可。从国际层面上看，以联合国教科文组织为代表的国际机构早在 1960 年就制定了反对教育歧视的国际公约，用以保障人类的受教育权。[①]《2010 年全民教育全球监测报告》的主题就是"惠及边缘化群体"（reaching the marginalized）。该报告明确指出在满足全民教育的最终目标上，很多政府未能根除教育中的边缘化问题，一些新数据显示出教育领域被剥夺和被边缘化的状况，划定了存在教育排斥现象的重点范围。[②]各国纷纷出台了具体政策，进一步落实这些目标与规定。美国主要通过肯定性行动计划、实施与完善绩效问责等措施满足低收入群体和少数族群对优质教育资源的需求。

与此同时，美国教育史学界也将这些教育热点作为研究的关注点。特别是进入 21 世纪以来，少数族裔教育成为美国教育史学界的热门论题。美国教育史学科对于少数族裔和女性教育史研究的关注日益增强，且在深化转型。[③]美国边缘群体教育史研究者之所以采用跨学科研究方法，就是为了更好地揭露教育历史过程中的各种歧视、排斥和不平等现象，探寻造成这些现象的原因和机制。美国边缘群体教育史研究的现实效用也引起了学界的重视。2000 年，美国斯宾塞基金会（The Spencer Foundation）邀请近 40 位美国教育史学家共聚一堂，围绕着经济学、政治学、社会学、人类学和女性研究等领域的教育问题进行了跨学科交流与探讨。值得一提的是，与会者对边缘群体教育史领域也表示出了浓厚的兴趣。许多参会的学者认为，对于美国教育史研究来说，最有趣的问题往往需要采用跨学科的方法来解决。教育选择的历史是什么？性别歧视的历史本质是什么？全国不同地区的有色人种社区学校教育是什么样的？这些问题是当代教育史学不可回避

---

①　戴维·埃乔莱纳. 2018. 质量与公平：联合国教科文组织全球教育治理目标与路径——戴维·埃乔莱纳与张丹的对话. 张丹译. 华东师范大学学报（教育科学版），（2）：139-147，159

②　UNESCO. 2010. Education for All Global Monitoring Report 2010：Reaching the Marginalized. Oxford：Oxford University Press，1-15

③　孙益，林伟，杨春艳等. 2011. 21 世纪以来美国教育史学科新进展. 华东师范大学学报（教育科学版），（4）：87-94

的热点话题，因为这些问题连接着过去和现在。①可见，跨学科理论和方法的运用增强了美国教育史学对现实问题的关切，这也从侧面说明美国边缘群体教育史的跨学科研究具有一定的政治性和政策导向意识。边缘群体教育史研究的理论与方法产生了政策牵引力，使其与现实教育政策的制定和完善保持着良性的合作关系。良性的合作关系是韦恩·厄本在《教育史研究的出路在于坚守》一文中提出的观点。韦恩·厄本在讨论教育史研究功用问题时指出，教育史研究应与现实保持着良性的合作关系。所谓"良性的合作关系"，一方面，是指教育史研究应该与教育政策分析或政策研究紧密互动，能够在现实的政策分析中提供历史的智慧；另一方面，教育史研究与政策研究紧密互动的前提并不是教育史研究对政策研究的亦步亦趋，也不意味着教育史研究要成为一个"温度计"，对社会的需要做出实时反应。历史研究与现实保持良性互动的首要前提是要保持历史研究的独立性。②笔者对此表示认同，上述分析有助于我们理解美国边缘群体教育史跨学科理论和方法的现实功用等问题。在跨学科研究的助力下，美国边缘群体教育史具备了多元理论的共生优势。它虽不能为当前教育决策者提供现成答案，但至少能够展示在历史上面对曾有过的种族矛盾和复杂局面，人类的教育政策和实践曾经做出了怎样的判断和回应。

---

① Donato R，Lazerson M. 2000. New directions in American educational history：Problems and prospects. Educational Researcher，29（8）：4-15

② 韦恩·J. 厄本. 2018-08-30. 教育史研究的出路在于坚守. 社会科学报，（第 005 版）

参 考 文 献

戴维·B. 泰亚克. 2009. 一种最佳体制：美国城市教育史. 赵立玮译. 上海：上海人民出版社

邓小泉, 杜成宪. 2007. 二十世纪上半期中国教育史研究方法论探析. 河北师范大学学报（教育科学版）,（3）：62-68

杜成宪. 1997. 中国教育史学科体系试构. 华东师范大学学报（教育科学版）,（1）：19-26

杜成宪. 2013. 中国教育史研究中的三次视角下移. 河北师范大学学报（教育科学版）,（1）：49-53

杜成宪, 章小谦. 2003. 关于教育史学评论的理论思考. 华东师范大学学报（教育科学版）,（1）：65-73

杜成宪, 崔运武, 王伦信. 1998. 中国教育史学九十年. 上海：华东师范大学出版社

费比. 2022. 当代美国教育中的批判种族理论研究. 西部学刊,（11）：149-152

傅林. 2003. 20 世纪西方新史学范式对外国教育史研究的启示. 教育研究,（11）：57-63

高玲, 张斌贤. 2017. 美国教育史研究的探索发展：以教育史学会为例. 外国教育研究,（9）：104-117

理查德·比尔纳其等. 2008. 超越文化转向. 方杰译. 南京：南京大学出版社

理查德·霍夫施塔特. 2021. 美国生活中的反智主义. 陈欣言译. 北京：九州出版社

理查德·D. 范斯科德, 理查德·J. 克拉夫特, 约翰·D. 哈斯. 1984. 美国教育基础——社会展望. 北京师范大学外国教育研究所译. 北京：教育科学出版社

柳艳鸿. 2003. 美国教育史学流派研究. 保定：河北大学

马卫东. 2009. 历史学理论与方法. 北京：北京师范大学出版社

庞卓恒. 1995. 史学概论. 北京：高等教育出版社

彭刚. 2017. 叙事的转向：当代西方史学理论的考察. 北京：北京大学出版社

史静寰, 延建林. 2013. 西方教育史学百年反思：教育史之内与教育史之外. 中国教育科学,（2）：150, 151-163, 193

史静寰，延建林等. 2014. 西方教育史学百年史论. 北京：人民教育出版社

孙海华. 2018. 美国黑人历史的解构与重构——《美国戏剧》的新历史主义解读. 江苏外语教学研究，（1）：51-55

托马斯·索威尔. 2015. 美国种族简史. 沈宗美译. 北京：中信出版社

王晴佳，张旭鹏. 2020. 当代历史哲学和史学理论：人物、派别、焦点. 北京：社会科学文献出版社

武翠红. 2011. 劳伦斯·克雷明教育史学方法论述评. 河北师范大学学报（教育科学版），（1）：51-56

武翠红，周采. 2009. 教育史学家主体性的发挥——兼论劳伦斯·克雷明的教育史学观. 上海教育科研，（4）：11-13

小阿瑟·M. 施莱辛格. 2021. 美国的分裂：对多元文化社会的思考. 王聪悦译. 上海：上海译文出版社

肖朗，商丽浩. 2019. 教育交流与变革——教育史研究的当代视域. 杭州：浙江大学出版社

杨捷. 2017. 试论西方教育史学科发展的轨迹. 河北师范大学学报（教育科学版），（2）：8-15

尹晓煌，何成洲. 2014. 全球化与跨国民族主义经典文论. 南京：南京大学出版社

余昕. 2019. 跨国主义、华人移民和国家——南海华人网络视野下的跨国主义研究反思. 青海民族大学学报（社会科学版），（4）：11-18

约翰·齐曼. 1988. 元科学导论. 刘珺珺，张平，孟建伟等译. 长沙：湖南人民出版社

约瑟夫·沃特拉斯. 2011. 20世纪美国教育中的哲学冲突. 王璞，於荣译. 合肥：安徽教育出版社

张斌贤. 2000. 全面危机中的外国教育史学科研究. 高等师范教育研究，（4）：40-45

张斌贤. 2011. 重构教育史观：1929—2009年. 高等教育研究，（11）：76-82，89

郑金洲. 1995. "元教育学"考辨. 华东师范大学学报（教育科学版），（3）：1-14

周采. 2003. 20世纪美国教育史学的思考. 南京师大学报（社会科学版），（6）：84-91

周采. 2003. 美国教育史学的创立. 教育研究与实验，（2）：39-43

周采. 2006. 美国教育史学：嬗变与超越. 北京：人民教育出版社

周采. 2015. 多元文化主义视阈下的美国教育史研究. 教育学报，（3）：99-107

周祥森. 2009. 反映与建构——历史认识论问题研究. 开封：河南大学出版社

朱本源. 2007. 历史学理论与方法. 北京：人民出版社

诸园，周采. 2012. 战后美国女性主义教育史学的发展和趋势. 清华大学教育研究，（5）：35-40

L. 迪安·韦布. 2010. 美国教育史：一场伟大的美国试验. 陈露茜，李朝阳译. 合肥：安徽教育出版社

Anderson D J. 1988. The Education of Blacks in the South，1860-1935. Chapel Hill：The University of North Carolina Press

Bailey D R. 2017. Creating digital knowledge: Library as open access digital publisher. College & Undergraduate Libraries, 24（2-4）: 216-225

Barrera C. 2012. Transatlantic views on journalism education before and after World War II: Two separate worlds?. Journalism Studies, 13（4）: 534-549

Beck B. 2017. Intersectionality as education policy reform: Creating schools that empower telling. Penn GSE Perspectives on Urban Education, 13（2）: 1-4

Block S. 2021. Graduate pedagogy at the intersection of colonial histories and digital methods. Journal of World History, 32（2）: 371-390.

Carter R T, Goodwin A L. 1994. Chapter 7: Racial identity and education. Review of Research in Education, 20（1）: 291-336

Chang B B 2019. Two more takes on the critical: Intersectional and interdisciplinary scholarship grounded in family histories and the Asia-Pacific. Curriculum Inquiry, 49（2）: 156-172

Cole M. 2017. Critical Race Theory and Education: A Marxist Response. New York: Palgrave Macmillan

Delanty G, Turner S P. 2022. Routledge International Handbook of Contemporary Social and Political Theory. New York: Routledge

Foner E. 2002. Who Owns History? Rethinking the Past in a Changing World. New York: Hill and Wang

Foner E, McGirr L. 2011. American History Now. Philadelphia: Temple University Press

Goswami M, Postone M, Sartori A et al. 2014. Introducing critical historical studies. Critical Historical Studies, 1（1）: 1-3

Jahng K E. 2013. Rethinking the history of education for Asian-American children in California in the second half of the nineteenth century. Educational Philosophy and Theory, 45（3）: 301-317

James-Gallaway A D. 2022. What got them through: Community cultural wealth, black students, and Texas school desegregation. Race Ethnicity and Education, 25（2）: 173-191

Jewell J O. 2014. Mixing bodies and minds: Race, class and "mixed schooling" controversies in New Orleans and Atlanta, 1874-87. Patterns of Prejudice, 48（1）: 25-45

Kelly M G. 2014. The mythology of schooling: The historiography of American and European education in comparative perspective. Paedagogica Historica, 50（6）: 756-773

King L J. 2019. Interpreting Black history: Toward a Black history framework for teacher education. Urban Education, 54（3）: 368-396.

Kong N N, Bynum C, Johnson C et al. 2017. Spatial information literacy for digital humanities: The case study of leveraging geospatial information for African American history education. College & Undergraduate Libraries, 24（3）: 1-17

Ledesma M C, Calderón D. 2015. Critical race theory in education: A review of past literature and a look to the future. Qualitative Inquiry, 21 (3): 206-222

Marker M. 2015. Borders and the borderless coast Salish: Decolonising historiographies of indigenous schooling. History of Education, 44 (4): 480-502

Moy R G. 2000. American racism: The null curriculum in religious education. Religious Education, 95 (2): 119-133

Naseem Rodríguez N. 2019. "Caught between two worlds": Asian American elementary teachers' enactment of Asian American history. Educational Studies, 55 (2): 214-240

Pak Y K. 2021. "Racist-blind, not color-blind" by design: Confronting systemic racism in our educational past, present, and future. History of Education Quarterly, 61 (2): 127-149

Rodríguez N N. 2018. From margins to center: Developing cultural citizenship education through the teaching of Asian American history. Theory & Research in Social Education, 46 (4): 528-573

Stewart D L. 2017. Race and historiography: Advancing a critical-realist approach. Journal of Diversity in Higher Education, 10 (2): 149-161

Subotnik D. 1998. What's wrong with critical race theory: Reopening the case for middle class values. Cornell Journal of Law and Public Policy, 7 (3): 681-756

Thornhill T E. 2016. Resistance and assent: How racial socialization shapes Black students' experience learning African American history in high school. Urban Education, 51 (9): 1126-1151

Tyack D B. 1993. Constructing difference: Historical reflections on schooling and social diversity. Teachers College Record, 95 (1): 1-28

索　　引

人名索引

主题词索引

后　　记

　　《当代美国边缘群体教育史：理论·方法·实践》一书是国家社会科学基金教育学一般课题"当代美国边缘群体教育史研究的理论与方法"（课题批准号：BOA170041）的研究成果。本书以美国边缘群体教育史研究的理论与方法为对象，主要选取 20 世纪末以来有关跨国移民、少数族裔、有色人种、女性等边缘群体教育史的研究，重点分析跨国主义、交叠性理论、种族批判理论和数字人文在美国边缘群体教育史研究中的运用范式，目的在于探究当代美国教育史研究的跨学科特征。

　　本书试图展现教育史研究的跨学科与现实意义，通过对美国社会割裂现状的教育史溯源，澄清当前美国社会种族问题的历史和社会根源，使人们保持智识上的清醒，阻止遗忘或偏见损害人类命运共同体的生活；检视全球教育公平和教育治理政策，追求公平视域下的教育卓越与教育质量，展现教育史研究与教育政策的紧密互动，为现实政策分析提供历史智慧；反思美国社会扭曲和异化的身份政治，透过跨学科性的边缘群体教育史研究，拓宽全球性研究视野，揭示美国自由主义秩序的危机和脆弱性。

　　本书撰写历经五载，感谢全国教育科学规划领导小组办公室为本书研究立项与提供资助，感谢河南省教育科学规划领导小组办公室的倾心扶持，感谢科学出版社对学术著作的厚爱，感谢河南大学和教育学部的鼎力相助与呵护。同时，在本书的撰写过程中，著者参考了大量相关资料和最新的研究成果，在文中引用并予以注释，在此向相关的作者或译者一并致谢。

著　者